HEINRICH KRAUSS / MAX KÜCHLER

As origens

Um estudo de Gênesis 1–11

Dados Internacionais de Catalogação na Publicação (CIP)
(Câmara Brasileira do Livro, SP, Brasil)

Krauss, Heinrich
As origens : um estudo de Gênesis 1-11 / Heinrich Krauss, Max Küchler ; [tradução Paulo F. Valério]. — São Paulo : Paulinas, 2007. — (Coleção cultura bíblica)

Título original: Erzählungen der Bibel
Bibliografia.
ISBN 978-85-356-2026-9
ISBN 3-7228-0585-6 / 3-525-60410-6 (ed. original)

1. Bíblia. A.T. Gênesis – Comentários   2. Bíblia. A.T. Gênesis – Crítica e interpretação   I. Küchler, Max.   II. Título.   III. Série.

07-4076   CDD-222.1107

Índice para catálogo sistemático:
1. Gênesis : Comentários   222.1107

Título original: *Erzählungen der Bibel*

© 2003 Paulusverlag Freiburg Schweiz
Citações bíblicas: *Bíblia de Jerusalém*. São Paulo, Paulus, 2000.

Direção-geral: *Flávia Reginatto*
Editores responsáveis: *Matthias Grenzer e*
Vera Ivanise Bombonatto
Tradução: *Paulo Ferreira Valério*
Copidesque: *Anoar Jarbas Provenzi*
Coordenação de revisão: *Marina Mendonça*
Revisão: *Jaci Dantas*
Direção de arte: *Irma Cipriani*
Gerente de produção: *Felício Calegaro Neto*
Editoração eletrônica: *Sandra Regina Santana*
Capa: *Wilson Teodoro Garcia*

1ª edição – 2007
1ª reimpressão 2017

Paulinas
Rua Pedro de Toledo, 164
04039-000 — São Paulo — SP (Brasil)
Tel.: (11) 2125-3549 — Fax:(11)2125-3548
http://www.paulinas.org.br — editora@paulinas.com.br
Telemarketing e SAC: 0800-7010081
© Pia Sociedade Filhas de São Paulo — São Paulo, 2007

As origens

Um estudo de Gênesis 1–11

PLANO GERAL DA OBRA

NOVAS PERSPECTIVAS NA INTERPRETAÇÃO DA BÍBLIA

Repetidas vezes o leitor moderno faz a experiência dolorosa de não apreender de imediato os textos bíblicos, de modo especial os do Antigo Testamento. Muita coisa parece-lhe ingênua e narrada de maneira primitiva; diversos episódios causam-lhe aversão justamente porque parecem enaltecer a guerra e a violência, e mostram uma imagem de Deus que contradiz suas convicções.

Nada há de estranho em tudo isso. Não é somente o "desagradável amplo fosso" (Lessing) de mais de dois mil anos que nos separa do mundo da Bíblia, mas também uma forma de narração e de apresentação que se baseia em hábitos de escritura e de leitura completamente diferentes. Hoje, nós lemos a Bíblia de maneira demasiado apressada e superficial — como um romance ou um jornal — e nos contentamos, na maioria das vezes, com uma vaga e imprecisa idéia do desenvolvimento da ação, sem atentar especialmente para os marcos narrativos do texto. Amiúde introduzimos também, nas histórias que julgamos conhecer, uma pré-compreensão que nos impede de perceber, enfim, as nuanças dos textos. Inevitavelmente, perde-se, por isso, muito do verdadeiro conteúdo das mensagens bíblicas.

Contudo, um olhar mais atento revela que em muitos textos bíblicos emprega-se uma dinâmica narrativa que, se levada a sério, torna as histórias realmente cativantes. Faz-se mister um procedimento quase detetivesco — se, neste contexto, é permitida tal expressão — que pode tornar-se fascinante quando, ao penetrar no texto, descobrem-se sempre novas e surpreendentes conexões entre elementos narrativos individuais, alusões veladas a contextos mais amplos ou também traços de ironia e de humor.

"Análise dramático-narrativa"

Este novo comentário bíblico deseja empregar essas intuições. De antemão, praticamente não se apresentarão aquelas questões que têm ocupado prementemente a ciência bíblica nos dois últimos séculos: diferenciação entre as diversas fontes das quais os textos bíblicos se compõem, problemas em torno da história das formas e dos gêneros literários, ou ainda as questões pertinentes à historicidade dos acontecimentos narrados. Sem dúvida tratou-se de um trabalho importante cujo resultado — também entre os que acreditam — só produziu perplexidade ou aborrecido desinteresse em relação à Bíblia, uma vez que se perdeu o modo de ver ingênuo mediante o qual, em tempos anteriores, os textos bíblicos davam prazer e alegravam.

Em vez disso, o comentário leva a sério o fato, fundamentalmente simples e não posto em questão por ninguém, de que, em relação aos textos bíblicos, também em sua redação final, trata-se de criações literárias de freqüente alto nível. Os autores ou autoras dos dois relatos da criação, das narrativas dos patriarcas, das histórias de José, da libertação do Egito ou da subida de Davi ao trono e de sua sucessão eram escritores criativos e produziram obras de arte literárias, as quais, por meio de sua forma narrativa e da composição de seus elementos narrativos, devem transmitir determinadas percepções e despertar envolvimento emocional.

Essa nova visão foi iniciada por alguns literatos norte-americanos que desde a década de 1980, com suas análises e técnicas interpretativas experimentadas em épicos, romances ou poesias profanas, acabam por se aproximar dos textos bíblicos. Desde então, exegetas judeus e cristãos, inspirados nesse procedimento, produziram uma impressionante quantidade de análises de textos e de escritos bíblicos isolados. Os resultados alcançados mostram quanto os elementos narrativos individuais da redação final bíblica, não obstante sua proveniência de fontes dos mais diversos tipos, foram montados numa ação coerente e voltada para um objetivo. Portanto, eles não foram, de forma alguma, alinhavados mais ou menos ao acaso e por mão inábil, como possa parecer à primeira vista. Fala-se até mesmo de "montagem", técnica empregada no cinema, mediante a qual eles se completam, corrigem e modificam. A partir daí, a atenção se volta para os matizes na maneira de contar: para a seleção das palavras e para a escolha dos detalhes narrados, para a mudança do tempo narrativo a fim de produzir tensão e relaxamento, para os subtons nos discursos e nos diálogos, para as alusões dissimuladas à ramificada rede de relações temáticas ou também para a comicidade ou para a ironia de diversas cenas. Em parte, trata-se de questões que podem ser relevantes em todo tipo de narrativa; em parte, trata-se também de questões que resultam da maneira narrativa específica dos escritos bíblicos, visto que se diferenciam da literatura moderna, eventualmente também de obras similares da literatura antiga.

O interesse dessas investigações não deve ser confundido com a "crítica literária", uma disciplina na exegese clássica que, originalmente, compreendia-se apenas como investigações acerca das diversas correntes de tradições dos textos, a propósito das questões de autenticidade e de autoria, ou também em torno dos problemas lingüísticos. Uma vez que esta expressão, portanto, é usada de outro modo, a designação "análise dramático-narrativa" parece mais adequada para o novo princípio metodológico, visto que se trata de uma compreensão da estrutura narrativa do texto.

Fundamentalismo ingênuo?

Mediante a ênfase da perspectiva dramático-narrativa não se deve, em hipótese alguma, favorecer nenhum tipo de tendências "fundamentalistas" que hoje pretendem ainda — ou novamente — considerar a Bíblia como uma narrativa divinamente inspirada e que, por isso, deve ser acreditada literalmente, acerca de acontecimentos reais. A demonstração da alta qualidade literária da Bíblia não quer nem provar sua origem de inspiração divina nem negar a composição da redação final a partir de diversas tradições, e muito menos pretende insinuar que tudo foi exatamente transmitido tal qual se encontra no texto.

Do ponto de vista metodológico, o aspecto narrativo pode ser considerado de forma completamente isolada de outros questionamentos. Assim, por exemplo, os problemas do caráter de revelação da Bíblia, sua origem a partir de diversas fontes literárias ou sua confiabilidade histórica situam-se respectivamente em outro plano. A análise dramático-narrativa não significa, portanto, uma negação ingênua da moderna ciência bíblica, dado que ela insere com proveito, em suas reflexões, todas as descobertas ali realizadas.

Uma apresentação do aspecto narrativo pode justamente abrir um inesperado acesso à Bíblia também para círculos que se situam fora do mundo dos especialistas. Com efeito, ela revela sua qualidade como obra de arte literária e pode levar a uma leitura nova e fascinante dos textos — por certo não completamente sem esforço, mas tampouco sem demasiado emprego de tempo e de erudição.

NOTAS PRELIMINARES

Pelas razões expostas, o presente comentário volta o olhar para a qualidade literária dos textos bíblicos. Ele aponta, acima de tudo, para a dramática narrativa de sua construção, mas também esclarece todas as expressões e modos de falar típicos da linguagem da Bíblia. As discussões da ciência bíblica histórico-crítica só serão introduzidas quando isso for indispensável para a compreensão do texto atual. Os conhecidos comentadores (G. v. Rad, C. Westermann, E. A. Speiser, J. A. Soggin etc., não por último também B. Jacob) foram, porém, consultados.

Onde pareceu útil, inseriram-se pequenos excursos com reflexões suplementares. Sua escolha foi determinada por aquelas questões que se impõem ao leitor moderno durante a leitura. Por essa razão, elas são bem diferentes daquilo que os leitores de tempos pregressos buscaram como respostas na Bíblia. Não é absolutamente despropositado aproximar-se, com questões de hoje, de um texto oriundo de uma época há muito tempo passada. Precisamente porque os escritos bíblicos são "obras de arte" de alta qualidade literária, sua interpretação pode descobrir também novos aspectos, em cada nova época.

Para a articulação temática de Gênesis 1–11, a divisão da Bíblia em capítulos não pode ser simplesmente assumida, visto que ela nem sempre atenta para o fim de uma história e o começo de uma nova. Exemplo conhecido disso são as duas narrativas da criação, as quais devem ser separadas uma da outra até mesmo no meio do versículo 4 do 2º capítulo.

No texto original da Bíblia, havia apenas uma divisão de acordo com os livros. A divisão em capítulos e em versículos, visando facilitar a citação do texto, foi introduzida relativamente tarde e, por vezes, segundo critérios pouco objetivos: para os capítulos, durante a Idade Média, e para os versículos, no começo da Modernidade. Para possibilitar uma especificação mais precisa, tornou-se comum na exegese moderna subdividir ainda os versículos mediante o acréscimo de "a" e "b".

No que se segue, a divisão, da forma como foi empregada, do material se justifica nas reflexões sobre a construção e a arquitetura de cada um dos complexos narrativos, ao final das quais serão apresentadas tais considerações.

INTRODUÇÃO À HISTÓRIA BÍBLICA DOS PRIMÓRDIOS

Mais do que em outras partes do Antigo Testamento, é-se tentado a subestimar a qualidade literária e intelectual dos capítulos 1–11 do livro do Gênesis. Sua simplicidade e ingenuidade, amiúde louvadas, são enganosas. Na verdade, trata-se de obras-primas de uma arte narrativa altamente refinada, cuja fineza composicional permanece inatingível diante de uma leitura superficial.

Mitos, etiologias e genealogias

Os cinqüenta capítulos do livro do Gênesis podem ser articulados em três grandes seções. No início, encontra-se a *história dos primórdios*, que narra a criação do mundo, a queda do ser humano, o fratricídio de Caim, o dilúvio e a Torre de Babel (caps. 1–11). A isso, seguem-se as *histórias dos patriarcas*, que tratam de Abraão, Isaac e Jacó (caps. 12–26), e a *história de José* (caps. 37–50).

A história dos primórdios, devido a suas particularidades literárias, distingue-se claramente dos outros dois blocos narrativos: ela utiliza narrativas doutrinais e metafóricas a fim de descrever a situação do ser humano e seu relacionamento com Deus e com a criação. Os protagonistas Adão e Eva, Caim e Abel ou Noé e seus filhos são, portanto, muito mais "estereótipos" atemporais do que "personagens" como Abraão, Isaac, Jacó e José, que foram colocados num ambiente histórico determinável pelo narrador.

Uma vez que os episódios da história bíblica dos primórdios pretendem exemplificar o dado fundamental da *condition humaine*, tal como é constatada ontem, hoje e amanhã, eles não podem ser atribuídos a nenhuma época da história da humanidade, nem mesmo à Idade da Pedra. Seria um grosseiro mal-entendido ver neles uma descrição do desenvolvimento pré-histórico da humanidade. A esse respeito, faltou aos autores do texto bíblico toda e qualquer informação. Em vez de recordações históricas ou pesquisas científicas, eles dispunham apenas de uma linguagem plena de reminiscências de narrativas míticas e de explicações etiológicas para os fenômenos humanos e naturais.

De acordo com uma das definições geralmente aceitas, *mitos* são simplesmente a tentativa de uma sociedade de apresentar dramaticamente em narrativas sua autocompreensão e os motivos que justifiquem suas instituições: suas relações para com os deuses, o comportamento da mulher e do homem, a origem da morte e todos os enigmáticos acontecimentos no mundo, como o nascimento do ser humano e dos animais, ou o crescimento das plantas.

Às vezes, mitos transformam-se em *etiologias* (do grego *aitia*, "causa"; e *logos*, "conhecimento"), um gênero narrativo nas literaturas antigas tais como mitos, sagas ou fábulas, que pretendem explicar a origem e o começo das coisas: fenômenos naturais estranhos, instituições cultuais (o sábado), antropônimos (Eva), topônimos (Babel), bem como coisas enigmáticas como a morte e a falibilidade humana ou a desordem em que o mundo se encontra.

Um terceiro gênero importante na história bíblica dos primórdios são as *genealogias* (lista de gerações). Elas estão a serviço de um interesse vital do autor bíblico: ele queria escrever história e usou genealogias a fim de inserir, numa sucessão contínua de ações, cada um dos mitos e etiologias que, em sua forma original, eram mais ou menos independentes.

O pano de fundo antigo-oriental

Os elementos narrativos da história bíblica dos primórdios remontam, quase todos, a temas e formas literárias nas quais a antiga cultura do Oriente Próximo, da qual Israel era uma pequena parte, pensava e escrevia. Há cerca de um século, quando antigos textos mesopotâmicos e egípcios foram descobertos, esse fato deixou muita gente confusa. Para os crentes, a originalidade da Bíblia e seu caráter de revelação estavam em jogo. Entrementes, quanto a esse aspecto, já existe um pouco de serenidade. Hoje parece bastante natural que a Bíblia dependa de fontes literárias que existiam antes dela. Igualmente ali, onde os autores (ou redatores) bíblicos queriam dizer algo novo, outra coisa não podiam fazer senão dirigir-se a seu público numa forma literária que lhe era familiar.

A história bíblica dos primórdios deve ser continuamente interpretada em seu contexto antigo-oriental. Visto que ela quer mostrar como se deve compreender a criação, a culpa, a morte etc., quando se postula a existência de um único Deus transcendente, é mais importante evidenciar as diferenças em relação às mitologias dos povos vizinhos do que ressaltar as eventuais semelhanças. Os respectivos pontos de um episódio da história bíblica dos primórdios só podem ser compreendidos corretamente quando se usa sua contrapartida nos mitos mesopotâmicos ou egípcios como lâmina de contraste, por assim dizer.

O estudo comparativo dos antigos mitos mesopotâmicos, que se tornou possível graças à pesquisa moderna, tem mostrado como o livro do Gênesis escolheu e reelaborou, de maneira sábia e bem refletida, os mitos que ele utiliza. Pois mitos podem ser moralmente bons e úteis, indiferentes ou insignificantes, ou também maliciosos e desonrosos. Thomas Mann, por exemplo, dizia expressamente que ele concebeu seu romance sobre José do Egito como um mito positivo, que se voltava contra a reanimação da mitologia germânica que os nazistas procuravam usar para seus objetivos.

Suposições acerca dos autores/redatores bíblicos

Seções textuais individuais da história bíblica dos primórdios, como a narrativa do paraíso e do primeiro pecado, possivelmente remontam ao tempo do rei Salomão (por volta de 950 a.C.); outras partes, como a descrição da criação em sete dias, são mais recentes. Devem ter surgido no tempo do exílio judaico na Babilônia (séc. VI ou V a.C.).

Os textos antigos provêm, de acordo com tudo o que hoje sabemos ou podemos supor, do círculo das chamadas escolas sapienciais. Nesse contexto, sabedoria significa também conhecimento. Ela foi cultivada nas escolas de escribas na corte ou no templo, nas quais os sacerdotes e os funcionários reais foram educados. Nesses círculos, atinha-se mais ao bom senso e à experiência do que à especulação esotérica. O conhecimento das ciências naturais correspondia completamente ao padrão da época nas culturas circunvizinhas do Egito e da Mesopotâmia. Certamente não lhe faltam elementos míticos, mas do conjunto da composição transparece um pensamento ordenado e uma sobriedade objetiva.

Somente como ponto final de um longo desenvolvimento em cujo decurso o material já existente foi reiteradas vezes "redigido", ou seja, reelaborado, surgiu, presumivelmente no século V a.C., a versão do texto que hoje temos em mãos. Os estudiosos da Bíblia falam, a propósito, de uma "redação", o conceito moderno para a reelaboração quando da edição de um texto. Nada se sabe a respeito dos redatores. Isso é tanto mais espantoso quanto seu trabalho era bem mais do que uma simples compilação. Apesar de elementos narrativos individuais provirem de tradições de diversos tipos e, por vezes, até mesmo contraditórias, a versão final do texto possui uma forma admiravelmente artística. Visando à simplicidade, no que se segue usaremos os termos "narrador" ou "autor" como sinônimos da palavra "redator", que se introduziu na ciência bíblica.

As histórias da criação Livro do Gênesis, capítulos 1-3

Os capítulos iniciais do livro do Gênesis descrevem a origem do mundo e do ser humano em dois textos divergentes entre si. Face à forma narrativa completamente diferente em ambas as descrições, hoje ninguém mais fala em favor de uma unidade original desses capítulos.

O primeiro texto (1,1–2,4a), em uma composição concisa, estruturada com formulações que se repetem, descreve a origem do céu e da terra e da tarefa atribuída ao ser humano no mundo, ao passo que o segundo (2,4b–3,24), numa seqüência de pequenas narrativas, oferece uma fundamentação para o fato de o ser humano ter de suportar tanta miséria e fadiga, e estar sujeito à morte.

Recorde-se que o primeiro dos dois textos surgiu cerca de 500 a.C., substancialmente mais recente do que o segundo, que deve remontar ao século X ou IX a.C.

A ORIGEM DO CÉU E DA TERRA
Gn 1,1-2,4a

Esta primeira descrição das origens do mundo e do ser humano começa com um prólogo, um título programático: "No princípio, Deus criou o céu e a terra" (Gn 1,1), e termina com um posfácio ou epílogo que a designa como "história do céu e da terra, quando foram criados" (Gn 2,4a). Com essas duas indicações, a exposição adquire uma moldura evidente.

O relato quer mostrar o mundo como uma estrutura bem ordenada, que foi chamada por Deus à existência. Em sua compacta brevidade e na exatidão da forma de expressão, não possui nenhum paralelo na literatura de seu tempo. Embora o texto, em sua monumental simplicidade, seja compreensível a qualquer criança, ele se tornou o ponto de partida para debates profundos na teologia e na filosofia dos séculos subseqüentes, até as controvérsias das ciências naturais de nossa época.

Conquanto algumas afirmações do relato possam soar estranhas a pessoas modernas, devido a sua origem na cosmologia e no conhecimento das ciências naturais de uma época passada, o leitor — especialmente também o ouvinte — não pode furtar-se à sua magia literária. Contudo, somente em uma leitura atenta, frase por frase — às vezes até mesmo palavra por palavra —, é que a expressividade e a construção artística do texto saltam aos olhos. Somente então se pode perceber o que o texto efetivamente diz e a respeito de que ele não fala — uma indispensável pressuposição para qualquer discussão que pretenda distinguir entre os condicionamentos históricos das afirmações e sua permanente mensagem.

Um prólogo como introdução (Gn 1,1-2)

A primeira história da criação — e com ela toda a Bíblia — começa com a solene afirmação de que Deus criou o mundo.

Um título programático:

1 ¹No princípio, Deus criou o céu e a terra.

"No princípio" (em hebraico *be-reschit*) indica que a criação, em contraposição ao seu criador, que é pensado para além do tempo, deve ser vista como acontecimento temporal. Todavia, na palavra hebraica para princípio, bem como na tradução grega e latina da Bíblia (*En arché, In principio*, respectivamente), ressoa também algo como uma alusão à "base mais profunda" ou "princípio", portanto a algo que tem a ver com a origem. Com as mesmas palavras também começam a *Epopéia de Gilgamesh* e a *Teogonia* do poeta grego Hesíodo.

Como designação para **Deus**, no texto hebraico dessa narrativa da criação usa-se exclusivamente a palavra *elohim*, aparentada com a palavra árabe *allah*. Gramaticalmente, trata-se de um plural e pode indicar seja uma pluralidade de deuses, seja Deus como categoria, no sentido de "o divino" ou "a divindade".

Quem fosse esse Deus com o qual o relato começa, para o narrador bíblico e para seu público, deve ter sido evidentemente aquele Deus que agiu em toda a história de Israel. Isso não obstante, é estranho que o autor-narrador não se dê ao trabalho de explicitar de que Deus se trata. Isso é atribuído à habilidade de estilo narrativo, pois toda determinação abstrata da natureza de um ser teria perturbado o desenvolvimento da ação. Como em toda boa narrativa, os traços característicos de seus protagonistas só se tornam evidentes aos poucos, à medida que se descreve o que ele diz e o que faz.

A palavra hebraica *bara*, traduzida por **"criou"**, é usada na Bíblia exclusivamente para a obra de Deus. Aqui não significa necessariamente "criar do nada", visto que, em outras passagens, indica também a renovação de alguma coisa que já existe. No decorrer na história da criação, atribuir-se-á diversas vezes a Deus um "fazer", sem que se possa perceber claramente em que as duas afirmações se distinguem. No entanto, indubitavelmente, na palavra "criar" repercute uma solenidade e uma ênfase especiais da obra divina da criação.

Com **"céu e terra"** se quer indicar o que mais tarde foi denominado "cosmo", "tudo" ou "universo". É uma das formas de expressão típicas do hebraico, que não possui nenhuma palavra para indicar uma totalidade abrangente, que pretende, com duas palavras, descrever um conjunto. Entretanto, existe também a interpretação segundo a qual aqui se diferenciariam expressamente duas esferas contrapostas: de um lado, o "céu" (em inglês *heaven*, "céu"), como a esfera divina, que é reservada aos seres espirituais criados por Deus e, do outro lado, a "terra", que abrange o âmbito do mundo do ser humano, ao qual pertenceria também o céu em sentido físico (em inglês *sky*, "firmamento") com o sol, a lua e as estrelas. Segundo essa concepção, a menção do céu dá uma indicação de que, "no princípio", também foram criados os anjos.

O estado inicial:

1 ²Ora, a terra estava deserta e caótica, as trevas cobriam as águas primordiais, e um sopro de Deus agitava a superfície das águas.

Depois da solene proclamação de Deus como criador de tudo, descreve-se uma **"terra"**, cuja situação leva a pensar no caos mencionado, aliás, também em muitos mitos das origens. **"Deserta e caótica"** é a tradução da nossa estranha palavra proveniente do hebraico *tohuwabohu*. Significa também "inóspita e vazia", portanto inabitável e inimiga da vida. **"Trevas"** desperta associações com algo que provoca medo e inquietude. As **águas primordiais** (ou, em outras traduções: "profundeza/abismo") aparecem ameaçadoramente, com sua imensa extensão, a qual, devido à falta de limites, perde-se de vista e, por isso, torna-se angustiante. Os termos "terra", "trevas", "águas primordiais/água" ou "espírito/vento" são aqui claramente metafóricos e devem ser entendidos em sentido figurado, não, porém, como designações de fenômenos concretos e coisas naturais e concretas, uma vez que estes só serão pensáveis mais tarde na ordem levada a cabo pela obra criadora de Deus.

"Um sopro de Deus agitava a superfície das águas" é uma tradução bastante livre, que parece sugerir certa presença do espírito divino. A palavra hebraica *ruach*, traduzida por "espírito", significa, de fato, "respiração" e também "vento". Na realidade, o texto fala também de um "vento de Deus", que pairava sobre a água ou, talvez, mais precisamente: "circulava". Na opinião de alguns intérpretes, o acréscimo da expressão "de Deus" indica apenas um superlativo de vento, portanto, uma poderosa tempestade por toda parte, soprando desordenadamente de um lado para outro, como imagem de uma situação caótica.

Outros comentadores mantêm-se firmes na relação entre o vento e Deus, pois o sopro bafejador, que provoca uma tempestade, em outras passagens da Bíblia simboliza a força bélico-criadora de Deus, por exemplo, no cântico de vitória depois da passagem dos israelitas pelo mar, o qual fora dividido por um forte vento (Ex 15,8.10). Por conseguinte, a menção do sopro divino apontaria, no mínimo, para uma intenção de Deus de fazer algo, ainda que a imagem, devido a suas associações agônicas, não desempenhe mais nenhum papel no relato sucessivo, o qual deixa transparecer a criação como uma atividade sem esforço da parte de Deus. Como quer que seja, pode-se ver na imagem da tormenta de Deus ou do espírito de Deus que circula sobre as águas um artifício narrativo visando provocar uma tensão que, a seguir, mediante o "E Deus disse: 'Haja luz'…" é desfeita — semelhantemente à vista de uma ave de rapina que, ao traçar seus círculos nos ares, provoca a expectativa de que, a qualquer momento, possa mergulhar sobre uma presa.

A descrição de uma terra ainda informe, no v. 2, explica-se a partir das instâncias da composição literária às quais o autor, que não é nenhum filósofo mas um contador de histórias, devia submeter-se. Pois, a fim de apresentar de forma vívida e clara um começo primordial para o qual não existia nenhum "antes", ele precisa desenvolver seu verdadeiro tema, a saber, o surgimento de um mundo ordenado, a partir da imagem de um "antimundo" escuro e ameaçador, despertando, assim, em seus ouvintes/leitores aquelas desagradáveis impressões que brotam do confronto ante uma situação sem forma e sem estrutura.

Com isso, toca-se ao mesmo tempo no tema que interessa ao narrador na descrição subseqüente da obra criadora divina: a criação de um ambiente vital significativamente disposto para o ser humano. A esse propósito, encontra-se no livro do profeta Isaías (45,18) um dos comentários mais apropriados:

Ele é Deus, o que modelou a terra e a fez —
Ele a estabeleceu;
não a criou como deserto,
antes modelou-a para ser habitada.

Uma criação a partir do nada?

A ligação da afirmação "Deus criou o céu e a terra", no v. 1, com a descrição da terra inóspita e vazia e das águas primordiais, no v. 2, como começo da história da criação, desde sempre causou dificuldades na interpretação. Com efeito, permanecem abertas duas explicações. De acordo com uma delas, o v. 1 quer dizer que Deus teria criado primeiramente a terra, cuja situação ainda "caótica" é, então, descrita com mais precisão no v. 2. Segundo a outra opinião, o v. 1 deve ser compreendido como um título programático de todo o relato que segue, o qual anuncia e confirma que a origem do céu e da terra, com plantas, animais e seres humanos, remontaria ao puro poder criador de Deus, ao passo que o v. 2 suporia a existência de "algo", ainda que em forma caótica, que teria existido antes que Deus, com as palavras "Haja luz" (v. 3), começasse sua obra propriamente dita.

A primeira interpretação não apresenta nenhum problema para o ensinamento posterior de uma "criação a partir do nada". Em contrapartida, na segunda interpretação, partilhada hoje pela maioria dos exegetas, somos levados forçosamente a pensar nas especulações dos antigos filósofos gregos do século VI a.C., os quais supunham que as coisas do mundo não teriam princípio e proviriam de "elementos primordiais" existentes desde a eternidade, tais como terra, água, ar ou fogo. Platão e Aristóteles (séc. IV a.C.), que aprimoraram tais concepções, falavam, pois, da "matéria" como um material primordial existente desde a eternidade, do qual as coisus do mundo aparecem e voltam a desaparecer, num contínuo tornar-se e deixar de ser. O ensinamento deles parece até mesmo ter encontrado, de quando em vez, acesso ao pensamento judaico sobre a criação. Traços disso encontram-se em dois escritos que provêm aproximadamente do ano 100 a.C. Não foram escritos em hebraico, mas em grego, e pertencem aos chamados livros deuterocanônicos do Antigo Testamento, que são considerados como escritura sagrada apenas pelos católicos. Assim, o livro da Sabedoria diz que "a mão poderosa" de Deus teria "modelado o mundo de uma matéria (em grego hyle, *em latim* materia) *informe" (11,17). De forma análoga, por trás da afirmação do 2º Livro dos Macabeus, segundo a qual Deus teria criado o mundo "não de (coisas) existentes" (7,28), deve estar a concepção de que as coisas atingiram sua existência concreta a partir da* hyle *amorfa.*

No entanto, dificilmente o autor bíblico teria pensado uma criação a partir da utilização de qualquer matéria pré-existente no sentido dos filósofos posteriores. Antes, para ele, o caos, do qual falavam constantemente os mitos de criação de seu mundo circundante, era tão evidentemente o ponto de partida de sua narrativa que ele não especula de forma alguma a respeito de sua origem. Diversamente dos gregos, ele tinha em vista não a contraposição entre o não-ser e o ser, mas sim o contraste entre caos e ordem, como o demonstrará a elaboração de sua história da criação.

Não obstante a referência a um caos original, parece, portanto, perfeitamente justo quando, mais tarde, os teólogos judeus e cristãos, em seu ensinamento segundo o qual Deus teria criado o mundo "a partir do nada", referiram-se à afirmação do primeiro relato da criação. Em favor disso, parece depor a ênfase com a qual este, no início de sua história, proclama Deus como criador do céu e da terra, bem como a naturalidade com que ele, a seguir, na descrição de cada ato criador, omitiu a pergunta pela matéria-prima da qual Deus "fez" o firmamento ou o sol, a lua e as estrelas, bem como os animais e os seres humanos. De fato, em nenhuma parte se tem a impressão de que, em relação ao "caos", estivesse subentendido um tipo de matéria primeira que Deus tenha utilizado para modelar sua criação. Ainda que, presumivelmente, a idéia bastante filosófica do nada estivesse distante do narrador, era-lhe claro, porém, que o Deus de quem ele falava existia desde a eternidade e que fora ele quem havia chamado à existência, mediante seu poder soberano, tudo mais que ainda pudesse existir.

Primeiro dia: a luz (Gn 1,3-5)

Em primeiro lugar, Deus cria a luz sem que, no mundo planejado por ele, já existisse seja o tempo, seja a vida. É a mais breve descrição de uma obra da criação. Em seu staccato, sucedem-se uma à outra uma ordem divina, a seguir um ver, ou seja, um avaliar, depois um fazer, isto é, um separar e, por fim, um nomear, com qual se abre a dimensão do tempo.

A palavra divina:

1 ³Deus disse: "Haja luz", e houve luz.

Com monumental brevidade se diz: **"Haja — houve"**, sem que, como para as obras posteriores, seja mencionado um "fazer" ou "criar".

"**Deus disse**" é o constante refrão dessa história da criação, que recebe como resposta um "e assim se fez" ou outra expressão equivalente, de acordo com o sentido. Por trás disso, encontra-se a noção do poder soberano do rei, cuja simples ordem é capaz de realizar aquilo que ele deseja. Para isso existem paralelos na mitologia egípcia, a qual atribui a criação de determinadas coisas à ordem de uma divindade.

A afirmação "**E houve luz**" faz da luz uma criatura de Deus, provavelmente para não relacionar a origem da luz com o sol, considerado no Egito como a mais alta das divindades. Por exemplo, no famoso hino solar de Akhenaton, o deus Sol é que provoca o brilho da luz quando ele se levanta sobre o oceano primordial.

O patente absurdo, para nossa compreensão, de o narrador permitir que a luz seja criada antes da criação do sol, da lua e das estrelas, as fontes da luz, explica-se a partir das antigas concepções da luz como um fenômeno natural autônomo, que se mostra, aliás, independentemente dos corpos celestes, também no fogo. Ademais, no relato *Fastos*, de Ovídio, o clarão matinal do horizonte oriental é atribuído à "Aurora", portanto, não ao efeito do sol nascente (*Metamorfoses* II, 325-328).

> Certamente a luz, por sua criação em primeiro lugar, é colocada numa relação particularmente estreita com Deus. Contudo, ela é apenas sua criatura. Com isso, fica claro que onde Deus, em qualquer parte da Bíblia, revela sua presença ao ser humano no fogo, no raio ou no resplendor, tais fenômenos luminosos não são Deus, mas pertencem ao mundo visível. Isso não contradiz a afirmação da 1ª Carta de João: "Deus é luz" (1,5). Semelhantemente ao versículo do Cântico dos Cânticos, onde se diz literalmente: "Teus olhos são pombas", o sentido é metafórico, ou seja, "como pombas", da mesma forma que "como luz".

A avaliação e a separação:

1 [4]Deus viu que a luz era boa, e Deus separou a luz e as trevas...

"**Ver**" significa "avaliar (positivamente)", ou seja, Deus está satisfeito com o resultado. "**Boa**" não tem aqui nenhuma conotação moralista no sentido de "boa" e "má". Antes, significa tanto "salutar, propícia", como também "bela". O vocabulário é tomado emprestado do artesão que avalia seu trabalho ou o expõe à apreciação de outros. A expressão "Deus viu que era bom" aparecerá diversas vezes na história da criação.

A partir da constatação de que a luz era boa, segue-se, conseqüentemente, uma obra de **"separação"**. É um gesto típico da ordem, tal como ainda ressoa na palavra alemã *unterscheiden* [literalmente "separar"], "distinguir, diferenciar". É como o agir de um fazer criador, pois somente mediante a distinção e a separação surge um mundo organizado, no qual cada coisa tem seu lugar e sua tarefa específica.

As **trevas**, contrapostas à luz como algo claramente um pouco menos bom, tal como na descrição do caos primordial, pressupõe-se simplesmente que já existiam.

A denominação:

1 5aDeus chamou à luz dia e às trevas "noite".

Os nomes atribuídos mostram que, pela separação entre luz e trevas, trata-se de uma divisão não espacial mas sim temporal.

Na linguagem da Bíblia e de seu mundo circundante, a **"denominação"** é muitas vezes exercício de um poder soberano. Com isso se demonstra que tanto a luminosidade do dia quanto a escuridão da noite estão submissas a Deus. Mesmo que apenas a respeito da luz se diga que era boa, as trevas, porém, de que se falava nas palavras de abertura do texto, agora são também incluídas na ordem do mundo criado mediante sua explícita denominação como "noite".

A contagem dos dias:

1 5bHouve uma tarde e uma manhã: primeiro dia.

"Dia", no hebraico bíblico — como na maioria das línguas — significa duas coisas: as horas da luz do dia, em contraposição à noite, e a unidade temporal que abrange o dia e a noite. No culto de Israel, o dia já começava na véspera; por essa razão, ainda hoje, segundo o costume judaico, o início do Sábado (Sabá) se dá no entardecer da sexta-feira. No cotidiano, o começo do dia se dava ao amanhecer, quando se encetava a jornada de trabalho humana.

No uso lingüístico, a **"noite"** era sinônimo do fim do dia de trabalho e a **"manhã"** equivalia à irrupção de um novo agir. Destarte, por meio da formulação claramente poética "Houve uma tarde e uma manhã", cria-se uma expectativa em relação ao que ainda acontecerá.

Segundo dia: a abóbada celeste (Gn 1,6-8)

Enquanto a seqüência dia-noite, no dia precedente, apontava para um "antes" e um "depois" temporais, agora se abre a dimensão do espaço.

A abóbada:

1 [6]**Deus disse: "Haja um firmamento no meio das águas e que ele separe as águas das águas". [7]Deus fez o firmamento, que separou as águas que estão sob o firmamento das águas que estão acima do firmamento. E assim se fez.**

A Vulgata latina traduz **"abóbada"** celeste por *firmamentum*, donde surgiu o estrangeirismo em alemão *Firmament* ["firmamento"]. Lutero substitui por *Feste* ["fortaleza", "firmamento"]. Evidentemente, o narrador bíblico supunha com isso um tipo de cúpula metálica ou de algum modo firme sobre a terra. Sua função era separar as águas da maré alta original que tudo cobria, num primeiro passo, em águas acima e águas abaixo do céu. Finalmente, somente no dia seguinte serão separadas da terra seca (quanto ao conceito **"separar"**, cf. texto anterior, v. 4).

As pessoas de antigamente expressavam a relação de total dependência não apenas mediante o "criar" mas também pelo **"fazer"**, como o mostra, por exemplo, uma argumentação na carta do apóstolo Paulo: "O oleiro não tem autoridade sobre a argila? Não pode ele formar da sua massa, seja um utensílio para uso nobre, seja outro para uso vil?" (Rm 9,21). A pergunta a respeito de com que coisa Deus "fez" o firmamento e como ele "separou" as águas da maré-cheia primordial não é discutida pelo narrador bíblico. Ele desperta conscientemente a impressão de um ato criador sem esforço, diferentemente do mito babilônio. Ali, Marduk, o deus criador, luta com o monstro marinho Tiamat e, depois da vitória, divide seu corpo em duas partes: de uma ele faz o céu, e da outra, faz a terra.

A denominação:

1 [8a]**e Deus chamou ao firmamento "céu".**

Mais uma vez, com um soberano ato de denominação, o céu é caracterizado como criação de Deus. Isso exclui a concepção de que ele seria uma fonte de angústia e de terror, ou um objeto apropriado para veneração e adoração.

A contagem dos dias:

1 [8b]Houve uma tarde e uma manhã: segundo dia.

Com o refrão doravante comum, o acontecimento deste dia é concluído. Estranhamente, aqui falta a constatação "Deus viu que era bom". Isso tem sua razão de ser no fato de a separação do espaço estar ainda incompleta e ser levada a cabo somente no dia seguinte.

> Aqui, chama a atenção o fato de que em parte alguma se diz que Deus tenha feito o céu para sua morada, como, por exemplo, na mitologia egípcia, onde os deuses, após a criação do céu, sobem para lá. Para o autor dessa história da criação, Deus não é localizável em lugar nenhum, ainda que, mais adiante, no livro do Gênesis, por vezes se diga que Deus tenha descido ou vindo para baixo. Em outros textos bíblicos, tem-se menos pudor em conceber Deus reinando acima do céu. Mas isso é certamente simbólico e tomado da linguagem do mundo circundante de Israel.

A antiga visão do mundo

As afirmações acerca do segundo dia baseiam-se em concepções que, para nós, hoje, são as mais estranhas de todas as obras da criação. Ainda que o narrador bíblico, com vistas a sua meta específica, tenha realizado repetidamente novas interpretações das tradições míticas da humanidade, em todo caso ele partiu forçosamente dos modelos de pensamento cosmológicos e de conhecimentos geográficos que, naquela época, eram patrimônio comum das nações do Oriente e também do Mediterrâneo.

Em suas suposições básicas, as quais, desde a Antigüidade até o começo da Idade Contemporânea, eram consideradas como evidências, tal imagem do mundo pode ser apresentada como segue: tanto por cima quanto por baixo, a terra habitável para os humanos estava rodeada de água, a qual, na parte de cima, estava contida pelo céu, que parecia ao olho como uma abóbada. Essa abóbada (firmamentum, na tradução

latina; Feste *["fortaleza", "firmamento"], na bíblia luterana), na qual estavam fixos também os corpos celestes, devia ser estável o bastante a fim de conter a inundação que havia lá em cima. Na abóbada, havia comportas para as águas, que chegavam à terra normalmente em forma de chuva ou, em tempos especiais, como mais tarde na história do dilúvio, causavam a inundação da terra (Gn 7,11). Sob a terra, encontrava-se o mundo inferior, o reino dos mortos; ao mesmo tempo, porém, as águas do abismo, que alcançavam a superfície por meio das fontes, a fim de, nos rios, voltarem para o mar. A origem da chuva, obviamente vinda do alto, só podia ser atribuída à abertura temporária das comportas da abóbada celeste. A terra mesma era imaginada como um disco redondo, às vezes também quadrado, banhado por um oceano. Nas margens, a cúpula celeste repousa sobre altas montanhas, como que sobre colunas, o que ainda brilha no antigo discurso das "Colunas de Hércules", isto é, das Atlas,[1] na extrema margem ocidental do orbe conhecido de então.*
Confira ilustração na página 36.

Terceiro dia: o mar e a terra, com sua vegetação (Gn 1,9-13)

Depois que as águas "superiores" foram organizadas mediante a abóbada celeste, neste dia, por assim dizer num segundo lanço de trabalho, com mais uma seqüência de palavra — ação — denominação – constatação/apreciação, segue-se a divisão espacial do mundo, na qual a terra e as águas que estão debaixo do céu são separadas uma das outras. Com isso, estabelecem-se os três âmbitos vitais, a saber: o ar (= espaço sob o céu), a terra e o mar, entre os quais os seres viventes a serem criados no futuro poderão ser distribuídos.

Contudo, nesse dia acontece ainda uma segunda obra. A terra, que até então era "deserta e caótica", é incluída agora na nova ordem do mundo na qualidade de produtora de vegetação como condição prévia para que os animais e os seres humanos, criados a seguir, possam viver.

---

[1] Atlas: conjunto de montanhas da África do Norte, formado de diversas cadeias. [N.T.]

A separação entre água e seco:

1 ⁹Deus disse: "Que as águas que estão sob o céu se reúnam num só lugar e que apareça o seco", e assim se fez.

Na afirmação **"e que apareça o seco"**, supõe-se, evidentemente, que água e terra estavam anteriormente misturadas. Portanto, não se diz que Deus criou seja as águas, seja a terra, mas apenas que ele as separou uma da outra.

A sucinta constatação **"e assim se fez"** mostra, mais uma vez, que não foi necessário nenhum combate para a separação entre água e seco, contrariamente a diversos mitos, nos quais as águas primordiais eram imaginadas como uma serpente ou um dragão que deveria primeiramente ser vencido pela divindade criadora.

A denominação:

1 ¹⁰Deus chamou ao seco "terra" e à massa das águas "mares", e Deus viu que isso era bom.

É o último de três solenes atos de denominação. Tudo o mais que se seguirá será simplesmente chamado por Deus à existência, enquanto a denominação — assim se deve, decerto, presumir — será confiada ao ser humano. Pode-se especular por que razão Deus reservou para si a denominação do dia e da noite, do céu, bem como da terra e do mar. Talvez seja uma indicação de que essa organização fundamental do tempo e do espaço existe imutavelmente antes de tudo o que no futuro ainda está por se criar.

Agora se pode também dizer: **"e Deus viu que isso era bom"**, porque a organização do espaço, começada no segundo dia, está, finalmente, concluída.

A vegetação:

1 ¹¹Deus disse: "Que a terra verdeje de verdura: ervas que dêem semente e árvores frutíferas que dêem sobre a terra, segundo sua espécie, frutos contendo sua semente", e assim se fez. ¹²A terra produziu verdura: ervas que dão semente segundo sua espécie, árvores que dão, segundo sua espécie, frutos contendo sua semente, e Deus viu que isso era bom.

A concepção de que a terra espontaneamente **"produz"** a vegetação é, sem dúvida, uma ressonância do motivo mítico da "mãe-terra", familiar à maioria dos povos antigos. Contudo, a divindade da terra é expressamente negada pela afirmação de que ela só se torna frutífera mediante uma ordem de Deus. Na mundividência antigo-oriental, as plantas não eram consideradas seres vivos autônomos, mas parte da terra, semelhantemente aos pêlos do corpo. A partir da assertiva a respeito da tarefa que Deus confiou à terra de produzir a vegetação, resulta que as ervas dos campos e dos jardins, ao contrário das concepções dos vizinhos de Israel, podem renovar-se sem que seja necessário um impulso humano mediante rituais mágicos de fertilidade. Por conseguinte, em Israel, os ritos da primavera e do outono deviam ser apenas orações de petição e ação de graças ao Deus criador.

O homem bíblico alegrava-se pela multiplicidade do mundo das plantas, que não somente provê a variedade de alimento mas também satisfaz até mesmo outras necessidades, como, por exemplo, o linho e o algodão. Ademais, ele admirava a capacidade de as **sementes**, depois de seu retorno ao chão, produzirem de novo as mesmas plantas e, dessa forma, providenciarem uma contínua cadeia de abastecimento para animais e pessoas. Digno de nota parecia também, no caso, o admirável fato de que, da madeira das árvores, em si não comestível, brotassem frutos nutritivos e saborosos.

A produção da vegetação não se dá de forma anárquica, mas **"segundo espécies"**, literalmente "divisões", o que faz lembrar o tema da "separação". Com **"verdura"** quer-se indicar os cereais, os legumes e as especiarias. A palavra é, muitas vezes, traduzida por "ervas e hortaliças", como em Lutero. Sua distinção das **árvores frutíferas** remonta certamente a uma das empenhadas tentativas da época de classificar "cientificamente" o mundo vegetal. As árvores, dentre as quais obviamente se contavam os arbustos, pareciam ser algo especial, visto que elas — aparentemente de forma supérflua — produziam suas sementes em frutos comestíveis que pertenciam às delícias da alimentação humana. Aqui, pensava-se acima de tudo nas figueiras, nas oliveiras e nas vinhas, que eram louvadas como sinais do cuidado e da generosidade do criador.

Agora se pode dizer, pela segunda vez, neste dia: **"e Deus viu que tudo era bom"**.

A contagem dos dias:

1 ¹³Houve uma tarde e uma manhã: terceiro dia.

Como o costumeiro ritornelo conclui-se o acontecimento deste dia.

Quarto dia: o sol, a lua e as estrelas (Gn 1,14-19)

Com a abóbada celeste e com a terra seca criou-se um ambiente vital para a futura existência de seres vivos, e com a vegetação está garantida para eles a alimentação. Agora, são chamadas à existência auxiliares que iluminam o ambiente, mas também, acima de tudo, medem o curso do tempo sobre a terra.

Com certa prolixidade, o texto fala por três vezes de obras criadoras de Deus, a fim de, a cada vez, enumerar algumas das tarefas para as quais os luzeiros estão destinados. Essa articulação entre "palavra" — "fazer" — "estabelecer" é um artifício narrativo que visa chamar a atenção para a simples função de serviço dos "luzeiros". Assim, surgiu uma composição lingüística de solene penetrabilidade.

A palavra divina:

1 ¹⁴Deus disse: "Que haja luzeiros no firmamento do céu para separar o dia e a noite; que eles sirvam de sinais, tanto para as festas quanto para os dias e os anos; ¹⁵que sejam luzeiros no firmamento do céu para iluminar a, terra", e assim se fez.

A atribuição das três funções: **separar — servir de sinais e servir para determinar — iluminar** deixa claro que eles, de acordo com as tarefas que lhes foram assinaladas, devem obedecer à vontade de seu criador. A designação dos astros como **luzeiros**, literalmente "candeeiros", ou "candeias", em si, não é ainda desrespeitosa, como às vezes se diz. Pois a imagem do sol como "candeia" que ilumina o mundo encontra-se também em hinos dedicados ao deus-sol egípcio. Mas a insinuação de que o sol, a luz e as estrelas não fossem divindades, mas que só foram chamados à existência pelo Deus bíblico, devia soar escandalosa. A tarefa de **separar o dia da noite** recorda o acontecimento do primeiro dia, a separação entre luz e trevas. Mediante a seqüência do dia e da noite sobre a terra, introduziu-se uma condição fundamental que determinará a existência de todos os seres vivos no mundo, a saber, o tempo.

Que eles sirvam de sinais, tanto para as festas quanto para os dias e os anos aponta para o serviço no calendário. Presta-se não apenas a mensurar o curso do tempo, mas também a determinar as datas exatas das festas, a mais importante das tarefas nos tempos antigos, pode-se dizer. Disso é testemunha ainda hoje a atenção com que o movimento das estrelas é observado: entre os judeus, por exemplo, para determinar a "chegada do Sábado"; nas terras islâmicas, para a constatação do início e do fim do mês de jejum de Ramadã, bem como a irrupção da noite, que interrompe o jejum. A tarefa dos luzeiros de **iluminar a terra** é evidente, mas só é mencionada em terceiro lugar, depois de sua função como calendário. Isso faz dos luzeiros meros objetos de uso, que estão pendurados, como candeias ardentes no teto de uma sala.

Os luzeiros são feitos:

1 ¹⁶Deus fez os dois luzeiros maiores: o grande luzeiro, que governa o dia, e o pequeno luzeiro, que governa a noite, e as estrelas.

Como nos casos vistos anteriormente, com a seqüência de palavra e ação não se quer indicar nenhum novo ato criador de Deus. Antes, o **"fazer"** pretende sublinhar ainda mais, em relação aos corpos celestes, sua condição de criaturas.

A tarefa de **"governar"**, atribuída ao sol e à luz, pode surpreender, visto que neste relato de criação tal afirmação só se faz a respeito do ser humano. Infelizmente, a *Tradução ecumênica* da Bíblia em alemão [*Einheitsübersetzung*] usa em ambos os casos a mesma palavra, ao passo que, em hebraico, no caso dos corpos celestes, aparece uma expressão menos abrangente, que significa "mandar" ou "comandar".[2] Na Bíblia de Lutero, ela é traduzida por "reger" e em Martin Buber, ainda melhor, por "reinar sobre". Em todo caso, o ponto principal da afirmação consiste em que aos corpos celestes é conferida apenas um limitado domínio, a saber, sobre o dia e sobre a noite. Hoje, nós mal podemos imaginar quão revolucionária tal limitação de tarefa devia soar aos ouvidos das pessoas do mundo circundante da Bíblia, as quais acreditavam que o céu era habitado por poderes divinos que determinavam o destino dos seres humanos.

---

[2] *A Bíblia de Jerusalém*, em sua nova edição, traduz pelas expressões "como poder do dia" e "como poder da noite". [N.T.]

O sol e a lua são denominados apenas **"o grande e o pequeno luzeiros"**, presumivelmente porque os nomes deles, na linguagem do ambiente, indicavam ao mesmo tempo também divindades. O sol, no Egito, e a lua, na Mesopotâmia, gozavam de especial veneração.

É curioso que não se atribuam funções específicas às **estrelas** e nem sequer algumas são citadas pelo nome. Sua menção apenas incidental pode ter sua razão na imensa importância do culto antigo-oriental às estrelas, que era negado pela religião bíblica.

A colocação dos luzeiros no firmamento:

1 ¹⁷Deus os colocou no firmamento do céu para iluminar a terra, ¹⁸para comandar o dia e a noite, para separar a luz e as trevas, e Deus viu que isso era bom.

Este agir de Deus sublinha, mais uma vez, como o "fazer", a dependência dos luzeiros recém-criados em relação ao poder criador de Deus e permite uma reiterada enumeração das tarefas atribuídas aos astros, sem, aliás, acrescentar uma finalidade fundamentalmente nova.

A tarefa aqui mencionada por último, **separar a luz e as trevas**, corresponde à incumbência referida primeiramente no v. 14, a qual, em todo caso, relacionava-se ao agir de Deus quando da criação da luz. Assim, mais uma vez, alude-se ao fato de que "os luzeiros" são apenas um reflexo daquela luz que Deus, no início da criação, havia contraposto às trevas.

A contagem dos dias:

1 ¹⁹Houve uma tarde e uma manhã: quarto dia.

Com o sólito refrão, conclui-se o acontecimento deste dia.

Astronomia e astrologia no Antigo Oriente

O homem moderno praticamente perdeu a consciência do papel dos astros celestes como cronômetros. Para ele, um nascer e um pôr-do-sol, ou a beleza do luar e do céu estrelado são, quando muito, uma experiência estética, ao passo que praticamente jamais dedica tempo a observar mais acuradamente o deslocamento das constelações no céu ou a trajetória mutável da lua e de suas fases. Em contrapartida, para o homem dos tempos antigos, a admiração pelo "céu estrelado" crescia a partir do espanto perante o movimento ordenado dos astros, cuja regularidade eles procuravam sondar.

Ao lado dos chineses, indianos e egípcios, acima de tudo foram os babilônios que desde cedo empenharam-se em observações sistemáticas. Por volta de 2000 a.C., foram transmitidas listas de estrelas e de constelações sobre tábuas em escrita cuneiforme, nas quais já se distinguiam as estrelas fixas das estrelas móveis. De meados do segundo milênio, foram conservadas tabuinhas de argila onde estavam anotados o nascimento e o ocaso de Vênus durante vários anos. No mais tardar, na virada do milênio, parece que o conhecimento das grandes constelações era amplamente difuso, tal como o demonstram as listas descobertas com as indicações de seu primeiro surgimento no ano e coisas semelhantes. Tudo isso é tanto mais admirável quanto apenas instrumentos de medição relativamente primitivos estavam à disposição.

Tais cálculos foram possíveis mediante uma matemática altamente desenvolvida que já no começo do segundo milênio pré-cristão alcançara resultados espantosos. Eram conhecidas não somente as quatro operações fundamentais da aritmética, mas também equações do segundo grau e até potência e raiz quadrada; foram desenvolvidos também métodos de cálculo de superfícies e de espaços vazios, até mesmo de circunferências, mediante o que se fixou o número π em 3, seu valor aproximado. Tal conhecimento era utilizado de modo especial na divisão de terras, mas também para o dimensionamento das cidades-templo, cujos edifícios deviam ser colocados em determinada relação.

Ademais, a observação dos astros era importante para a fixação do calendário. Enquanto o sol, venerado como divindade em todo o mundo antigo e não menos também no Egito, era o cronômetro primário para o dia e também para o ano, na Babilônia sua importância era menor do que a da lua. Suas características que saltavam aos olhos, acima de tudo a mudança de fases, tornavam-na um portador simbólico de significado para o nascimento, o crescimento e a morte do ser humano. Por essa razão, no calendário mesopotâmico, o mês tinha uma função notável. Começava com a lua nova, alcançava seu clímax celebrado festivamente na lua cheia e findava com o desaparecimento da lua com um dia de luto. Tinha-se também consciência de que o mês tinha apenas 29 e 1/2 ou 30 dias, de forma que em cada ano faltavam cerca de cinco dias, o que se procurava equilibrar com a intercalação de um mês bissexto a cada seis anos. Os nomes dos doze meses do ano foram padronizados ao longo do tempo e, posteriormente, assumidos também pela Bíblia.

Antigamente, astrologia e astronomia não eram separadas. Por certo, autênticos horóscopos são demonstráveis pela primeira vez em um texto proveniente do ano 410 a.C. Uma vez, porém, que os astros eram identificados com deuses, procurou-se, desde então, a partir de fenômenos celestes extraordinários ou de constelações de estrelas raras, tirar conclusões para o futuro.

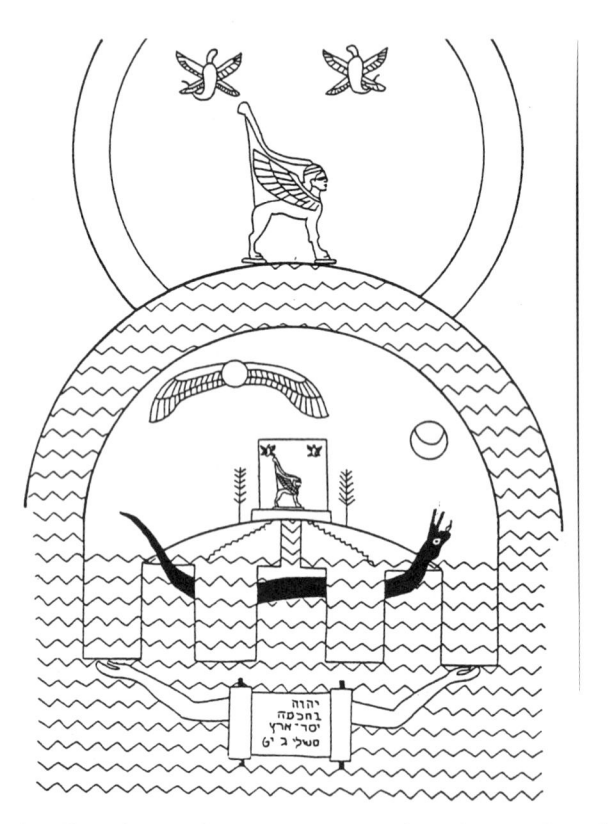

FIGURA 1 – *Esta é a visão veterotestamentária do mundo, tal qual resulta dos textos bíblicos e dos elementos iconográficos da Palestina/ Israel e de seu ambiente: a terra está envolta em água, pelas águas do firmamento (para a chuva e para a neve) e pelas águas do caos (simbolizadas pela serpente). A terra é maravilhosamente sustentada ("braços", com o texto hebraico de Pr 3,19: "Iahweh fundou a terra com a sabedoria"). A terra tem seu ápice e ponto central no templo, com os sinais da fecundidade (árvores, torrentes), tendo acima o sol e a lua. Situado acima do mundo, imagina-se o universo divino, com o trono e os querubins, totalmente em paralelo com o templo.*

Quinto dia: os animais da água e do ar (Gn 1,20-23)

Nos primeiros quatro dias, Deus havia preparado o tríplice ambiente vital que será povoado, a cada vez, nos dois dias que se seguem, pelos seres vivos correspondentes, presumivelmente segundo a graduação crescente de sua dignidade. As águas e o vento são os primeiros da série.

A criação dos seres aquáticos e dos pássaros:

1 [20]Deus disse: "Fervilhem as águas de seres vivos e que as aves voem acima da terra, sob o firmamento do céu", e assim se fez. [21]Deus criou as grandes serpentes do mar e todos os seres vivos que rastejam e que fervilham nas águas segundo sua espécie, e as aves aladas segundo sua espécie, e Deus viu que isso era bom.

Em primeiro lugar, a palavra divina postula que esses animais devem existir; mas, logo a seguir, diz-se, então, que Deus os criou, o que deve ser visto como ato único, como também em passagens semelhantes. Por duas vezes, a criação aqui é também enfatizada **"segundo sua espécie"**, literalmente: "divisão", o que faz lembrar o tema do "separar".

As criaturas recém-criadas, ao contrário das plantas, são designadas como **"seres vivos"**, visto que elas, como se dirá mais tarde no v. 30, têm em si o hálito vital. Efetivamente, para a concepção antiga, "respirar" equivalia a "viver". Além do mais, a retórica poética do fervilhar dos peixes nas águas e do avoaçar dos pássaros sob o firmamento (como o "empenados" da *Einheitsübersetzung* [*Tradução ecumênica alemã*] talvez melhor o traduza) oferece uma evidente alusão à mobilidade dos seres recém-criados.

Ao lado da alusão à variedade das espécies, diferenciam-se explicitamente ainda os **grandes e os pequenos seres vivos marinhos**. Lutero traduziu os primeiros por "baleias". Outros intérpretes presumem que o narrador tenha pensado nas serpentes marinhas ou nos dragões que aparecem nos mitos. Certamente ele não quis questionar-lhes a existência, segundo as concepções de seu tempo, mas as classificou na zoologia geral, a fim de despi-los de sua roupagem mítica.

A utilização da expressão **"Deus criou"** neste texto explica-se, de um lado, pelo fato de, conforme a concepção antiga, a água e o ar não possuírem aquela força criadora de "gerar", como era atribuída ao solo, à mãe-terra, em relação à erva e às árvores. Por outro lado, a expressão volta-se também contra um mito que era muito disseminado na Mesopotâmia e em Canaã. Nesse mito — diferentemente do relato bíblico — descreve-se um combate entre o deus criador e o mar primordial, concebido, em todo caso, como um monstro poderoso, igualmente divino, de cujo corpo o deus, depois de sua vitória, fez o mundo. Pode-se, portanto, pressupor que o autor bíblico, no quinto dia, usa conscientemente sua palavra mais forte a fim de enfatizar que Deus podia "criar" facilmente não apenas os peixes mais pequenos e os pássaros gorjeadores sob o céu, mas até mesmo os poderosos monstros marinhos.

A bênção:

1 ²²Deus os abençoou e disse: "Sede fecundos, multiplicai-vos, enchei a água dos mares, e que as aves se multipliquem sobre a terra".

A segunda palavra desse dia traz algo novo, uma **bênção** divina. Não é nenhuma ordem mas, antes, a atribuição de uma aptidão especial, a saber, a capacidade da transmissão da vida. Significa a concessão de uma força especial para a **fertilidade e para a reprodução**. Diferentemente da renovação das plantas por meio de suas sementes, essa bênção põe em movimento uma dinâmica própria para a transmissão da vida, a saber, a reprodução mediante a procriação e o nascimento. Evidentemente, o narrador tem consciência da diferença entre as forças naturais da vegetação e aquela energia especial que garante aos animais e ao ser humano a perpetuação de sua existência.

No livro do Gênesis, o efeito da "bênção" é pensado de forma bem concreta, como nas histórias dos patriarcas. Nestas, bênção se refere à riqueza que são os filhos e o lucro dos campos e dos rebanhos e, portanto, não pode confinar-se a um significado meramente espiritual.

Antigamente, o domicílio dos pássaros era determinado como **"acima da terra debaixo do firmamento"**, no âmbito, portanto, do vento, para o que a língua hebraica não conhece nenhum termo próprio. Então se diz mais exatamente que eles devem **"multiplicar-se sobre a terra"**, uma alusão banal, que remonta naturalmente à observação de seu acasalamento e da construção de seus ninhos.

A contagem dos dias:

1 ²³Houve uma tarde e uma manhã: quinto dia.

Com o costumeiro refrão conclui-se a hora deste dia.

Uma criação sem conflito

A menção dos "grandes animais marinhos" como criaturas de Deus no quinto dia encontra-se em contraposição a outras passagens da Bíblia que assumiram tradições míticas, nas quais a criação é apresentada como uma vitória sobre outros poderes divinos. Assim, por exemplo, o profeta Isaías estimula seu Deus à salvação do povo arrastado ao exílio com as seguintes palavras: "Desperta, desperta! Mune-te de força, ó braço de Iahweh! Desperta como nos dias antigos, nas gerações de outrora. Por acaso não és tu aquele que despedaçou Raab (uma personificação do vento primordial), que trespassou o dragão?" (51,9). Passagens análogas encontram-se no livro de Jó (26,12-13) ou nos Salmos (74,13-14 e 89,11).

Podem-se considerar tais imagens supostamente míticas como discurso poético, que não tencionam expressar nada de especial. Mas pode dar-se perfeitamente o caso de que elas espelhem um nível de reflexão que precedeu o primeiro relato de criação no livro do Gênesis, vindo a lume relativamente mais tarde. Este se volta não somente contra toda concepção de atos procriadores ou nascimentos divinos, com os quais os mitos de seu ambiente procuravam explicar a origem do universo. Ele agora renuncia também, completamente consciente, a qualquer tipo de imagens que pudessem despertar associações com um combate divino (à exceção, talvez, do "sopro de Deus agitava a superfície das águas", no v. 2, onde, possivelmente, como já acenado ali, tenha restado uma alusão praticamente imperceptível ao poder combativo de Deus). A ação criadora de Deus é mostrada exclusivamente como efusão de seu poder soberano que pode, sem esforço, chamar à existência todas as criaturas.

Com isso, Deus aparece numa liberdade ilimitada no confronto com o mundo por ele criado, ao passo que, por outro lado, ainda mantém estreita ligação com ele, o que lhe permite intervir constante e renovadamente no mundo, tal como é descrito repetidamente na Bíblia. Qualquer explicação agônica teria contradito tal concepção. De fato, onde um combate se faz necessário, o vencedor pode até mostrar-se mais poderoso do que o oponente derrotado, mas não onipotente.

FIGURA 2 – Um herói ou um deus dispara contra o ereto e cornífero dragão do caos ameaçador; no meio, uma árvore, como símbolo da fecunda terra firme (selo siríaco em forma de rolo; séc. XVIII/XVII a.C.).

Sexto dia: os animais da terra e o ser humano (Gn 1,24-31)

Temos agora a mais longa descrição de um dia de atividade criadora. Inicialmente, é descrita a criação dos animais terrestres e, a seguir, com grande minuciosidade, a criação dos seres humanos. Depois do convite a que eles se instalem como proprietários no edifício cósmico recém-criado e habitem em todas as suas partes, por fim acentua-se a bondade da totalidade da obra criadora do sexto dia. A apresentação distingue-se fundamentalmente do esquema das obras criadoras precedentes, evidentemente a fim de chamar a atenção para a importância singular do gênero humano.

A *criação dos animais terrestres:*

1 [24]Deus disse: "Que a terra produza seres vivos segundo sua espécie: animais domésticos, répteis e feras segundo sua espécie", e assim se fez. [25]Deus fez as feras segundo sua espécie, os animais

domésticos segundo sua espécie e todos os répteis do solo segundo sua espécie, e Deus viu que isso era bom.

Mais uma vez sublinha-se a criação **segundo as espécies**, no interior de uma tripartição dos animais do mundo: animais do campo, isto é, animais selvagens; gado, isto é, animais domesticáveis; e répteis. O convite à terra, para que **"produza"** diversos tipos de seres vivos, faz lembrar o terceiro dia no qual a terra recebe tarefa semelhante em relação à vegetação.

À ordem imperiosa divina, segue-se, decerto, imediatamente um **"e assim se fez"**, mas agora o narrador acrescenta, a fim de notificar, explicitamente, que Deus **"fez"** todos os três tipos de animais terrestres. Conforme opinam os exegetas modernos, isso talvez remonte à variedade das fontes. O narrador, que certamente pensou apenas em um único ato criador de Deus, não se deixou perturbar, porém, pelo desajeitamento de uma ligação dos dois aspectos. Presumivelmente, ele quis esquivar-se do motivo da terra como geradora, também dos animais, o qual aparece em diversos mitos. Uma vez que se imaginava a "produção" das plantas como um fenômeno semelhante ao crescer dos cabelos no corpo, a mesma asserção acerca de seres "vivos" teria atribuído à "mãe-terra" certamente demasiada força criadora própria.

Curiosamente, os animais terrestres não são abençoados com a fertilidade, como previamente o foram os animais marinhos e os pássaros. Obviamente isso é omitido como algo descontado, em prol da bênção conferida ao ser humano, sobre o qual recai a ênfase principal nesse dia.

A expressão **"Deus viu que isso era bom"** conclui o processo, possivelmente a fim separá-lo da criação do ser humano, que se segue imediatamente.

A intenção de Deus ao criar o ser humano:

1 ²⁶Deus disse: "Façamos o homem à nossa imagem, como nossa semelhança, e que eles dominem sobre os peixes do mar, as aves do céu, os animais domésticos, todas as feras e todos os répteis que rastejam sobre a terra".

Desta feita, ao usual **"Deus disse"** no início de uma obra, não se segue nenhuma palavra imperiosa criadora, mas o anúncio daquilo que Deus tenciona fazer, revestido de um convite inusitado — **"Façamos o**

homem..." — que Deus dirige a si mesmo. Soa como uma reflexão ou uma decisão. Com essa expressão solene, que mostra, ao mesmo tempo, que algo importante está prestes a acontecer, o autor bíblico proporciona também um olhar na intimidade de Deus, na medida em que ele descreve a intenção especial que liga Deus à criação do ser humano.

Enquanto as plantas e os animais aparecem "segundo sua espécie", a singularidade do ser humano é descrita a partir de Deus. Diz-se que Deus o quis **"à nossa imagem, como nossa semelhança"**. Essa é a pressuposição para o fato de o ser humano ser capaz de intimidade com Deus.

O discurso bíblico a respeito do ser humano como **imagem** (ou retrato) **de Deus** suscitou muitas especulações sobre o ser humano como *Imago Dei*. Elas podem até ser teologicamente interessantes, mas apenas com muita dificuldade fundamentam-se exclusivamente no texto, visto que o narrador dificilmente pretendeu oferecer uma designação abstrato-filosófica da natureza humana. A chave para a compreensão encontra-se, antes, na determinação do objetivo para o qual a palavra "imagem" aponta. Isso já é suposto, visto que, nos dias precedentes, a peculiaridade das coisas criadas foi descrita diversas vezes por meio da tarefa que elas deviam desempenhar. Efetivamente, a palavra "semelhança" aponta para uma função bem concreta, visto que, em hebraico, designa uma estátua entalhada ou esculpida, que imita o original, e que, por sua "semelhança", pode substituí-lo e representá-lo. A palavra foi usada para os ídolos e também para as imagens dos soberanos que foram erigidas pelos reis a fim de fortalecerem sua pretensão de grandeza lá onde eles não estavam pessoalmente presentes. Portanto, ela indica a posição do ser humano como representante de Deus, o qual, em seu ambiente vital, deve comportar-se em relação à terra e aos animais de acordo com a imagem de Deus.

Contrariamente à afirmação de diversos exegetas, a ousada afirmação da **semelhança divina** do ser humano encontra-se não somente na Bíblia mas também nos mitos de diversos povos, pelo que o apóstolo Paulo, em seu discurso no areópago, refere-se à afirmação dos poetas gregos: "Porque somos também de tua raça" (At 17,28). Por trás disso encontra-se a amplamente difusa convicção de que o ser humano teria em si algo de divino, que nele o divino e o terrestre se ligam. Freqüentemente, encontra-se até mesmo a concepção de que a figura humana teria sido formada de acordo com a dos deuses.

A afirmação bíblica, porém, não pode referir-se a uma semelhança corporal, uma vez que seria impossível para o autor da primeira história da criação, o qual tanto enfatizou a transcendência de Deus, imaginar Deus em forma humana. À interpretação segundo a qual ele teria simplesmente pensado nas faculdades espirituais do ser humano, em sua razão e em sua vontade, deve-se contrapor o dado de que a linguagem bíblica pressupõe o ser humano em sua totalidade e, portanto, distancia-se da separação do corporal e do espiritual no ser humano, oriunda da filosofia grega. A similitude divina e a parecença divina do ser humano deveriam, antes, ser evidentes quando se pergunta como o próprio Deus se mostra nesse espaço criacional. Ali ele se revela mediante sua palavra e seu agir. Não estaria precisamente aí um paralelo com o ser humano, que pode ser caracterizado da melhor maneira possível por meio de seu talento para criar coisas novas com a linguagem e mediante a capacidade de suas mãos?

O verbo **"dominar"**, usado para indicar a posição do ser humano, é uma palavra ousada, visto que tirada da linguagem da realeza. Situa-se em clara oposição às concepções da mitologia mesopotâmica, que viam os seres humanos como trabalhadores escravos a serviço dos deuses. Ali, de fato, a criação dos seres humanos foi atribuída à recusa dos deuses inferiores em trabalhar para os deuses superiores, de modo que o chefe do conselho divino decidiu criar pessoas sobre as quais se pudessem impor as canseiras do culto do templo e dos sacrifícios.

O domínio **sobre os animais e sobre a terra** significa a missão de formação cultural do mundo. Agricultura e horticultura, bem como a criação de animais, eram, para o narrador, as duas grandes aquisições da civilização de então, que havia superado o estágio da caça e da colheita de frutos. A cultura dos campos e o plantio de pomares, a escavação de poços e a instalação de canais de irrigação exigiam qualidades que somente o ser humano possui. O mesmo vale para a domesticação de animais, tal como se mostra entre os pastores, cavaleiros e cocheiros, os quais, com sua voz e com suas mãos, conduzem a criação viva. O domínio do ser humano é, porém, de certa forma, limitado, na medida em que diz respeito apenas aos animais e à terra com suas plantas. O ser humano não possui poder algum sobre as coisas do céu e, portanto, nenhum poder sobre o tempo, que é "regido" por astros estabelecidos numa esfera própria de domínio.

A semelhança divina é atribuída pela Bíblia a todas as pessoas, ao passo que, no Antigo Oriente, apenas os reis e seus representantes eram vistos como imagem da divindade. Na medida em que o autor provê os seres humanos de atributos régios, ele "democratiza", por assim dizer, a aura divina que envolvia a realeza antigo-oriental. Para ele, o ser humano como tal — e, portanto, todas as pessoas — é semelhança de Deus e imagem de Deus.

No texto, esconde-se ainda uma sutileza e grande alcance político. Uma vez que Deus criou o ser humano não "segundo sua espécie", como as plantas e os animais, todo tipo de racismo recebe uma clara rejeição. Do mesmo modo que Deus reina como um sobre toda a criação, assim também a humanidade, como um todo, é chamada ao domínio sobre a terra e sobre a variedade dos seres vivos.

O plural no discurso de Deus

A formulação "façamos…" levanta a pergunta a respeito de quem o Deus bíblico fala aqui. Entre as respostas que são dadas, não há nenhuma deveras satisfatória:

Seguindo-se a exegese dos Padres da Igreja, há muito tempo reina na interpretação cristã a concepção de que o plural seria uma alusão à trindade divina (um deus em três pessoas), tal como foi ensinada pela Igreja. Pode-se objetar que tal interpretação é anacrônica, visto que o autor do livro do Gênesis — humanamente falando — certamente não poderia ter pensado em algo semelhante.

Em tempos recentes, alguns estudiosos da Bíblia defendem a opinião de que o plural seria um resquício de tradições politeístas. Com efeito, uma série de mitos narra que a decisão de criar o ser humano no conselho dos deuses teria sido introduzida pela fórmula "façamos…". Esta hipótese é, hoje, amplamente rejeitada com a argumentação de que o autor desse relato da criação, o qual, de outra forma, buscou preservar com tanto esmero a unicidade de Deus, certamente não teria tomado um plural que remontasse a fontes politeístas. Ao contrário, pode ser que o autor tenha pensado no "conselho" ou na "corte" divina, que freqüentemente na Bíblia circunda Deus em seu trono celeste, e de que se fala em outras passagens da Bíblia (p. ex., no Salmo 89,6-8 e no Primeiro Livro dos Reis 22,10 ou no começo do Livro de Jó). Subentendiam-se ali seres, por assim dizer, de divindade inferior, que uma tradição tardia designará como "anjos".

Alguns estudiosos chegam à conclusão menos excitante de que esse "nós" e esse "nossa" nada mais são do que um "plural de reflexão", uma forma de expressão que também encontramos em nossas línguas modernas. Assim, alguém que, depois de longa reflexão, chega finalmente a uma decisão, às vezes diria a si mesma: "Então vamos lá!", em vez de: "Então aqui vou eu!".

A criação do ser humano:

1 [27]Deus criou o homem à sua imagem, à imagem de Deus ele o criou, homem e mulher ele os criou.

A forma do verso hebraico original reforça a convincente solenidade da situação. A caracterização do ser humano como **"imagem de Deus"** é repetida duas vezes, e a palavra **"criou"**, quando da alusão à sua diferença de sexos, é repetida até mesmo uma terceira vez. A expressão **"homem e mulher"** é traduzida por Lutero com o simpático diminutivo: "homenzinho e mulherzinha", aos passo que em hebraico aparece a forma adjetiva "macho e fêmea".

A partir da expressão "Deus criou", houve quem quisesse deduzir que o ser humano, em contraposição aos animais do campo, foi chamado à existência completamente independente de qualquer relação com a "mãe-terra". Em prol disso, deporia o fato de "criou" ser também empregado em relação aos peixes e aos pássaros, que não surgiram nem foram feitos do elemento no qual deviam viver. Mas ali, como já mencionamos, podem-se aventar outras razões para o uso de tal expressão. Aqui, esse tipo de especulação não pode levar muito longe, tanto mais que no segundo relato da criação, a formação do ser humano da "argila do solo" é sobremaneira enfatizada (2,7).

A declaração lapidar de que Deus criou o ser humano como "homem e mulher" indica que a polaridade dos sexos faz parte do modo de ser plenamente humano. O fato de os sexos serem aqui expressamente mencionados, diferentemente do caso dos animais, onde são dados claramente por descontados, é usado com gosto como argumento para mostrar que Deus situou ambos os sexos num mesmo nível e que, portanto, no início da criação, não há lugar para falar de supremacia do homem.

Visto que o v. 27 menciona de uma só vez a similitudinariedade do ser humano e sua diferença sexual, muitos estudiosos e estudiosas modernos vêem aí uma alusão a que os aspectos de masculinidade e feminilidade, que se mostram como diferença no ser humano criado, também são encontrados em Deus, ainda que indissociavelmente unidos nele. Em contraposição a isso, os intérpretes judeus da época do Novo Testamento, aos quais também o apóstolo Paulo segue, defendem a interpretação de que somente o homem é imagem de Deus, ao passo que a mulher é imagem do homem (1Cor 11,7). No caso, eles se reportavam à notável mudança do singular para o plural na declaração, e afirmavam que a similitudinariedade se referia apenas a *adam*, mediante o que eles equipararam esta palavra hebraica — que aqui ainda indica "ser humano" — com o nome próprio posterior do homem: Adão.

Na alusão à bissexualidade fala-se dos seres humanos no plural. A palavra hebraica *adam* para o ser humano é um coletivo que pode indicar tanto um único ser humano quanto os seres humanos ou os seres humanos como gênero no sentido de "humanidade". Portanto, aqui não se fala se Deus criou diversos casais ou apenas um, como é descrito imediatamente na história do paraíso subseqüente.

FIGURA 3 – O ser humano como homem e mulher destinados um ao outro, em reciprocidade, aqui, trocando carícias na cama (terracota antigo-babilônia; 1750 a.C.).

A bênção sobre os seres humanos:

1 28Deus os abençoou e lhes disse: "Sede fecundos, multiplicai-vos, enchei a terra e submetei-a; dominai sobre os peixes do mar, as aves do céu e todos os animais que rastejam sobre a terra".

Diferentemente da bênção semelhante sobre os animais aquáticos e sobre os pássaros, os seres humanos são honrados com um vocativo. Que Deus **lhes** fale, isto é, aos seres humanos, tornou-se possível porque Deus os criou à sua imagem. Essa imediatidade do ser humano em relação a Deus é tematizada aqui pela primeira vez na Bíblia.

A necessidade de uma **bênção** mostra que a capacidade de fertilidade e de multiplicação entre os seres humanos não decorre de sua similitudinariedade e de sua semelhança divina, mas remonta a um dom especial do criador. Por conseguinte, a reprodução humana não necessita de nenhum modelo mítico de coitos e acasalamentos divinos dos quais se podia participar, como acreditavam os vizinhos de Israel, mediante orgiásticos ritos de fertilidade. Por outro lado, mediante a bênção, o vigor sexual é definido como um dom positivo do ser humano, que não encontra, da parte de Deus, nenhuma desaprovação. Isso se mostra na abundância de promessas de bênção que atravessam o livro do Gênesis nas narrativas a respeito dos patriarcas Abraão, Isaac e Jacó como anúncio de uma numerosa descendência.

O convite aos seres humanos **"Sede fecundos, multiplicai-vos"** já havia sido preparado pela caractcrização do ser humano como homem e mulher, e é a pressuposição para o **povoamento** da extensa terra. É inoportuno, portanto, aduzir a partir daí uma proibição de qualquer planejamento familiar, tal como, às vezes, acontece. A pergunta a respeito do que acontecerá se o crescimento da população tornar-se um problema não pode ser respondida mediante a extração da frase de seu contexto, compreendendo-a como um princípio moral que teria valor absoluto, sem levar em consideração os pormenores.

A bênção dos seres humanos inclui a subjugação da terra e o domínio sobre os animais. Dessa feita, para o domínio do ser humano sobre a terra é usada adicionalmente a expressão **"submeter"**. Com isso, o mundo é contraposto ao ser humano: ele deve dominá-lo, à semelhança de Deus, na condição de *parvus Deus* (pequeno deus), e não se deixar dominar por ele.

Dessa imagética afirmação, não se devem tirar conclusões precipitadas, tal como hoje acontece face à eliminação das espécies de animais ou à destruição das florestas. Alguns intérpretes da Bíblia chegam a opinar que a expressão proviria do vocabulário áulico da realeza antigo-oriental, e referem-se às diversas representações, ainda conservadas, que mostram como o soberano põe o pé no pescoço do inimigo subjugado. Contudo, o narrador bíblico deverá ter tomado distância de tais associações, uma vez que ele não considera a terra inimiga do ser humano. Na realidade, a linguagem, terrível à primeira vista e que, literalmente, significa até mesmo "pisar com os pés" outra coisa não era senão uma expressão formal da linguagem jurídica, uma vez que, de acordo com os costumes antigos, um novo proprietário tomava posse de seu terreno pondo os pés publicamente nele.

O discurso de um **dominar sobre os animais** deve ser entendido a partir do significado de base do verbo hebraico aqui empregado. Ele aponta para a atividade do pastor, que perambula com seu rebanho à procura de água e pastagem, que protege os animais fracos de seu rebanho contra os fortes e que defende todos os seus animais contra perigos externos. A imagem do pastor fazia parte constituinte da ideologia antigo-oriental da realeza, ainda que talvez, apenas raramente da realidade, e supunha-se que o soberano devia ser cheio de sabedoria, humildade, magnanimidade e cuidado pelos fracos entre seus súditos. O poder, concedido ao ser humano, de dispor dos animais não significava, portanto, de forma alguma, carta branca para exploração e arbitrariedade. Como em breve se mostrará, a essa altura, ao ser humano ainda não é concedido sequer matar animais para sua alimentação.

Uma comparação do relato bíblico com os mitos revela uma diferença importante. Na mitologia sumério-babilônica ou na egípcia, as histórias da origem do mundo estão ligadas apenas de forma tênue à história da criação do ser humano. No centro, encontra-se a "teogonia", ou seja, a descrição de sempre renovados nascimentos de linhagens de deuses, de cuja série, então, sucessivamente, surge o mundo em sua diversidade de elementos; somente bem mais tarde é que o ser humano é criado, quase como uma coisa acidental, como trabalhador escravo dos deuses. O relato bíblico da criação, em contrapartida, transmite uma perspectiva completamente nova e, para seu tempo, única. Certamente, também aqui, o ser humano é, entre os seres criados, o último a ser chamado à existência; mas isso acontece no final de um processo premeditado que o contrapõe como singular perante o mundo animal e o restante da natureza.

A admiração com respeito à proeminente posição do ser humano é partilhada pelo autor do Salmo 8. Ele contempla primeiramente sua própria insignificância dentro de um imenso universo mas, a seguir, reconhece laudatoriamente a grandeza do papel atribuído por Deus ao ser humano:

Quando vejo o céu, obra dos teus dedos,
a lua e as estrelas que fixaste,
que é um mortal, para dele te lembrares,
e um filho de Adão, para vires visitá-lo?
E o fizeste pouco menos do que um deus,
coroando-o de glória e beleza.
Para que domine as obras de tuas mãos
sob seus pés tudo colocaste:
ovelhas e bois, todos,
e as feras do campo também;
a ave do céu e os peixes do mar
quando percorre ele as sendas dos mares (Sl 8,4-9).

As prescrições alimentares para o ser humano e para os animais:

1 ²⁹**Deus disse: "Eu vos dou todas as ervas que dão semente, que estão sobre toda a superfície da terra, e todas as árvores que dão frutos que dão semente: isso será vosso alimento. ³⁰A todas as feras, a todas as aves do céu, a tudo o que rasteja sobre a terra e que é animado de vida, eu dou como alimento toda a verdura das plantas", e assim se fez.**

Mais uma vez o ser humano é interpelado diretamente. O **"Eu vos dou..."** é uma fórmula da linguagem jurídica que cede ao ser humano como alimento a terra e seus frutos. Ela acha-se em oposição aos mitos segundo os quais o ser humano foi criado a fim de, com seu trabalho, obter as oferendas de cuja fumaça, acreditava-se, os deuses alimentavam-se.

A permissão de alimentar-se com as plantas da terra é — sem nenhum vocativo especial — adjudicada também aos animais. Se, no caso, como no terceiro dia, o narrador bíblico diferencia entre as **plantas** (literalmente: "verde" ou "erva") e as **árvores frutíferas**, obviamente ele tinha diante dos olhos, então, mais uma vez, no que diz respeito às árvores, o intensivo trabalho da horticultura, como, por exemplo, o cultivo de olivais e parreirais, o que explica a reserva desses frutos para o ser humano, ao passo que aos animais cabem apenas a grama e a verdura, que crescem por si mesmas e não carecem de nenhum cultivo. Evidentemente, enfatiza-se aqui que pessoas e animais, no início, eram vegetarianos. Somente depois do dilúvio é que se permite ao ser humano alimentar-se também de animais (Gn 9,3). A objeção de que diversas espécies de animais só podem viver e sobreviver à custa de outras espécies não deve ter escapado também ao narrador bíblico. Todavia, o matar-se recíproco em prol da sobrevivência certamente contradizia sua concepção da harmonia primitiva da criação.

A alimentação vegetariana do ser humano e do animal no início dos tempos encontra-se também em outros mitos antigos a respeito de uma "idade de ouro", marcada pela paz entre os próprios animais e entre o ser humano e os animais. Tal estado primitivo "paradisíaco" é explicitamente descrito pelo profeta Isaías (11,6-8), quando expressa sua esperança de que, no "fim dos tempos", acontecerá um retorno ao começo da criação:

Então o lobo morará com o cordeiro,
e o leopardo se deitará com o cabrito.
O bezerro, o leãozinho e o gordo novilho andarão juntos
e um menino pequeno os guiará.
A vaca e o urso pastarão juntos,
juntas se deitarão as suas crias.
O leão se alimentará de forragem como o boi.
A criança de peito poderá brincar junto à cova da áspide,
a criança pequena porá a mão na cova da víbora.

Julgamento de Deus sobre sua criação:

1 [31]Deus viu tudo o que tinha feito: e era muito bom. Houve uma tarde e uma manhã: sexto dia.

Enquanto em relação às obras precedentes se havia dito sempre: "E Deus viu que era bom", Deus, agora, julga que tudo o que fizera era **"muito bom"**. Evidentemente, esse crescendo do adjetivo "bom", repetido diversas vezes, pretende exprimir que cada obra da criação, mediante sua disposição, harmoniza-se de forma perfeita em um conjunto. Recorde-se que o "Deus viu" que aparece neste relato da criação significa uma consideração feita benevolentemente, tal como o artesão ou o artista que apreciam sua obra, e que o julgamento "bom" possui significado funcional, no sentido de "apropriado para o objetivo", talvez até mesmo de "belo". No Antigo Testamento, a premente questão a propósito do sofrimento que atinge continuamente também o inocente neste mundo é tratada com detalhes no livro de Jó.

Certamente o "muito bom" quer também corroborar que o mundo ordenado não está em nenhuma oposição ôntica ou moral ao plano de Deus. À pertinente questão, decorrente da história da humanidade, bem como da experiência cotidiana, a respeito da origem da perturbação da paz e da harmonia, tal como doenças ou catástrofes naturais, o segundo relato da criação dará uma resposta.

É curioso que ao ser humano não é atribuído explicitamente nenhum "selo de qualidade". A partir daí, porém, não se devem tirar conclusões apressadas. É verdade que alguns exegetas opinam que o narrador teria procurado evitar uma contradição com a afirmação posterior da narrativa do dilúvio — "Os desígnios do coração do homem são maus desde a sua infância" (6,5 e 8,21) — ou ele teria ponderado que o ser humano não estava pronto, mas que foi criado um ser aberto ao devir histórico. Contudo, tais especulações deverão parecer demasiado impostas ao texto. Acerca do ser humano, o texto diz algo tão grandioso, que um simples "Deus viu que era bom" não encontraria mais espaço conveniente. Evidentemente a criação do ser humano está incluída, como o ponto final da obra criadora divina, no "tudo o que Deus tinha feito: e era muito bom".

A primazia do ser humano

A visão bíblica do papel do ser humano no mundo é descrita, hoje, como arrogante. De acordo com essa opinião, o ser humano não teria vantagem alguma em valor e dignidade sobre os demais seres orgânicos e inorgânicos. A isso, porém, deve-se objetar que é irrealista negar o status especial do ser humano no âmbito da natureza. Um olhar sobre a história e sobre nosso ambiente cotidiano deixa claro que o ser humano possui um poder de criação tal que não pode ser observado em nenhum outro ser vivente. Isso vale tanto para o bem quanto para o mal. Certamente as modernas ciências naturais e a técnica desenvolvida com seu apoio tornaram-se o pressuposto material para a existência da humanidade de hoje, que já conta bilhões; contudo, ao mesmo tempo, elas introduziram também uma ameaça à condição natural de vida sobre nossa terra.

Portanto, em face das florestas destruídas e das águas poluídas, em nossos dias são particularmente pesados os ataques da parte dos movimentos ecológicos contra as formulações do relato da criação acerca da posição do ser humano. Para isso, deve ter contribuído o fato de, em tempos recentes, a palavra da Bíblia a propósito da ordem divina ao ser humano de submeter a terra ter sido, às vezes, demasiado acentuada, como defesa contra as agressões de contemporâneos que gostam de denunciar a religião, em especial a tradição judaico-cristã, como inimiga da tecnologia. Uma interpretação como permissão para a exploração despótica da terra não tem, certamente, fundamento na longa história da exegese bíblica. Jamais derivou da posição privilegiada do ser humano algo a favor de uma relação desrespeitosa com a natureza. Sempre se presumia, como óbvio, que o ser humano, na qualidade de imagem de Deus, está em suas decisões vinculado ao exemplo do domínio sábio e providencial de Deus.

Quando muito, a mensagem bíblica — de que nem o céu nem a terra, nem tampouco as águas ou as plantas, são forças divinas — contribuiu, ao lado de outras correntes de pensamento, para uma "profanação" da relação com as coisas da natureza. Por meio da negligência dos aspectos que inserem o ser humano no mundo e na natureza, tornou-se livre então o caminho para uma visão de mundo que via na natureza apenas um material disponível e livre que poderia ser utilizado à vontade para a satisfação das necessidades humanas.

O Antigo Oriente estava isento dessa visão. Animais e natureza eram vistos antes como forças caóticas cujo domínio exigia do ser humano toda a sua força. Além disso, na ética da tradição judaico-cristã, o acento recaía por inteiro nas exigências da convivência entre os seres humanos (Decálogo, amor ao próximo), enquanto os deveres para com o mundo vivo não humano em geral estavam apenas marginalmente implicados. Isso fazia sentido nos primeiros tempos, quando a subsistência da humanidade era ameaçada sobretudo pelas rivalidades entre indivíduos e grupos.

Hoje, porém, o perigo de uma desorganização das condições vitais sobre a terra torna necessária, sem dúvida, uma correção — se não no texto bíblico mesmo, pelo menos em sua interpretação. Compreendido retamente, ele não admite nenhuma hostilidade fundamental à técnica e à ciência, mas apóia a exigência de um lidar responsável com a terra e com tudo o que ela contém.

Sétimo dia: a celebração de Deus (Gn 2,1-3)

A atividade de seis dias do criar, do falar e do fazer, do separar e do denominar, que Deus concluíra com a satisfatória constatação de que tudo o que ele havia feito seria "muito bom", desemboca agora numa fase de repouso e de reflexão. A bênção e a santificação do sétimo dia, e não portanto a criação do ser humano, é o verdadeiro ápice da obra criadora divina, a qual somente então estará deveras concluída.

A aparentemente canhestra linguagem desse versículo, com suas quatro repetições, pode-se imputar à diversidade dos modelos literários. No entanto, ela serve mui evidentemente como meio estilístico, a fim de, após a azáfama dos seis dias de criação precedentes, espalhar uma aura de serenidade e, assim, imprimir melhor no ouvido e na memória os aspectos decisivos das afirmações acerca do sétimo dia.

A conclusão da obra da criação:

2 [1]Assim foram concluídos o céu e a terra, com toda a sua estrutura.

A formulação **"céu e terra"** recorda o início do relato. A palavra **"concluir"** é uma forma de expressão que aparece também em outros textos bíblicos para a constatação de que um trabalho foi acabado de modo satisfatório. Inequivocamente, existe por trás disso uma visão estática do mundo, que contradiz a concepção moderna de um mundo compreendido em constante transformação.

O adendo **"com toda a sua estrutura"** indica que a criação concluída constitui um todo bem ordenado. "Estrutura" traduz aqui a palavra hebraica "exército", que também foi conservada na Bíblia luterana. Essa tradução livre da palavra que aos ouvidos modernos soa demasiado militarista retrata muito bem o que se quer dizer, pois, nos tempos bíblicos, a imagem de um exército não evocava apenas associações com combates e guerras, mas, acima de tudo, com ordem articulada, tal como se podia admirar nos exércitos concentrados, separados de acordo com as unidades e as armas, manobrados de forma impecável sob a ordem do comandante. A opinião segundo a qual "exército" seria uma alusão às "hostes celestes" ou ao "exército das estrelas" é bastante improvável.

O repouso do criador:

2 ²Deus concluiu no sétimo dia a obra que fizera e no sétimo dia descansou, depois de toda a obra que fizera.

A conclusão da criação é atribuída a um dia próprio, o sétimo, e o repouso de Deus, mediante a inclusão na contagem dos dias, fica ligado estreitamente às obras da criação dos seis primeiros dias.

O acabamento da obra da criação é situado expressamente no **sétimo dia**. Apoiados na *Septuaginta*, a primeira tradução da Bíblia para o grego, e em alguns manuscritos hebraicos, alguns exegetas pretendem corrigir essa afirmação e substituí-la por "no sexto dia", mediante a aparentemente esclarecedora justificativa de que Deus, nesse dia, teria cessado seu trabalho e, depois, nada mais teria criado. Na realidade, porém, a leitura "no sétimo dia" faz sentido igualmente. Ela aponta não para um novo agir de Deus mas sim para a bem conhecida experiência de todo artesão, artista ou autor, de que ele, em algum momento, precisa declarar terminada sua obra e renunciar a outras alterações nela.

A maioria das traduções fala de um **"descanso"** de Deus, ao passo que no texto hebraico encontra-se outra palavra, que significa antes "parar/cessar o trabalho", semelhantemente[3] ao nosso "feriar", que significa

---

[3] (No original alemão:) … semelhantemente à palavra alemã *feiern* que, ao lado do significado de "celebrar uma festa", conhece também o de "não trabalhar", tal como bem o expressam, em sentido diverso, os termos *Feiertag* ["feriado"] e *Feierabend* ["fim do trabalho diário", "descanso"]. [N.T.]

"entrar em férias/interromper o trabalho", ao lado do significado de "dar descanso a", "festejar", tal como se expressa nos termos "feriado" ("dia santo", "dia de festa"), paralelamente a "féria", "ferial", que se referem tanto aos dias da semana quanto à folga e ao descanso. A substituição corrente hoje do termo arcaico "feriar" [em alemão *feiern*] por "descansar" explica-se pelo recurso à passagem bíblica, de conteúdo quase idêntico, da revelação dos Dez Mandamentos no Sinai, onde a instituição do sábado é fundamentada literalmente sobre o "descanso de Deus" nesse dia (Livro do Êxodo 20,11).

O discurso do "feriar de Deus" certamente retoma o motivo freqüente nos mitos de criação das nações, segundo os quais a divindade, depois da conclusão de sua obra, retira-se do mundo e abstém-se de qualquer outra intervenção, a fim de não perturbar a nova ordem criada. Contudo, aqui não se quer indicar nenhum retraimento da criação no sentido da imagem de Deus de diversos filósofos da época da Ilustração, a qual considerava Deus como o grande "relojoeiro" que se entrega ao descanso depois de ter posto o mecanismo do relógio para funcionar. Com efeito, tal concepção é contradita pela outra parte da Bíblia que narra constantemente novas atividades e intervenções de Deus. Pode-se supor que o narrador bíblico tenha assumido a imagem antropomórfica de um deus que repousa depois de um trabalho feito porque pretendia conferir à concepção mítica da tradição antiga um novo significado, como ele logo a seguir manifestará.

A bênção e a santificação do sétimo dia:

2 ³Deus abençoou o sétimo dia e o santificou, pois nele descansou depois de toda a sua obra de criação.

Devido à simbologia especial do número sete, mencionado pela terceira vez, a questão da bênção e da santificação só pode tratar-se de algo importante para o mundo e para o ser humano.

A bênção sobre o sétimo dia é a terceira "bênção" de que se fala no relato da criação. Assim como Deus, no quinto e no sexto dia, mediante a bênção, estende seu poder criador aos animais e aos seres humanos, tornando-os capazes de multiplicar-se, assim, agora, ele confere a um período de tempo determinado e regularmente repetitivo a capacidade de regeneração das forças vitais.

"Santificar" é uma fórmula oriunda do culto, que reserva uma coisa, um espaço ou um lapso de tempo para a divindade, no caso o sétimo dia em relação aos outros seis dias. A declaração do sétimo dia como "sagrado" (em contraposição a "profano") estabelece um tempo fixo para o culto. Na verdade, ela é o ponto culminante de todo o relato da criação, e não, como se costuma dizer, a criação do ser humano.

> Também aqui se acha certo paralelo em relação ao mito babilônico. No poema *Enuma Elish*, após a criação do ser humano, os deuses ainda constroem a cidade cultual, Babel, com seus templos e a torre de degraus, na qual os seres humanos devem servir aos deuses. No relato bíblico da criação erige-se não um lugar cultual mas sim um tempo para o culto divino.

O verbo hebraico *shabat*, usado nesses versículos para o **"descansar"** ou o "feriar" de Deus, deve evidentemente lembrar o significado do "sábado", ainda que sua raiz lingüística seja completamente diferente. Com isso, o narrador pretende aludir à instituição do descanso sabático que, no contexto narrativo da Bíblia, surge apenas com Moisés, mas que aqui já recebe sua fundamentação teológica.

A multiforme alusão à **obra da criação**, nesses versículos, mostra Deus como um trabalhador ou artesão que repousa — diferentemente dos deuses olímpicos, que jamais se cansam porque não trabalham. Por conseguinte, o trabalho, até mesmo o trabalho manual, tal como se enfatiza no "fazer", recebe a grande dignidade que sempre teve na tradição judeu-cristã, em contraposição à cultura grega, que impunha o trabalho ao escravo, ao passo que considerava inadequado para o homem livre o empenhar-se com as próprias mãos.

Sábado divino e humano

O descanso que Deus, mediante a bênção do sétimo dia, introduz no mundo é mais do que aquelas efêmeras pausas para descansar, a fim de juntar novas forças para o trabalho, tal como já são possibilitadas pela mudança entre o dia e a noite. O que se quer dizer, talvez se pudesse parafrasear, o mais aproximadamente possível, mediante o recurso à tradução de shabat *por "estar ocioso", com a noção de "ócio" no sentido da antiga filosofia. Este significa uma parada no serviço diário, a fim de conseguir autoconhecimento e compreensão do lugar do ser humano no mundo como pressuposto indispensável para uma vida verdadeira, humanamente digna.*

Certamente, mais tarde, sob Moisés, mediante a transmissão do sábado divino ao ser humano, o domínio deste sobre as coisas sob o céu foi temporariamente limitado. Contudo, a restrição aos seis dias de trabalho da semana é, ao mesmo tempo, e até mesmo em primeira linha, um presente para o ser humano. Segundo o exemplo divino, é-lhe possibilitado um ritmo de vida no qual se alternam períodos de atividade e períodos de reflexão. Ele não deve ser incansável e incessantemente ativo, mas sempre encontrar tempo para a tomada de consciência sobre si mesmo, a fim de obter distância do mero mundo do trabalho. Uma vez que, do ponto de vista narrativo, o descanso do sétimo dia está ancorado na estrutura fundamental dos acontecimentos criadores, a "semana com o sábado" é vista como conveniente para todos os seres humanos. Com isso, o sábado, como sinal da igualdade essencial dos seres humanos, adquire uma dimensão social. Com efeito, livres e dependentes, homens e mulheres, ricos e pobres deveriam poder feriar ao menos nesse dia da semana — uma idéia revolucionária no mundo antigo, o qual, de saída, negava aos escravos, camponeses e artesãos, cuja vida era marcada por pesados trabalhos, a capacidade de aperfeiçoamento espiritual e ético e, portanto, o direito ao "ócio".

O sábado, como dia geral de descanso, é — tanto quanto o sabemos — de origem israelita; sua origem se perde, porém, na escuridão do passado. Apesar de — tal como o dia, o mês e o ano — a unidade de tempo de sete dias repousar sobre um ritmo da natureza, a saber, as fases da lua, ela não é tão evidente quanto poderia parecer. No Oriente antigo — presumivelmente por razões de vicissitudes econômicas, algo assim como a necessidade de estabelecer um dia de feira regular —, conhecia-se uma introdução de seções de cinco ou dez dias (Babilônia e Egito, respectivamente). Entre os romanos, desde o século I d.C., já é demonstrável a existência de uma semana de sete dias, na qual os dias são denominados de acordo com os astros mais importantes.

Todavia, somente por meio da Bíblia, o ritmo de sete dias recebeu seu marcante significado ao longo do tempo até hoje. De fato, nos séculos que precederam a virada do milênio, o sábado desenvolveu-se sempre mais na direção de um dia de meditação e celebração religiosa. Ao lado da

circuncisão, ele torna-se um critério decisivo da pertença ao judaísmo.
Os cristãos transferiram seu dia festivo e de repouso do sétimo para o
primeiro dia da semana, em memória da ressurreição de Cristo neste dia.
Sob Constantino, tornou-se dia santo universal, para o qual a Igreja cristã
deslocou, em parte, as prescrições judaicas a respeito do sábado, de modo
especial relativamente à participação no culto divino e à proibição do
trabalho.

O mandamento sabático anunciado ao povo de Israel no Sinai refere-se
expressamente ao primeiro relato da criação:

Lembra-te do dia de sábado para santificá-lo.
Trabalharás durante seis dias, e farás toda a tua obra.
O sétimo dia, porém, é o sábado de Iahweh teu Deus.
Não farás nenhum trabalho, nem tu, nem teu filho, nem tua filha,
nem teu escravo, nem tua escrava, nem teu animal, nem o estrangeiro
que está em tuas portas.
Porque em seis dias Iahweh fez o céu, a terra, o mar e tudo o que eles
contêm, mas repousou no sétimo dia;
por isso Iahweh abençoou o dia do sábado e o santificou.

Ex 20,8-11

FIGURA 4 – *El, o deus cananeu principal, o "criador das*
criaturas" e o "criador da terra", como ancião amável.
A veste longa e solene, a postura sentada e a mão direita
que abençoa caracterizam-no como soberano senhor, pólo
de repouso e poder bondoso (figura de bronze, banhada a
ouro, proveniente de Ugarit, entre 1500-1000 a.C.)

Um epílogo como conclusão (Gn 2,4a)

O primeiro relato da criação conclui-se com uma variação de sua frase introdutória, a fim de sublinhar, uma vez mais, a "criaturalidade" do céu e da terra.

2 ⁴ᵃEssa é a história da origem do céu e da terra, quando foram criados.

"**História da origem**" traduz a palavra hebraica *toledot*, vertida em outras passagens da Bíblia com o termo "sucessão de gerações". Literalmente significa: "procriações". A palavra, antes uma relíquia lingüística dos mitos, parece deslocada aqui, uma vez que o autor apresenta a origem do mundo como uma sucessão de atos criadores soberanos de Deus, exatamente em contraposição aos mitos do ambiente da Bíblia, os quais sabiam narrar muito bem a origem do mundo a partir de uma sucessão de acasalamentos divinos. Evidentemente, porém, o relato bíblico da criação, que faz surgir o mundo unicamente a partir da palavra e do agir do único Deus, devia conscientemente substituir aqueles mitos que faziam remontar os começos do mundo a paridelas divinas. Tal como estes, ele trata dos "começos". Se, no caso, ele descreve a sucessão dos acontecimentos igualmente como "procriações", posto que aí estas precisamente não aconteçam, então esconde-se aí, talvez, certa ironia: esta — e não outra! — é a história da origem do céu e da terra.

No livro do Gênesis, a palavra *toledot* está amiúde a serviço da articulação temática do material; assim, no começo na lista de descendentes de Adão (5,1), de Noé (6,9 e 10,1), de Sem (11,1) e de Tera (11,27), bem como mais tarde também na história dos patriarcas. Enquanto *toledot*, ordinariamente, a cada vez introduz um novo leque narrativo, no final da história da criação conclui um deles. Com a sucessão das gerações posteriores, que se referem de fato a atos procriadores, origina-se, portanto, uma contínua cadeia de *toledot*, que vai da origem do mundo até o patriarca Jacó, cujos doze filhos se tornam os antepassados do povo de Israel.

O binômio escolhido "**céu e terra**" deixa pressupor que o versículo aponta para as palavras introdutórias do texto. No entanto, alguns comentaristas afirmam que ele seria não sua conclusão mas sim o começo do segundo relato, que conta detalhes a respeito da criação do homem e da mulher. Contudo, em favor da pertença ao primeiro relato, depõe o fato de este demonstrar um inegável parentesco com o gênero literário da genealogia. Com efeito, as listas das descendências de Adão até Noé (Gn 5) ou de Sem a Abraão, pai de Tera (Gn 11,10-26), trabalham igualmente com expressões estereotipadas, como, por exemplo: *Quando A completou tantos anos, gerou B. Depois do nascimento de B, A viveu ainda tantos anos e gerou filhos e filhas. Toda a duração da vida de A foi de tantos anos, depois morreu. Quando B completou tantos anos, gerou C. Depois do nascimento de C, B viveu ainda tantos anos...* e assim por diante. De forma análoga, a narrativa da criação está também articulada por meio de certo número de fórmulas fixas, como, por exemplo, na contagem dos dias, fortalecida pelo correspondente "houve uma tarde e uma manhã" e mediante o retorno regular de expressões tais como "Deus disse" ou "e assim se fez". O paralelo com as genealogias é evidente, ainda que o relato da criação varie mais fortemente seu esquema. Em ambos os casos, encontra-se a mesma solene monotonia que confere aos acontecimentos uma moldura fixa, por meio de frases sempre iguais ou semelhantes.

Deus e os deuses

Para o homem antigo-oriental, a doutrina a respeito de uma divindade superior, que conferia ordem ao mundo, era uma evidência. As mitologias diferenciavam-se apenas no que diz respeito à questão de qual dentre as tantas divindades havia exercido tal função e quais das forças que, aliás, ainda atuam no mundo possuem caráter divino. A isso, o narrador bíblico respondia que o mundo surgiu mediante o exclusivo poder do único Deus e que, além dele, não existem outros poderes no mundo.

O primeiro relato da criação, que surgiu presumivelmente no século V a.C., apesar de algumas ressonâncias míticas em sua linguagem, realiza uma desmitificação radical do mundo, tal como se encontra, mais ou menos no mesmo período e de maneira semelhante, na filosofia grega. É uma "revolução" que só pode ser entendida corretamente contra o pano de fundo das religiões do ambiente. Mesmo que nelas os nomes das divindades e de suas mútuas relações se diferenciassem de acordo com o tempo e o lugar, era-lhes, porém, característico que a cada uma das divindades fosse atribuído respectivamente um campo de influência diverso. Elas corporificavam as grandes forças da natureza e os impulsos irresistíveis a que o ser humano se via exposto nas diversas esferas da vida e que ele considerava como determinantes para seu destino. Na tempestade e na brisa, na chuva e na seca viam-se, igualmente, manifestações de poderes divinos, tal como no amor e no matrimônio, na vida e na morte, na violência e na guerra, no crescimento e na destruição. Toda vicissitude na vida do ser humano e dos povos encontrava uma explicação no querer de um ou de vários dentre os muitos deuses, dos quais alguns eram de boa índole, outros perversos; alguns eram também voluntariosos ou viviam em conflitos mútuos e, por essa razão, deviam ser lisonjeados por sacrifícios e práticas mágicas.

Não obstante seus atributos sobre-humanos, os deuses, porém, faziam parte do mundo. Eles sabiam e podiam mais do que os seres humanos; mas, no final das contas, seu saber e seu poder eram limitados, tal como o demonstra claramente uma olhadela nos mitos antigos. Até mesmo aquele deus criador dos mitos, que havia produzido a presente organização do mundo, certamente era considerado como a mais alta divindade, mas seu poder sobre o mundo e sobre os demais deuses não era, porém, nem absoluto, nem garantido para sempre.

O Deus dos acontecimentos criadores bíblicos é diferente. Ele não faz parte deste mundo, posto que nele atue e esteja presente. Ele possui poder ilimitado sobre as forças da natureza e conduz soberanamente o destino dos seres humanos e dos povos. Desde os começos da criação, Deus é o promotor de tudo o que acontece. Oposição existe, quando muito, da parte dos seres humanos, mas não de algum poder divino. A diferença entre o monoteísmo judeu-cristão ou islâmico, de um lado, e o politeísmo, de outro, não é uma questão de número (um único Deus ou diversos deuses?), mas da concepção do que é Deus.

O falso dilema "Deus criador ou evolução"

Forçosamente surge a questão de como se harmoniza a doutrina da Bíblia sobre a obra de seis dias, mediante a qual Deus fez surgir o mundo, com o ensinamento de Darwin a respeito de um desenvolvimento paulatino dos organismos no decorrer da história da terra. Um dos principais argumentos contra a teoria de Darwin no século XIX era a afirmação bíblica de que Deus teria criado plantas e animais "segundo sua espécie". Com efeito, para os defensores da autoridade da Bíblia, parecia especialmente escandaloso o pensamento, necessariamente ligado à teoria da evolução, do desaparecimento de determinadas espécies ao longo da história da terra. Eles enxergavam aí uma contradição na sabedoria da providência divina que, de forma inconcebível, teria criado determinadas espécies apenas para fazê-las desaparecer em seguida.

Hoje, praticamente não se ouve tal argumento. Alguns exegetas vêem no papel que Deus atribui à terra de fazer brotar a vegetação até mesmo uma ponte para o discurso moderno sobre a "natureza". Se esta, ao longo de milhões de anos, pôde produzir gradativamente, por si mesma, a variedade das espécies, então bastaria sublinhar que ela recebeu tal capacidade de Deus.

Certamente o narrador bíblico não pensou nada disso. Sua imagem estática do mundo, tal como se expressa o mais claramente possível na tríplice constatação, no sétimo dia, de que Deus "completou" (Gn 2,1-3) sua obra criadora, não deve ser harmonizada com a concepção, oriunda das modernas ciências naturais, de um mundo que se desenvolve em contínua transformação, tal como é familiar ao homem de hoje. Essa dificuldade não se deixa superar mediante a tentativa de harmonizar, de maneira duvidosa, a diferença entre os detalhes do relato bíblico e nossas concepções modernas, na medida em que se obriga o texto a dizer aquilo que evidentemente ele não diz. Se não quisermos, à moda dos "fundamentalistas bíblicos", simplesmente ignorar ou considerar como meras hipóteses irrelevantes todo conhecimento da ciência moderna que contradiz a Bíblia, então nada mais resta senão admitir que o relato bíblico possui suas limitações, resultantes necessariamente das idéias da época de seu surgimento.

De resto, hoje a discussão já não gira em torno do fato de uma evolução dos seres vivos — o que ninguém, na prática, questiona seriamente —, mas a propósito das tentativas de explicação de como se deu a evolução. Diversos teólogos e também importantes cientistas da natureza são de opinião que o surgimento do universo e o desenvolvimento progressivo da vida sobre a terra remontariam a um processo intencional que tem em Deus sua origem. Eles partem do fato de que, com isso, estaria preservado, se não o conteúdo, pelo menos o cerne do relato da criação, que pretendia mostrar o mundo como um cosmo ordenado, e Deus como seu único causador.

Seja como for, resta explicar como é que esse texto ainda hoje consegue fascinar as pessoas. Se ele não fosse mais que um sucedâneo científico há muito superado, então permaneceria um enigma: por que também muitos que, de longa data, já perderam sua ingênua fé infantil, quase não conseguem desfazer-se da impressão de que aqui se narra algo que, de alguma forma, contém uma verdade profunda? A resposta a essa pergunta poderia ser encontrada naquelas obras da pesquisa moderna em torno do mito, que compreendem os mitos da origem do mundo como sedimentação das lembranças daquele desenvolvimento da consciência, que foi experimentado pelo indivíduo como origem de seu mundo, do qual ele partilhava de corpo e alma. Portanto, seria falso ver o ideário mitológico da humanidade e a ciência moderna como modelos de explicação que disputam um mesmo e único campo do saber.

Assim, os relatos bíblicos da criação se colocam em estreita relação com o processo de amadurecimento da personalidade. Os mitólogos, por exemplo, vêem no primeiro relato uma ressonância da experiência fundamental de cada ser humano nos primeiros anos de vida: o eu passa de um confuso estado de dormência da consciência, simbolizado pela falta de estrutura da terra seca e deserta e das trevas que cobrem a maré primordial, para a luz clara da consciência, na qual céu e terra são separados um do outro e a terra, tal como uma ilha, brota das águas.

FIGURA 5 – *A graciosidade da criação: um gamo salta pela natureza; ao seu redor, montanhas, árvores, plantas e um pássaro (selo médio-assírio; séc. XIII a.C.).*

A arquitetura narrativa
do primeiro relato da criação

Se ao narrador interessasse apenas a confissão no único Deus criador, ele ter-se-ia contentado com sua primeira frase: "No princípio criou Deus o céu e a terra". Com isso, de fato, tudo estaria dito. Evidentemente, porém, os acontecimentos criadores não deviam aparecer como um único toque mágico, cujo sentido e objetivo permanecessem na escuridão. Então ele dividiu o acontecimento num multipartido processo, a fim de fazer da estrutura bem ordenada do mundo um lar para o ser humano e para os animais, tendo Deus como seu solícito curador.

Para tal empreitada, ele devia incluir todos aqueles campos no mundo e na natureza que somente em nosso tempo se tornaram objetivo de pesquisa científica. Em contrapartida, fundamentalmente, para isso ele dispunha de material irrisoriamente escasso. Ao lado das explicações míticas a respeito da origem do mundo, dos deuses e dos seres humanos, existiam apenas os primeiros rudimentos de erudição. As pessoas se preocupavam com o relacionamento entre a terra e o mar, ou entre o céu, a terra e o mundo inferior; especulavam sobre a origem das águas subterrâneas e das fontes, e reuniam informações sobre a situação geográfica de cidades e países e de residências dos povos a fim de obterem, com tudo isso, um quadro da totalidade do mundo e de sua organização. Especialmente típico era o grande zelo com que se realizava a catalogação dos mais variados dados. Testemunham-no as incontáveis e freqüentemente multidecompostas listas de nomes, palavras, números, artigos de consumo, rochas, ou de árvores, plantas e animais que foram encontradas nos arquivos de escrita cuneiforme da Mesopotâmia. A classificação de plantas e de animais "segundo as espécies" e de acordo com seu ambiente vital no âmbito da criação poderia ser um eco disso. Já avançados eram os conhecimentos de astronomia, que pressupunham admirável aritmética. Conforme ainda será demonstrado, as especulações, típicas daquela época, em torno do conteúdo simbólico dos números, desempenharam um papel decisivo para a estrutura do primeiro relato da criação.

Contudo, em face desse repertório ainda insuficiente de conhecimentos, é tanto mais admirável que o relato tenha conseguido apresentar uma afirmação tanto inteligível quanto concludente em si, que correspondia à então completamente nova mensagem a respeito de um único Deus que havia criado o mundo.

Uma semana de sete dias, com oito obras e dez palavras em seis dias

Uma simples olhadela no ateliê do narrador revela, em primeiro lugar, que ele era fascinado pelo entrançamento de relações entre os números. Evidentemente, tal como os primeiros pensadores filosóficos da Antigüidade — os pitagóricos, por exemplo —, ele via nos números um princípio ordenador para as coisas do mundo, o qual deveria também ocorrer, em certa medida, na estrutura narrativa de um relato sobre a origem do céu e da terra.

O mais notável é o ritmo dos sete dias, que ponteia o curso dos acontecimentos. Nos primeiros seis dias, a contagem encontra-se respectivamente no final, à exceção do sétimo dia quando, em vez dessa, repete-se por três vezes a alusão a este dia. As duas fórmulas "E assim se fez" (com suas variações) e "Deus viu que era bom" (com a variante "muito bom"), que servem para constatar a execução e sua qualidade, retornam igualmente sete vezes.

> Em virtude da divisão do acontecimento em sete dias, o primeiro relato da criação é também chamado de heptâmero, dos termos gregos *hepta*, para o número sete, e *heméra*, para dia. Referindo-se apenas aos dias da criação propriamente dita, fala-se também da "obra dos seis dias" ou do hexâmero, do número grego seis.

Mediante a articulação em sete dias, a descrição do acontecimento parece simples e clara. Todavia, a construção revela-se bem mais complicada do que o esquema de sete dias deixa supor. Com efeito, a criação mesma realiza-se apenas em seis dias porque o sétimo dia, como modelo para o descanso no sábado, assume um lugar especial. Visto que, surpreendentemente, no terceiro e no sexto dia, respectivamente, realiza-se uma obra dupla, nesses seis dias, ademais, oito categorias de criaturas são chamadas à existência: luz — firmamento — terra seca — vegetação — astros — animais aquáticos e os voadores — animais terrestres — seres humanos.

A palavra criadora "Deus disse", em contrapartida, aparece dez vezes e, com efeito, em lugares decisivos: não apenas por ocasião de cada uma das oito obras, mas também ainda quando da bênção sobre os animais aquáticos e os alados (v. 22), bem como sobre os seres humanos (v. 28). Nos dois últimos casos, certamente não se trata de um ato criador imediato, mas antes de uma transmissão da força criadora divina. (No décimo primeiro "Deus disse" [v. 29], não é concedido nenhum autêntico poder, mas simplesmente confere-se à vegetação sua finalidade como alimento para o ser humano e para os animais.)

Como se pode imaginar, não foi tarefa simples harmonizar entre si os seis dias da criação com suas oito obras e dez palavras (todos números pares) e a semana de sete dias (número ímpar). Como surgiu essa obra de arte, mostra-o uma análise mais precisa primeiramente das obras dos seis dias e, a seguir, da semana de sete dias.

A simbologia numérica antiga

Quanto ao uso simbólico de certos números, difuso em toda a Antigüidade, pode-se apenas acenar a algumas das mais importantes possibilidades de significado.

Um *é o número básico e simboliza a "unidade". Sua divisão resulta no* ***dois****, que expressa o oposto e o complemento em par. Ele permite uma divisão das coisas em algo diverso, no entanto reúne também os opostos numa totalidade, tal como se exprime em diversas expressões bíblicas: céu e terra = "mundo"; bem/bom e mal/mau = "tudo o que é pensável e factível"; homem e mulher = "ser humano" etc. O* ***três****, derivado da tripartição dos membros em braços, pernas e dedos, funciona como número da síntese: começo — meio — fim ("Todas as coisas boas vêm em três"). O* ***quatro****, a partir dos quatro pontos cardeais e das fases da lua, tem o significado de plenitude. O número* ***cinco****, tirado dos dedos da mão, simboliza uma totalidade arredondada, ao passo que o* ***seis*** *figura como duplicação do triplo, cujo significado corrobora. O* ***sete****, a partir do número de dias nas fases da lua, resulta da soma de três mais quatro e de dois mais cinco. No âmbito cultural da Antigüidade (calendário, objetos de culto), ele desempenhava um papel importante e era considerado um número especialmente sagrado. Igualmente significativo era o* ***dez****, uma duplicação do cinco, o qual, em razão do número cinco dos dedos de* *ambas as mãos, tornou-se o meio cômodo de contar e fundamento do sistema decimal.*

*Estranhamente, o **doze**, número da plenitude e da completeza, que recorda as doze mudanças no signo do zodíaco no decorrer do ano, não encontra uso algum na estruturação do relato da criação. Pode-se supor que o narrador reservou este número para os filhos de Jacó, dos quais provieram as doze tribos de Israel, para as quais todas as histórias do livro do Gênesis convergem como ponto central.*

As obras dos seis dias

Aqui predominam os números pares, o que sugere uma articulação binária dos elementos narrativos em particular.

A colocação de duas obras no terceiro e no sexto dia, respectivamente, cada um portanto, no final de um ciclo de três dias, sugere como possível esquema organizativo uma bisseção das oito obras da criação. Nos primeiros três dias, em quatro estágios, surgem as coisas imóveis: luz — céu — terra seca — plantas; em contrapartida, nos segundos três dias, as coisas móveis: astros — animais que vivem nas águas e os que vivem abaixo do céu — animais terrestres — seres humanos, igualmente num quádruplo passo.

1º dia: luz	4º dia: astros
2º dia: firmamento	5º dia: peixes e pássaros
3º dia: terra seca + vegetação	6º dia: animais terrestres + seres humanos

O quadro mostra uma inconfundível simetria: assim, a luz do primeiro dia aponta para os astros como luzeiros, criados no quarto dia; o firmamento, do segundo dia e que separa, aduz aos animais das águas e aos que vivem abaixo do céu, criados no quinto dia. Isso poderia ser, ao mesmo tempo, uma explicação para o fato de o narrador ter tratado separadamente a criação dos animais aquáticos e dos que vivem abaixo do céu, e a dos animais terrestres. Terceiro e sexto dias, por causa da correspondência entre terra seca e animais terrestres, encontram-se igualmente em mútua relação.

Consegue-se uma segunda divisão binária quando se parte da expressão "Deus disse", que ocorre dez vezes, com a qual se introduz cada uma das oito obras da criação e, mais duas vezes, a transmissão da força criadora de Deus em sua bênção sobre os peixes e sobre os pássaros, bem como sobre os seres humanos. Aqui resulta uma significativa divisão em duas fases, cada uma com cinco elementos: a preparação de um ambiente vital e, a seguir, seus habitantes.

1ª palavra: criação da luz	6ª palavra: criação dos peixes/pássaros
2ª palavra: surgimento do céu	7ª palavra: bênção dos peixes/pássaros
3ª palavra: surgimento da terra	8ª palavra: surgimento dos animais terrestres
4ª palavra: produção da vegetação	9ª palavra: criação do ser humano
5ª palavra: surgimento dos astros	10ª palavra: bênção dos seres humanos

Presumivelmente, esta última divisão é a que mais se aproxima da intenção do narrador bíblico. Na extraordinária importância do número dez para a articulação do relato da criação evidencia-se sua já mencionada semelhança com as genealogias no livro do Gênesis, as quais, de Adão até Noé (cap. 5) e de seu filho Sem até Abraão, pai de Tera (11,10-26), contam respectivamente dez gerações. O número dez, nas palavras criadoras de Deus, está obviamente também em paralelo com os "Dez Mandamentos" do Sinai, os quais, na Bíblica hebraica, são também designados como as "Dez Palavras" e foram escritos, igualmente, em duas tábuas.

As duas metades das seis obras da criação, assim divididas, possuem aproximadamente a mesma extensão. À guisa de curiosidade, observe-se que, no hebraico, elas possuem quase o mesmo número de palavras: uma tem 207 e a outra, 206. Isso pode ser apenas um mero acaso, mas também é visto como prova da bem pensada construção de um texto no qual o jogo com os números possuía tão grande importância.

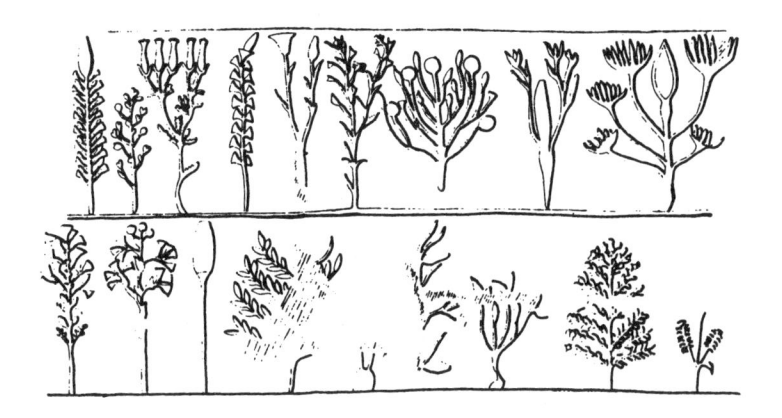

Figura 6 – A ordem da criação: um catálogo de plantas da Síria, em um muro de templo em Karnak, sob Tutmósis III (1502-1448 a.C.).

A semana de sete dias

Com o número ímpar sete não é possível uma bisseção simétrica como com seis dias, oito obras ou dez palavras. Em vez disso, revela-se uma regularidade nisso que o primeiro dia, o do meio e o último tratam do fluxo do tempo, de modo que esses três dias constituem um eixo contínuo. Ele parte do surgimento do dia e da noite, passa pela incumbência dos astros de cronometrar, até a instituição do dia de descanso, que é o único, entre os dias, a ser "abençoado" como tal, ou seja, tornado frutífero. Para o narrador, o ponto culminante de todo o acontecimento salvífico estava, obviamente, nessa conclusão.

De permeio, estão o segundo e o terceiro dias, bem como o quinto e o sexto, que têm como tema o espaço, isto é, os habitantes do espaço. Dessa forma, não obstante a contraposição assimétrica de três e quatro dias, resulta também para esse esquema uma construção clara e harmoniosa.

1º dia: separação da luz das trevas

2º dia: separação das águas primordiais por meio do firmamento

3º dia: separação da água e da terra
+ vegetação segundo as espécies

4º dia:	introdução do tempo mediante os astros
5º dia:	peixes e pássaros segundo as espécies
6º dia:	animais terrestres segundo as espécies + ser humano como homem e mulher
7º dia:	instituição do dia de descanso

Ao lado de "palavra" e "fazer", para designar o agir de Deus no acontecimento criador, "separar/distinguir" pervaga a descrição de todos os sete dias como a terceira expressão mais importante.

Já no primeiro dia, encontra-se no centro a separação entre luz e trevas, a qual fundamenta a diferença entre dia e noite. No segundo e no terceiro dias, mediante o firmamento, as águas primordiais são separadas em águas superiores e águas inferiores, e a terra é separada do mar; no quarto dia, fala-se da separação do dia e da noite, bem como dos tempos festivos por meio dos luzeiros. No terceiro, no quinto e no sexto dia, na criação das plantas e dos animais "segundo as espécies" (literalmente: divisões), bem como na polaridade do ser humano como homem e mulher, ressoa igualmente o tema da distinção, ao passo que, no sétimo dia, o "santificar", no vocabulário cultual de então, aponta para um segregar, portanto, para uma separação.

Evidentemente, ao narrador interessa muito o esquema do tempo, visto que ele, regularmente, sobrepõe-no aos atos e palavras criadores, que atingem seu vértice na criação do ser humano. Ele faz com que Deus crie primeiramente o tempo e institua, no final de seu relato, um dia próprio, dedicado ao aperfeiçoamento temporal de todo o criado. Uma vez que o tempo apodera-se de todas as obras, com isso ele deixa claro que o mundo, e também o ser humano, estão submissos ao vir a ser e ao morrer, isto é, à finitude.

As análises precedentes das obras dos seis dias e da semana de sete dias tornam evidente que o narrador venceu, com grande valentia, o desafio de harmonizar entre si grandezas matematicamente divergentes como 6, 7, 8 e 10. Efetivamente, na ensamblagem de ambos os esquemas, revela-se uma admirável harmonia.

O tema do tempo

Mediante a alternância entre dia e noite, torna-se possível uma organização e uma divisão do acontecimento na primeira história da criação. Essa disposição do agir divino numa seqüência de "dias" é uma inovação de grande importância, que não tem paralelo nem na mitologia mesopotâmica nem em nenhuma outra de que se tem conhecimento. Ao fixar uma moldura temporal para a criação do mundo, o autor bíblico integra a obra criadora divina no curso do tempo, em vez de situá-la num indeterminado tempo mítico "remoto". Por meio disso, o primeiro ato criador de Deus abre a possibilidade da história, que a Bíblia, mais tarde, medirá também em "anos", p. ex., nas genealogias, ou nas indicações da idade das pessoas agentes.

Evidentemente, sabemos muito bem que o surgimento do cosmo e o desenvolvimento dos seres vivos não se deixam comprimir em seções separadas umas das outras por respectivamente 24 horas. Todavia, por meio da utilização de um esquema temporal, que vai dos começos de tudo até o ser humano, a primeira narração da criação tem pelo menos algo em comum com nossas concepções. Com efeito, também nós compreendemos a história humana como parte da história do universo.

A Palavra de Deus e o agir de Deus

Existe, ainda, outra dificuldade composicional que o autor supera de forma brilhante. Ele encontrava-se evidentemente diante da escolha entre duas tradições existentes acerca da criação. A primeira, cujos vestígios encontram-se em textos egípcios, segundo o modelo da ordem imperial, fazia a existência das coisas e dos seres vivos remontar à força de atuação de uma palavra divina, ao passo que a segunda, de acordo com o paradigma da atividade artesanal, apontava para um "fazer" do mundo pela divindade, em assonância com a então amplamente difusa concepção de um *Deus faber* ("Deus artesão"), que havia construído o mundo de forma sólida e habilidosa.

O narrador optou por uma junção de ambas as tradições e, portanto, por uma duplicação da palavra divina e do agir divino. Uma criação unicamente por meio da palavra, o que certamente era mais coerente com suas concepções de onipotência divina do que o antropomorfismo de um *Deus faber*, ele postula apenas no primeiro dia: "Deus disse: 'Haja luz'. E houve luz". Doutra forma, ao contrário, no início de cada uma das obras da criação, com efeito, ele coloca a palavra divina "E haja..." (com suas variantes correspondentes), mas a seguir, não obstante isso, ainda narra outras atividades de Deus.

No que Deus *fala*, existem ordens de diversos tipos. Umas, como "Haja...", dirigem-se a destinatários indeterminados: luz, firmamento, astros. Outras direcionam-se às águas e à terra: reunir-se, isto é, deixar crescer e produzir; outras, ainda, voltam-se para criaturas concretas, animais e seres humanos: fervilhar e voar, ser fecundos e multiplicar-se, governar, habitar a terra e submetê-la. Por fim, encontra-se também uma interpelação que Deus dirige a si mesmo: "Façamos o ser humano...". A isso pertence também, em certa medida, a denominação do dia e da noite, do céu, da terra e do mar, bem como, não por último, a bênção como transmissão de um poder especial.

No que Deus *faz*, "criou" e "fez" estão em primeiro plano. Naturalmente, deve-se contar também como fazer divino o "separou", ainda que esteja completamente despido de suas reminiscências originais de antigas tradições míticas acerca de um combate primordial, e agora sirva ao objetivo da ordem e da diferenciação, com o ponto de chegada na santificação do sétimo dia, o que, certamente, significa um separar/subtrair ao ininterrupto fluxo do tempo. Poder-se-ia mencionar aqui também o "dar/entregar" da concessão de alimento aos seres humanos e aos animais, bem como o "colocou", no caso dos astros. Aliás, ambas as idéias são expressas em hebraico por uma e mesma palavra, motivo pelo qual, no segundo caso, Martin Buber, com razão, traduz: "Deus deu-os ao firmamento do céu", a fim de sublinhar o caráter de doação das pausas do tempo.

Às vezes, tem-se a impressão de que a palavra, no caso, expressa uma intenção de Deus, que é realizada, a seguir, numa criação ou num fazer. Talvez o exemplo mais claro disso seja a criação do ser humano, quando Deus anuncia o que pretende fazer. Em outras passagens, isso não está, talvez, tão claro assim. Contudo, não resta dúvida de que constantemente se quer indicar apenas um único ato, como no caso da criação da luz, que é, por assim dizer, o verdadeiro protótipo da ação criadora divina.

O desjeito da justaposição e até mesmo a aparente seqüência de palavra e ação fazem perguntar por que o narrador conservou as duas correntes de transmissão. Como uma das razões, pressupõe-se que ele teria de contar com o fato de que seu público, por meio do segundo relato da criação (Gn 2,4b–3,24), que surgira mais cedo, estaria acostumado com a idéia do *Deus faber*. Seja como for, ele elaborou, sem dúvida, a palavra e o agir de Deus numa composição geral, na qual a conservação de ambos os modelos faz sentido. Com efeito, já o simples tema do repouso no sétimo dia, tão significativo para ele, sem a imagem do fazer artesanal, que provoca a associação mental de trabalho pesado, permaneceria ininteligível, visto que em se tratando de uma criação apenas mediante a palavra não teria dado nenhuma ocasião para o "feriar".

Ainda existe, porém, um argumento mais importante. Quando, no primeiro dia, a luz aparece unicamente por meio da palavra imperiosa de Deus, então esse tipo de criação soa, com certeza, majestosa e adequada para despertar admiração e respeito pelo poder soberano do Deus criador. Contudo, uma fidelidade rigorosa a essa forma de apresentação para o restante dos dias teria suscitado a impressão de que Deus seria, por assim dizer, apenas uma voz "de fora", numa transcendência distante, elevado acima de sua criação. A fim de passar a impressão de que Deus também está presente em sua obra, a palavra e o agir de Deus são entrelaçados. Ao fazer Deus "pôr a mão na massa", o narrador aponta para a ligação amorosa do artista com sua obra e integra, portanto, a tradição bíblica do constante agir imanente de Deus no mundo, manifesto pelos atos salvíficos divinos na natureza e na história. Para Israel, a "palavra operante de Deus" e a "poderosa mão de Deus" eram inseparáveis.

A arte da repetição e do entrelaçamento

Típicas do primeiro relato da criação, supérfluas sob o mero ponto de vista da lógica, são as diversas repetições que parecem contradizer a concepção moderna de uma boa técnica literária. No entanto, a um olhar mais atento, elas se revelam um meio estilístico conscientemente inserido. De fato, elas não visam apenas a uma maior clareza, mas servem para realçar, de modo especial, algo decisivamente importante. Elas conferem ênfase a uma declaração, por exemplo, na descrição da meta para a qual as coisas criadas são destinadas, ou chamam a atenção para um aspecto importante.

As repetições especialmente vistosas do segundo ao sexto dia pretendem, possivelmente, explicitar a relação entre palavra e ato como uma única ação. Em todo caso, o autor da narrativa da criação não se acanhou em usar aí até mesmo formulações literalmente iguais. Contudo, a fim de evitar uma monotonia demasiado pesada em seu procedimento, ele utiliza a figura estilística do quiasmo, aliás, não raro encontrado nos escritos bíblicos na repetição de elementos narrativos ou temas idênticos e parecidos. O nome dessa figura de estilo deve-se à mudança na seqüência de cada um dos membros da frase, numa espécie de cruzamento, derivado da forma da letra grega X (qui). No caso, os elementos narrativos são ordenados simetricamente segundo o esquema A-B-C...//...C'-B'-A', o que — ao menos para o público de então — evocava a impressão de certa harmonia do todo.

O quiasmo conhece também variações. Por exemplo, no segundo dia, a seqüência de firmamento e águas, no v. 6, simplesmente é repetida no versículo seguinte (A-B//A'-B'), ao passo que no terceiro dia, nos vv. 9-10, a sucessão é invertida: águas e terra seca, em contraposição à terra seca — água (A-B//B'-A'). O quarto dia oferece um modelo de um quiasmo ainda mais complexamente construído.

A. Separar o dia e noite (v. 14a)

B. Servir como sinais para festas, dias e anos (v. 14b)

C. Iluminar a terra (v. 15)

D. Dominar do sol sobre o dia (v. 16a)

D'. Dominar da lua sobre a noite (v. 16b)

C'. Iluminar a terra (v. 17)

B'. Dominar (limitado) sobre o dia e a noite (v. 18a)

A'. Separar luz e trevas (v. 18b)

Neste dia, os elementos narrativos não apenas se correspondem simetricamente mas também estão de tal forma ordenados que a afirmação, à qual se dá importância especial, encontra-se no meio. Conforme já exposto no comentário ao v. 16, era de vital importância para o autor que o "domínio" do sol e da luz fosse limitado à alternância entre o dia e a noite. Essa afirmação, emoldurada pelo motivo "iluminar", constitui o centro, ao passo que a palavra "dividir" surge no começo e no fim e oferece, dessa forma, uma moldura às declarações sobre a obra da criação do quarto dia. Portanto, como núcleo do texto, resulta o esquema simples: separar (A) — iluminar (C) — dominar (D) // dominar (D') — iluminar (C') — separar (A').

As duas finalidades da luz, ademais citadas outra vez, o "servir de sinais" (B) e o "dominar (apenas) sobre o dia e a noite" (B'), podem ser vistas como paralelas. Com efeito, elas contêm o aspecto da restrição a uma mera função de serviço: de um lado, a regulamentação do calendário; do outro, a alternância entre dia e noite. Ambas as declarações são, por sua vez, inseridas mais uma vez simetricamente: uma depois da primeira linha, a outra antes da última, talvez a fim de relaxar o esquema de base.

A seguir, prossegue-se com novas variações da figura do quiasmo no quinto e no sexto dia: "Fervilhem as águas um fervilhar de seres vivos" e "que as aves voem" estão contrapostos a "seres vivos que fervilham nas águas" e "aves aladas" (A-B-C-D-E // C'-A'-B'-E'-D'). E em ambos os versículos a respeito da criação dos animais terrestres, a tríplice divisão em animais domésticos em répteis e feras do campo, ou seja, feras selvagens, é quase literalmente repetida, embora não na mesma seqüência (A-B-C // C'-A'-B').

Inegavelmente, por meio da recorrência, quase semelhante a uma litania, daquilo que já se ouviu, produz-se uma atmosfera meditativa. Possivelmente, outras repetições têm o mesmo objetivo. Assim, a palavra "luz" aparece cinco vezes no breve texto do primeiro dia; e no sétimo dia, as reiterações tornam-se justamente batidas ressoantes de tambores: fala-se por três vezes do "acabamento" da criação, menciona-se o sétimo dia por três vezes, e por duas vezes o "descanso de Deus" é posto em relevo. Isso pode parecer deselegante, mas confere ao texto uma solenidade de alto vigor poético.

Um poema didático em louvor do Deus criador

As reflexões precedentes a respeito da construção do relato da criação contradizem claramente a impressão de que o autor, mesmo quando assim deixa transparecer, teria simplesmente falado a torto e a direito, com exuberante fantasia. Na realidade, ele criou uma obra de arte lingüística aperfeiçoada cuidadosamente até nos últimos detalhes.

É bem possível que o texto tenha sido concebido como contraprograma ao ritual babilônico da festa de Ano-Novo, na qual, com vistas a uma renovação do mundo, celebrava-se solenemente um dos grandes mitos da criação. Sua origem durante o período do exílio dos judeus na Babilônia aponta nessa direção. Evidentemente, não se pode mais constatar se originalmente ele foi utilizado na liturgia judaica. Em todo caso, ele é lido ainda hoje na celebração cristã da noite de Páscoa, a fim de recordar o poder criador de Deus, que deve dar continuidade à nova criação do céu e da terra, introduzida pela ressurreição de Cristo.

Em virtude da constantemente periódica fórmula "Deus viu que tudo era bom", pressupôs-se que o texto tivesse sido um hino litúrgico, semelhante ao Salmo 136, no qual, depois de cada louvor das obras criadoras e das ações salvíficas, a fórmula "Pois eterna é a sua misericórdia" é repetida em forma de ladainha. No entanto, a complexidade da construção leva a postular muito mais uma exposição recitativa do que uma antífona.

Evidentemente, o relato da criação tinha a função de um poema didático, voltado acima de tudo para a inteligência, a fim de esclarecer a magnífica ordem do mundo e o poder singular de seu criador. Todavia, por meio de sua forma poética, o texto era também um convite ao louvor de Deus. Pois as razões por que Deus e suas obras devem ser louvados foram expostas com tanta clareza e vigor artístico, que isso era também um estímulo aos ouvintes e leitores a responder, de maneira semelhante, à bênção de Deus sobre o sétimo dia, com a qual o texto se conclui — em hebraico, "abençoar" e "louvar" são a mesma coisa.

E não por último, era um convite aos judeus a conservar o sábado, a fim de com isso, identificar-se com a estrutura fundamental do universo. Uma vez que a estrutura setenária da semana e a estrutura setenária do universo se relacionam mutuamente, parecia eminentemente importante, para a recepção do mundo, que pelo menos um grupo, na humanidade, guardasse o sábado.

Um hino de louvor com fortes ressonâncias no capítulo 1 do Livro do Gênesis está contido também no Salmo 104, no qual os atos criadores de Deus são louvados com grande vigor poético. Poemas didáticos desse jaez encontram-se também na literatura egípcia. Assim, por exemplo, está escrito num hino ao deus sol (cerca de 2000 a.C.):

Bem cuidados estão os seres humanos, o (pequeno) rebanho de Deus.
Por causa deles, criou ele o céu e a terra.
Ele rechaçou o monstro marinho.
Ele fez a atmosfera, a fim de que seus narizes vivam.
Eles são sua imagem, saídos de seu corpo.
Ele sobe ao céu por causa deles,
Para eles fez as plantas
E os animais, os pássaros e os peixes para alimentá-los.

E em um hino ao deus Amon (cerca de 1500-1350 a.C.), diz-se:

Aquele que criou a erva para os rebanhos e as árvores frutíferas para
os seres humanos;
Que faz com que os peixes vivam na correnteza
E os pássaros que habitam o céu;
Que areja o ovo e alimenta o filho do vermezinho.
Ele faz com que vivam os mosquitos e também os vermes e as pulgas;
Ele faz aquilo de que os ratos precisam em seus buraquinhos,
E alimenta os pássaros em todas as árvores.

A. Erman, *Die Literatur der Ägypter*, 1923, pp. 118-119 e 355.

A ORDEM PRIMORDIAL E SUA PERTURBAÇÃO
Gn 2,4b–3,24

A segunda das duas histórias da criação fornece uma explicação para a situação atual da humanidade, a qual, em conseqüência da desobediência do primeiro casal humano em relação ao mandamento de Deus, está submetida a diversas fadigas e, finalmente, à morte.

Enquanto o leitor moderno ainda pode considerar o primeiro relato como um testemunho poético de uma ingenuidade pré-científica — e rir dele —, no segundo relato ele é confrontado com afirmações que vão de encontro a sua atual convicção interior. O que o incomoda são não tanto os traços mítico-fantásticos da narrativa, tais como a criação do primeiro ser humano do barro e sua permanência em um paraíso, ou o aparecimento de uma serpente falante, quanto as concepções de culpa e castigo ligadas à narrativa.

A dura punição pelo simples gesto de comer um fruto parece ao ser humano hodierno algo completamente desproporcional. Ele não compreende como é que todos os males que ele padece — a necessidade de morrer, a fadiga do trabalho e as dores do parto — devam ser a conseqüência de um único deslize, cuja maldade não é absolutamente compreensível. Ele — mas acima de tudo, porém, ela — acha escandalosas as afirmações sobre o eminente papel da mulher no delito e sua punição com as dores da prenhez e do parto, bem como, não por último, sua submissão ao homem.

A compreensão correta da narrativa do paraíso é dificultada pelo fato de ela, até agora, nos sermões e no ensino religioso, praticamente não ter sido tratada com as necessárias diferenciações, já para não falar de sua irrefletida banalização e superficialidade na linguagem cotidiana. De modo que o leitor traz muito mais um preconceito que enxerga os elementos individuais da narrativa sob uma luz que não corresponde de forma alguma à sua intenção primordial. Todavia, uma leitura mais precisa do texto mostra que diversas, se não todas, dificuldades mencionadas acima explicam-se por si mesmas.

Advertência

Enquanto até agora se falou apenas de maneira completamente geral de "Deus" (em hebraico *elohim*), desta feita aparece — e pela primeira vez na Bíblia — o nome de Deus "Iahweh", traduzido o mais das vezes por "o Senhor" nas edições da Bíblia. A moderna ciência bíblica vê aí uma das razões para a suposição de que, no texto de Gn 2,4b–3,24, subjaz outra tradição que não a da primeira história da criação. O autor da redação final da Bíblia devia estar também consciente desse fato. Com efeito, mediante a constante justaposição de ambas as designações de Deus na narrativa que ora se inicia, ele quer enfatizar que se trata do mesmo Deus.

Onde as traduções trazem "Deus" e "o Senhor", no texto hebraico da Bíblia encontra-se *elohim* e *IHWH*; pronuncia-se: *Iahweh*. O primeiro é o plural de *El*, "Deus", e ao mesmo tempo uma designação de gênero para a divindade, ao passo que a outra palavra poderia remontar à raiz *haia*, que significa "ser". Pelo menos assim é que se interpreta o nome que o próprio Deus se atribui diante de Moisés na sarça ardente: "Eu sou o que sou". Visto que, mais tarde, por respeito, os judeus não mais ousaram pronunciar o nome próprio de Deus, em vez deste, liam sempre em seu lugar a palavra *adonai*, que significa "meu Senhor".

O conhecimento da pronúncia exata de IHWH, também chamado de "Tetragrama" (do grego: "quatro letras"), perdeu-se. De fato, originalmente, no hebraico, escreviam-se apenas as consoantes, ao passo que as vogais foram inseridas somente por volta do final do século I d.C. Nessas consoantes, os sábios judeus introduziram não as vogais adequadas mas sim as da palavra *adonai* ("Senhor"): $I_aH_oW_aH$. Estas deviam lembrar que, durante a leitura, em vez do verdadeiro nome de Deus, agora essa palavra é que devia ser utilizada. A pronúncia errônea que daí resultou — "Jeová" — remonta à Idade Média. Hoje, com exceção de grupos como os "Testemunhas de Jeová", tal pronúncia tornou-se obsoleta.

O restante da Bíblia alterna entre "Deus" e "Senhor", ou fala de "o Senhor Deus". De forma singular, no texto hebraico dos capítulos 2 e 3 do Livro do Gênesis, a palavra "o Senhor" aparece constantemente antes da palavra "Deus". Nas traduções modernas da Bíblia tal nuança não é perceptível.

O ser humano (Gn 2,4b-8)

Visto que o primeiro relato da criação já descreveu a "origem do céu e da terra", a narrativa que ora se inicia não pretende estabelecer nenhum novo início temporal, mas sim elucidar, com mais detalhes, a criação do ser humano.

O tempo anterior:

2 ⁴ᵇNo tempo em que Iahweh Deus fez a terra e o céu, ⁵não havia ainda nenhum arbusto dos campos sobre a terra e nenhuma erva dos campos tinha ainda crescido, porque Iahweh Deus [ainda] não tinha feito chover sobre a terra e [ainda] não havia homem para cultivar o solo. ⁶Entretanto, uma umidade subia da terra e regava toda a superfície do solo.

Após a conexão da narrativa que agora começa com o precedente relato da criação, a terra é descrita como árida, dado que, sem água ou sem irrigação feita pelo ser humano, ainda não pode existir nenhuma vegetação. Evidentemente, o elemento úmido deve tornar possível a subseqüente modelação do ser humano da argila.

A quádrupla ênfase no **"ainda não..."** descreve um estado primitivo por meio da percepção da realidade atual. Isso corresponde à necessidade narrativa de primeiramente esboçar um antimundo, a partir do qual parte o acontecimento posterior. Desta feita, porém, não se trata de todo o "cosmo", mas do horizonte mais limitado dos agricultores. Significativamente, a enumeração do que ainda falta culmina na observação: **não havia homem para cultivar o solo**. Com isso — de forma velada — lança-se aquela pergunta que somente por volta do fim da segunda história da criação encontrará sua resposta: quem cultivará o solo?

O significado exato da palavra hebraica aqui traduzida por **"umidade da terra"** é desconhecido. Algumas traduções falam de "orvalho", "vapor" ou "neblina". Presumivelmente, o autor pensa na água do mar primordial situado sob a camada terrestre, do qual brotavam as fontes, de acordo com a concepção do mundo vigente naquele tempo.

A criação do ser humano:

2 ⁷Então Iahweh Deus modelou o homem com a argila do solo, insuflou em suas narinas um hálito de vida e o homem se tornou um ser vivente.

De forma relativamente concisa, descrevem-se as duas fases do trabalho, o modelar e o vivificar, mediante o que "ser humano" deve ser compreendido como nome genérico, portanto ainda sem especificação sexual.

Na Bíblia, a palavra **"modelar"** designa uma atividade que, tal como "criar", é reservada para Deus. Evidentemente pensou-se num fazer artístico, como o moldar uma estátua do barro, uma representação para a qual o autor não reclama nenhuma originalidade especial, visto que ele apenas recorre a um motivo amplamente difuso nos primeiros mitos da humanidade.

Na tradução da Bíblia aqui utilizada, o ser humano é "formado" da **"(argila) do solo"** — na antiga Bíblia luterana, de um "bolo de terra". No caso se faz um jogo de palavras: o ser humano *(adam)* é formado da terra do solo cultivável *(adamah)*. No original hebraico, não se encontra "terra" do campo, mas "pó". Dado que este é considerado sem valor, com isso se faz alusão à caducidade criacional do ser humano. Quando o autor, em vez de "argila", emprega a palavra "pó", inusual em olaria, ele já prepara um segundo jogo de palavras, pois, mais tarde, dir-se-á que o destino do ser humano seria voltar ao "pó" (3,19).

Na fisiologia primitiva do ser humano da Antigüidade, a **respiração** — como o sangue — era o sinal de vida e, portanto, era equiparada a esta última: respirar é o mesmo que "estar vivo". É pouco provável que o texto queira dizer que Deus, com seu sopro, tenha introduzido no ser humano algo divino ou algo espiritual, como a "alma", que deveria ser distinto da mera corporalidade. A afirmação visa claramente apenas à vivificação da figura modelada da matéria-prima, uma idéia freqüente nos mitos de diversos povos.

O primeiro ambiente vital do ser humano:

2 ⁸Iahweh Deus plantou um jardim no Éden, no oriente, e aí colocou o ser humano que modelara.

De maneira surpreendente, esta seção do relato não se conclui com a ordem ao ser humano de cultivar o solo, embora isso fosse o esperado de acordo com a alusão no final do v. 5. É, portanto, um privilégio que o ser humano seja colocado por Deus em um "jardim", em vez de ter que começar sua existência com o fatigante cultivar do solo.

"No Éden, no oriente", antigamente, poder ter designado realmente uma faixa de terra. No decorrer da narrativa, porém, o Éden torna-se também o nome do jardim. No hebraico, a palavra recorda "delícia". Os pontos cardeais indicados apontam para uma região oriental da Palestina, possivelmente situada na Mesopotâmia. Contudo, talvez apenas signifique: em um lugar qualquer, num rincão indeterminado.

A palavra **"jardim"** designa um lugar cercado de muros, no qual, por meio de um poço ou de canalização artificial de água, todo tipo de plantas úteis e ornamentais pode ser cultivado. Até hoje, nas regiões secas do oriente, por causa de suas árvores que oferecem sombra e alimento, tais jardins são a configuração de uma vida agradável e prazerosa.

O jardim (Gn 2,9-14)

Antes que o relato sobre a origem do ser humano tenha sua continuação e acabamento com a criação da mulher, introduz-se uma descrição do jardim no qual Deus coloca o ser humano.

2 ⁹Iahweh fez crescer do solo toda espécie de árvores formosas de ver e boas de comer, e a árvore da vida no meio do jardim, e a árvore do conhecimento do bem e do mal.

A alusão à beleza das árvores e à preciosidade de seus frutos mostra o jardim como algo especial. Duas de suas árvores são expressamente mencionadas: a "árvore da vida", da qual só se voltará a falar aproximadamente no fim da narrativa (3,22.24), e a "árvore do conhecimento", sobre a qual repousa o cerne da ação futura.

Estamos acostumados a descrever o jardim do Éden como **paraíso** e subentendemos aí uma esplêndida paisagem semelhante a um jardim no qual o ser humano pode viver em paz consigo mesmo, com a natureza e com Deus. O nome provém de *parádeisos*, com o que a tradução grega da Bíblia, no III/II século a.C., traduziu o estrangeirismo *pardes*, proveniente do persa, usado para indicar um espaço cercado.

Na **"árvore da vida"**, cujos frutos proporcionam uma vida livre de preocupações e de enfermidades, e até mesmo a imortalidade, ressoa um motivo que se encontra também em diversos mitos contemporâneos. Aqui a árvore é mencionada apenas brevemente. Sua função especial na dramaturgia da narração tornar-se-á clara apenas no fim.

O discurso a respeito de uma **"árvore do conhecimento"** encontra-se somente na Bíblia, ao passo que a concepção de uma árvore da vida era bastante difundida em seu mundo ambiente. No uso lingüístico bíblico, o "conhecimento" — diferentemente da noção entre os gregos e da compreensão "ocidental" — é antes uma sensibilidade para o que é proveitoso ou prejudicial ao ser humano, e menos uma simples apreensão nocional e intelectual de objetos. É a capacidade de diferenciar e de agir correspondentemente.

"Bem e mal" é uma noção de conjunto — como na expressão "dos pés à cabeça" — e abarca toda a dimensão daquilo que é importante para o agir humano, portanto, na verdade, tudo. Talvez se devesse substituir as palavras "bem e mal" por "bom e ruim", a fim de evitar uma limitação demasiada do conhecimento aqui alegado ao campo moral ou ético.

A irrigação do jardim:

2 [10]Um rio saía do Éden para regar o jardim e de lá se dividia formando quatro braços. [11]O primeiro chama-se Fison; rodeia toda a terra de Hévila, onde há ouro; [12]é puro o ouro dessa terra na qual se encontram o bdélio e a pedra de ônix. [13]O segundo rio chama-se Geon: rodeia toda a terra de Cuch. [14]O terceiro rio se chama Tigre: corre pelo oriente da Assíria. O quarto rio é o Eufrates.

Visto que no oriente é inconcebível um jardim sem irrigação, agora se fala da torrente que fornece a água necessária. Ela é descrita ao mesmo tempo como origem das grandes correntes de água que possibilitam a vida e a fertilidade nas diversas regiões da terra.

A **diversidade de rios** na qual se divide a torrente primordial que rega o jardim, depois de deixar o paraíso, corresponde aos quatro pontos cardeais e, portanto, à totalidade do globo terrestre. Cada região da terra possui, assim, sua corrente dispensadora da vida, a qual pertence um sistema de irrigação que tem sua origem em uma única fonte misteriosa. Enquanto no primeiro relato da criação as águas deviam recuar, a fim de liberar a terra como espaço vital, aqui a água não é vista como elemento hostil. Ao contrário, seu aspecto positivo é especialmente realçado mediante sua origem nos campos paradisíacos, o que devia parecer evidente nos países do Oriente Próximo, onde a existência de água como condição para a medrança de qualquer vegetação é particularmente notável.

Presume-se que o autor, com a menção das correntes, quis estabelecer uma ligação com o mundo no qual vivia. No entanto, somente o **Tigre** e o **Eufrates** são localizáveis, ao passo que os outros dois nomes permanecem incompreensíveis. Com a terra de **Hévila** (talvez do hebraico *hawil*, "areia"), ligada ao **Fison**, indica-se provavelmente a Arábia ("país da areia"), que era conhecida como o país do ouro. Contudo, visto que não é claro a qual torrente de água poderia corresponder, pensou-se no Indo. Uma vez que se fala de **Geon**, que abrangeria a terra de **Cuch**, o nome atribuído naquele tempo à Núbia ou à Etiópia, antigamente costumava-se identificá-lo com o Nilo, cuja misteriosa nascente levou os geógrafos antigos e medievais a diversas especulações, até a descoberta de suas fontes no século XIX.

As traduções modernas dos nomes dos produtos que, ao lado do **ouro**, são mencionados em relação à terra de Hévila não passam de aproximações que repousam apenas em pressuposições. Quanto ao **bdélio**, poder-se-ia tratar de um tipo de resina translúcida, talvez aromática, ao passo que a **pedra de ônix** (literalmente: pedra de Choam), talvez do crisoprásio verde (do grego: "alho-porro de ouro").

O ser humano no jardim (Gn 2,15-17)

Após a interpolação acerca da geografia do paraíso, nele é confiada ao ser humano uma tarefa, e ele inteira-se do significado das duas árvores mencionadas anteriormente no v. 9.

A tarefa do ser humano:

2 **[15]Iahweh Deus tomou o ser humano e o colocou no jardim do Éden para o cultivar e o guardar.**

A formulação segundo a qual Deus **"tomou"** o ser humano tem um profundo significado na Bíblia hebraica. Ela expressa uma escolha especial, como se depreende de outras passagens bíblicas, como por exemplo em relação a Abraão (Gn 24,7), Davi (Sl 78,70) ou o profeta Amós (Livro de Amós 7,15). O fato de o ser humano, recém-criado do pó da terra, ser transladado para o paraíso é expressão de um favor especial de Deus.

A afirmação de que o ser humano foi colocado no jardim "**para o cultivar e o guardar**" pretende evidentemente esclarecer que não se deve imaginar o paraíso como uma terra de delícias. O trabalho tornava-se apenas mais leve, porque a irrigação já estava providenciada.

Desde o início, portanto, o ser humano tinha uma missão a desempenhar. Ele não devia ficar ocioso, mas ser transformadora e criativamente ativo. O desprezo antigo pelo trabalho manual é estranho à Bíblia. Ela vê no trabalho como tal não apenas peso e fadiga. Como o demonstrará a continuação do relato, ele só se tornará assim depois da expulsão do paraíso.

A restrição:

2 **[16]E Iahweh Deus deu ao ser humano este mandamento: "Podes comer de todas as árvores do jardim. [17]Mas da árvore do conhecimento do bem e do mal não comerás, porque no dia em que dela comeres terás que morrer".**

Tal como já no primeiro relato da criação, também desta vez, depois de ser criado, o ser humano é agraciado com o alimento, mas com uma restrição que, veladamente, dá a entender que ao mundo do paraíso, criado de forma perfeita por Deus, também pertence a possibilidade de uma desordem.

A generosidade com que Deus permite o ser humano **comer de todas as árvores** é facilmente descurada, pois a atenção, segundo as leis da psicologia humana, logo se fixa na única ressalva e na ameaça de punição a ela ligada. Na permissão, estava obviamente inclusa também a fruição dos frutos da árvore da vida, de modo que os seres humanos, sem o "pecado original" posterior, poderiam ter prolongado ilimitadamente sua existência no paraíso.

A **proibição de não comer da árvore do conhecimento** causa estranheza porque o narrador dificilmente poderia ter considerado o conhecimento como uma aptidão à qual o ser humano não pudesse ter acesso como tal. Com efeito, o conhecimento é, fundamentalmente, o que a tradição bíblica designa como "sabedoria" e não se cansa jamais de louvá-la como meta de inestimável valor pela qual vale a pena esforçar-se. De acordo com alguns exegetas modernos, a chave para a compreensão desta passagem consiste em que o conhecimento de que se fala aqui diz respeito ao "bem e ao mal", uma expressão que, como já mencionamos a propósito do v. 9, indica a totalidade do saber teórico e prático. Proíbem-se, portanto, ao ser humano "onisciência" e "onipotência", prerrogativas que pertencem a Deus somente. Ainda que não se deva sobrecarregar demasiadamente a lógica interna do relato, em linguagem mítica, em favor desta interpretação deporia o fato que de já antes do saborear do fruto proibido existia certa capacidade de conhecimento: por exemplo, o ser humano está em condição de dar nomes aos animais, ou a mulher pode perceber a beleza dos frutos, e ambos são capazes de falar.

Não é fornecida nenhuma justificativa mais detalhada para a proibição. Somente a continuação do relato mostrará, como mais tarde Deus o dirá expressamente (3,22), que o ser humano não pode ter o conhecimento e a imortalidade ao mesmo tempo. **A advertência quanto à morte certa** não deve ser, portanto, entendida como ameaça de punição, mas como constatação da incompatibilidade entre vida eterna e conhecimento. De fato, mais tarde se verá que Deus não entrega o casal humano à morte já no dia em que eles comem da árvore do conhecimento, mas os expulsa do paraíso, a fim de proibir-lhes o acesso à árvore da vida. Por conseguinte, o sentido do discurso de Deus a Adão só pode ser: "Não deves comer da árvore do conhecimento, porque senão recairás na morte".

Alguns exegetas consideram que o objetivo principal da proibição consistiria em que ao ser humano é imposto um limite que o põe numa relação de obediência a Deus e que exige dele confiança na providência divina, ainda que a interdição não lhe seja compreensível. Pois, dessa maneira, o ser humano teria conservado um espaço de liberdade como convém a um ser moral, capaz de tomar decisões próprias. Isso é certamente correto na medida em que corresponde à percepção do ser humano, a quem a interdição se dirige. Supondo-se, porém, que a proibição tenha sido pronunciada apenas pelo gosto de proibir, então a ameaça de morte por causa de uma transgressão do interdito parece desproporcionadamente dura. Como se verá na continuação dos acontecimentos, a proibição remonta não a uma imposição arbitrária da parte de Deus mas sim à idéia, estabelecida na elaboração de toda a narrativa desde o início, de que o ser humano tem a opção de comer ou da árvore do conhecimento ou da árvore da vida (eterna).

A localização do paraíso

Na Idade Média, o cristianismo considerou o paraíso como uma realidade terrestre. Acreditava-se até mesmo que ele existia em alguma parte longínqua do oriente, ainda que o acesso estivesse fechado pelas altas montanhas da Ásia. No começo da Idade Moderna, foi-se abandonando a pouco e pouco essa concepção, mas acreditava-se sempre mais terem-se encontrado, em terras distantes, com clima agradável e rica vegetação, vestígios do paraíso terrestre. Pensava-se, por exemplo, nas recém-descobertas ilhas indo-ocidentais, com sua flora exuberante, ou também em algumas regiões do continente americano, onde árvores excepcionalmente majestosas lembravam a descrição da Bíblia.

Depois de todas essas hipóteses, freqüentemente fantasiosas, os intérpretes modernos da Bíblia afrontaram mais sobriamente a questão. No texto, a alusão à localização do paraíso "no oriente" levou alguns a pensar no Shatt-el-Arab, no atual Iraque, o país da foz dos rios Tigre e Eufrates, os quais, antigamente, ainda separadamente, desaguavam no Golfo Pérsico. Ali, durante todo o ano, existe uma superabundância de água, e a região é famosa pela quantidade de árvores frutíferas que fornecem uma grande parte da colheita mundial de tâmaras. Contudo, o turista moderno duvidará do caráter paradisíaco dessa região pelo menos no que diz respeito ao clima quente de lá.

Outros exegetas, ao contrário, pensam que, devido à menção das quatro torrentes, o autor bíblico teria pensado nas altas regiões da Mesopotâmia, onde o Tigre e o Eufrates têm sua nascente. Isso corresponderia muito bem à "geografia mítica" que se encontra na tradição de diversos povos. Com efeito, é bastante difundida a notícia de uma alta montanha como morada da divindade, da qual brotam quatro torrentes a fim de irrigar a terra. Pense-se, por exemplo, nas concepções completamente semelhantes do budismo tibetano. Ele conhece a saga do Shambala, um lugar ermo de paz e de felicidade no meio da montanha, e considera santa a Montanha de Kaila, em cujo sopé também quatro grandes rios têm seu ponto de partida e, tal como os raios de uma roda, jorram em direção aos quatro cantos do mundo.

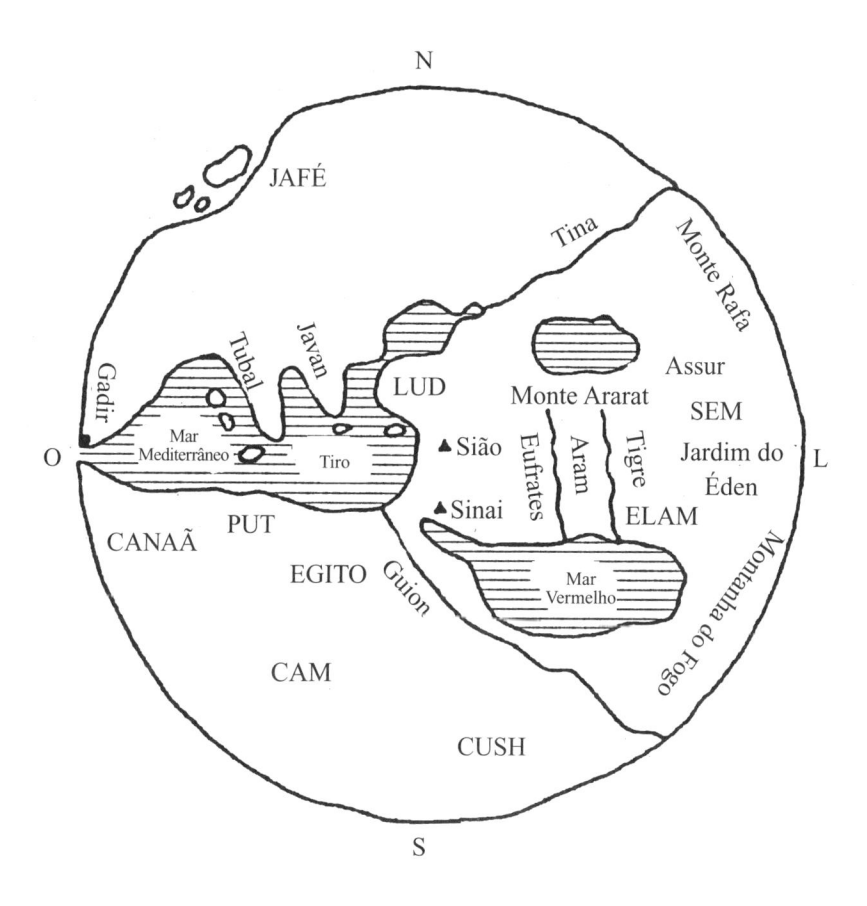

FIGURA 7 – Mapa-múndi de acordo com o Livro dos Jubileus do judaísmo primitivo: o mundo conhecido de então é dividido entre os três filhos de Noé: Sem, Cam e Jafé, tendo a Jerusalém no centro e o Jardim do Éden no oriente (desenhado por S. Ostermann).

A mulher e o homem (Gn 2,18-24)

Após o interlúdio da descrição do paraíso, a qual, com a menção da árvore do conhecimento, prepara ao mesmo tempo o acontecimento dramático ligado a ela, no capítulo seguinte, o narrador retoma o fio da criação do ser humano e o leva ao fim. Imperceptivelmente, a propósito, ele muda a categoria de gênero "ser humano" para a de "homem", que só se torna deveras ser humano no encontro com a mulher.

Reflexão de Deus:

2 [18]Iahweh Deus disse: "Não é bom que o ser humano esteja só. Vou fazer uma auxiliar que lhe corresponda".

Em sua solenidade, o monólogo de Deus recorda as palavras "façamos o ser humano…" no primeiro relato da criação (1,26). É bastante evidente que se está na iminência de algo importante.

A constatação lapidar **"Não é bom que o homem esteja só"** é, evidentemente, um princípio básico da sabedoria de vida cotidiana. Neste contexto, ela quer mostrar que ao ser recém-criado ainda falta alguma coisa, algo que pertence ao ser humano pleno; por outro lado, porém, provoca também uma tensão em relação ao que ainda virá.

A palavra **"auxiliar"** (literalmente: ajuda), na Bíblia hebraica, aponta não para uma assistente subordinada mas sim para uma auxiliar que, mediante seu poder, é superior. Demonstra-se preconceito em relação ao sexo feminino quando se enxerga nesta palavra que, nos salmos, amiúde vem relacionada a Deus, uma nota de inferioridade simplesmente porque ela introduz a criação da mulher.

Da mesma maneira, a palavra hebraica traduzida por **"corresponder"** significa tanto "equivalente" quanto "antítipo". Tem-se diante dos olhos a natureza fundamentalmente social do ser humano, que não pode desenvolver-se sem uma contrapartida da mesma estirpe. Como se demonstrará, em toda a seção a respeito da criação da mulher trata-se não de apoio ao homem no trabalho mas sim de sua verdadeira parceria com o homem; nem uma vez sequer se menciona seu papel na geração de descendentes.

Parceiros insuficientes:

2 [19]Iahweh Deus modelou então, do solo, todas as feras selvagens e todas as aves do céu e as conduziu ao ser humano para ver como ele as chamaria: cada qual devia levar o nome que o ser humano lhe desse. [20]O ser humano deu nomes a todos os animais, às aves do céu e a todas as feras selvagens, mas, para o ser humano, não encontrou a auxiliar que lhe correspondesse.

Tal como o ser humano anteriormente, os animais são formados **do solo**. Quando Deus os conduz ao ser humano, este deve, mediante a denominação, dar a entender se entre eles existe um interlocutor adequado a ele ou não. O passar em revista os animais mostra, porém, que em parte alguma existe um correspondente. Nesse contexto, a **denominação** não deve certamente ser entendida como expressão do domínio do ser humano sobre o restante da criação. Antes, trata-se aqui de outro aspecto da denominação, a saber, a determinação da identidade e da finalidade da nova criação, que se expressam em seu nome.

Argumentou-se que tal vã tentativa não se coaduna com a concepção de um Deus criador onipotente e onisciente. No entanto, é absolutamente evidente que a digressão da narrativa a propósito da criação dos animais serve unicamente para elevar a tensão e ressaltar a singularidade da criatura que, no final, será efetivamente a auxiliar conatural ao ser humano.

A afirmação de Deus a respeito da insalubridade do isolamento é reforçada drasticamente no livro do Qohélet/Pregador (4,9-12):

Mais vale dois que um só, porque terão proveito do seu trabalho.
Porque se caem, um levanta o outro;
quem está sozinho, se cai, não tem ninguém para levantá-lo.
Se eles se deitam juntos, podem se aquecer;
mas alguém sozinho como vai se aquecer?
Alguém sozinho é derrotado, dois conseguem resistir...

Origem da mulher:

2 [21]Então Iahweh Deus fez cair um profundo sono sobre o ser humano, e ele dormiu. Tomou uma de suas costelas e fez crescer carne em seu lugar. [22]Depois, da costela que tirara do ser humano, Iahweh Deus modelou a mulher e a trouxe ao ser humano.[4]

A fim de que a nova criatura realmente "corresponda" ao ser humano, ela não é formada da terra, mas **construída** — como é dito literalmente — de uma parte do corpo humano. Tal como já o fizera aos animais, Deus mesmo a conduz ao ser humano — neste caso, precisamente como padrinho de casamento, como já gostavam de observar os antigos comentários.

No que diz respeito ao **"profundo sono"** ao qual Deus induz o ser humano, é errôneo pensar em uma espécie de anestesia. Na realidade, o que deve ficar claro é que somente Deus participa do processo criador. Mas pode ser também que o autor tenha pensado num tipo de experiência mística que, tal como em outra passagem do livro do Gênesis, na história de Abraão (15,12), exclui toda percepção sensorial, a fim de introduzir a uma grandiosa e decisiva revelação.

Presumivelmente, **"costela"** nada mais significa do que uma parte sólida do corpo humano, semelhante ao miolo da madeira, usado às vezes pelos oleiros a fim de oferecer a suas figuras um apoio firme. Dado que a matéria-prima para a criação da mulher, diferentemente do caso dos animais, que foram formados da argila do solo, foi tirada do corpo do ser humano/homem, isso é uma alusão à semelhança e, portanto, à igualdade social da nova criatura. Na utilização de uma "costela" como matéria-prima esconde-se, possivelmente, um jogo de palavras que se perdeu no hebraico (e nas línguas modernas), mas que foi conservada na forma primitiva da história. Com efeito, na escrita cuneiforme suméria, o símbolo de "costela" é idêntico ao de "vida".

---

[4]   Sempre que no hebraico aparece a palavra *'adam*, o autor deste livro traduz por *Mensch*. Procurando ser fiel *à letra* e, neste caso, ao sentido mais profundo de ambos os textos, traduzimos por "ser humano", mesmo quando em português se devesse traduzir por "homem". [N.T.]

A reação do ser humano:

2 [23]Então o ser humano exclamou:

Esta, sim, é osso de meus ossos

e carne de minha carne!

Ela será chamada "mulher",

porque foi tirada do homem!

Ao vislumbrar a nova maravilha de Deus, o ser humano é levado, por assim dizer, a um êxtase poético. Com efeito, sua alegre exclamação é, em hebraico, um pequeno poema.

"Então o ser humano exclamou" introduz o primeiro discurso que ouvimos dele. Trata-se de uma resposta ao monólogo de Deus no v. 18: "Não é bom que o ser humano esteja só...".

Com **"osso de meus ossos e carne de minha carne"**, o ser humano constata que ele agora, **"finalmente"**, encontrou uma criatura que corresponde a sua própria identidade. É uma expressão com a qual a Bíblia, em outras passagens, designa um estreito parentesco como, por exemplo, em Gn 29,14, onde Labão, com as mesmas palavras, declara seu sobrinho Jacó membro da família.

Quando o homem diz: **"ela será chamada 'mulher', porque foi tirada do homem"**, no hebraico existe um jogo de palavras, pois *'iššah*, "mulher", é a forma feminina de *'iš*, = "homem". Certo paralelo encontra-se no inglês, onde *woman* ("mulher") é tirado de <u>*wife*</u> <u>*of*</u> *a* <u>*man*</u> ("esposa de um homem").[5] No hebraico, o jogo de palavra possui a forma de um quiasmo:

A) Este (ser)

B) Deve chamar-se

C) *'iššah*,

C') pois de *'iš*,

B') foi tirado

A) Este (ser)

---

[5]   Permitimo-nos traduzir os termos e sublinhar as letras que formam o nome *woman* em atenção ao leitor pouco familiarizado com o inglês. [N.T.]

Com a designação de *'iššah,* o ser humano reforça a semelhança com a nova companheira, mas informa, ao mesmo tempo, que ele agora sabe quem ele próprio é. Só a criação da "mulher" faz dele, que originalmente era assexuado, um "homem".

A opinião de alguns comentadores segundo a qual, com a denominação, Adão pretendia fortalecer sua autoridade sobre a mulher é completamente improvável. Em sua exclamação, trata-se não da concessão de um nome próprio mas sim de uma determinação do ser. Efetivamente, apenas no final da história do paraíso é que a mulher receberá do homem o nome de "Eva" (3,20). Até aí, o texto bíblico fala também somente de "mulher". Ademais, de forma análoga, no curso de toda a narrativa, a palavra "Adão" é usada apenas como nome de gênero para "ser humano", visto que, no hebraico, vem prefixada constantemente pelo artigo definido. Somente bastante depois, a partir daí, será usado sem artigo para indicar um indivíduo como primeiro membro de uma geração (Gn 5,1).

FIGURA 8 – Duas representações de homem e mulher em aproximação erótica, gravadas sobre o bojo de escaravelhos provenientes da Idade do Bronze Médio II B (1750-1550 a.C.).

Comentário do narrador:

2 [24]Por isso o homem deixa seu pai e sua mãe, se une à sua mulher, e eles se tornam uma só carne.

Aqui, o autor mesmo pede a palavra, visto que ele comenta a exclamação precedente do homem ao vislumbrar a mulher. Sua afirmação de que homem e mulher serão **"uma só carne"** certamente não se deveria ligar muito estreitamente ao contato sexual. O hebraico bíblico não possui para "corpo" nenhum termo próprio; em vez disso, fala de "carne". Com isso, porém, quer-se designar o ser humano por inteiro: seu ser, sua identidade com "corpo e alma". Compreendido corretamente, atribui-se aqui à ligação entre homem e mulher um valor altamente integrador. Trata-se de uma unidade de pessoas, a qual possui uma nova qualidade. Jesus refere-se a isso quando ele cita essa passagem na discussão a propósito do divórcio (Mt 19,5).

No diálogo de Platão chamado *Symposion* (*O Banquete*), 189-191, um dos convidados oferece uma irônica explicação para a atração mútua entre as pessoas, a qual se chama eros. Originalmente, as pessoas teriam sido "redondas", portanto perfeitas e belas, mas por temor, da parte dos deuses, de que pudessem tornar-se demasiado poderosas, foram dividas em duas metades que jamais poderiam crescer completamente juntas. Por conseguinte, o amor humano diria respeito à saudade do lampejo de beleza ainda restante na metade correspondente do outro, com a qual o amante procuraria desesperada mas, no fim das contas, inutilmente unir-se de novo. Portanto, enquanto no mito grego a separação do ser humano remonta aos ciúmes dos deuses, de acordo com a Bíblia é um bem que, mediante uma "separação" semelhante, permite ao ser humano, ainda imperfeito, encontrar sua plenitude na diferenciação entre homem e mulher.

Naturalmente, o **deixar pai e mãe** não tem nenhum sentido em relação ao primeiro casal humano, que forçosamente não tinha pais. No caso de tal afirmação, trata-se de um comentário que pretende explicar por que o fenômeno, constatável em toda parte, da força elementar de atração que a mulher exerce sobre o homem, rompe os laços preexistentes com os pais.

Fazendo apelo à afirmação contida no livro do Gênesis, a qual remonta, provavelmente, a um ritual de núpcias, desde então o judaísmo tem considerado o casamento como a única forma de vida.humanamente digna. A única exigência de celibato no Antigo Testamento é a ordem de Deus ao profeta Jeremias para não se casar (Jr 16,1-4). Isso, porém, devia ser um "sinal", isto é, uma alusão à derrocada iminente do povo, que deixava transparecer a fundação de uma família como algo sem sentido. O celibato de Jeremias, portanto, não contradiz a regra geral, visto que se tratava de uma situação excepcional, que confirmava a norma.

Semelhantemente ao Livro de Jeremias, o apóstolo Paulo fundamenta seu conselho ao celibato não apenas sobre a possibilidade de um serviço indiviso ao Evangelho mas, no capítulo 7 da Primeira Carta aos Coríntios, com o argumento "O tempo é breve", aludindo à iminente parusia de Cristo.

A situação da mulher

Quando se diz, precisamente em relação ao homem, que ele deixa seus pais a fim de ligar-se à mulher, em face da estrutura familiar patriarcal do antigo Israel, fala-se de algo incomum, visto que ali, normalmente, a noiva mudava-se para a família do noivo. Por essa razão, alguns presumem que se teria conservado, nessa afirmação, uma formulação proverbial que remontaria a costumes mais antigos, segundo os quais o homem teria sido assumido na família da mulher. A esse respeito, nada sabemos. Contudo, ainda que a assertiva devesse remontar a antigas tradições, ela faz sentido em seu novo contexto. Somente mediante o casamento é que o jovem se separava da tutela de seu pai, a fim de tornar-se membro plenamente válido da comunidade jurídica. Portanto, o comentário do narrador refere-se, logicamente, à entusiástica exclamação do homem, que testemunha o fascínio que a visão da mulher desperta nele, e corresponde também, certamente, à experiência de tempos posteriores, segundo a qual um homem que continuava a viver no âmbito de uma grande família não podia, sem um forte impulso, desvencilhar-se dos laços emocionais de sua origem de sangue e fundar uma nova união conjugal autônoma.

É, obviamente, indiscutível que o texto fala apenas dos "sentimentos" do homem e nada expressa acerca da reação da mulher quando ela foi levada por Deus perante o homem. Por esse motivo, não raro o capítulo 2 é hoje freqüentemente estigmatizado como um texto sexista, uma vez que nele, diferentemente do capítulo 1, no qual homem e mulher são criados concomitantemente e com direitos iguais, a mulher parece, por assim dizer, uma idéia secundária de Deus, que serve apenas para livrar o homem de sua solidão. Nesse contexto, gosta-se de citar a famosa-infame passagem do apóstolo Paulo, tirada da Primeira Carta aos Coríntios, na qual ele diz que a mulher seria apenas o "reflexo" do homem: "Quanto ao homem, não deve cobrir a cabeça, porque ele é a imagem e a glória de Deus, mas a mulher é a glória do homem. Pois o homem não foi tirado da mulher, mas a mulher, do homem. E o homem não foi criado para a mulher, mas a mulher para o homem" (11,7-9). Da mesma maneira, na Primeira Carta a Timóteo, atribuída a Paulo, a precedência dos homens na pregação e na autoridade são fundamentadas com o seguinte argumento: "Porque primeiro (foi) formado Adão, depois Eva" (2,11-15).

Surpreende que tal justificativa para o papel inferior da mulher tenha-se tornado lugar-comum mais tarde. Com efeito, ela contradiz de forma completamente evidente a argumentação com a qual se opera no primeiro relato da criação. Ali, a localização do ser humano no final da obra de seis dias é vista geralmente como expressão de sua posição como coroamento da criação. Por que se deve, pois, argumentar diferentemente quando se trata da mulher? Será que a seqüência da criação homem ⇒ mulher, no segundo relato, não deveria ser compreendida de maneira completamente diferente, ou seja, igualmente como o "material" do qual a mulher é "feita"?

De fato, algumas estudiosas do texto sagrado — contrariamente à tendência usual da teologia "feminista" em criticar o preconceito masculino da Bíblia — têm concluído, a partir dessa história, que a criação da mulher foi pensada como ápice do acontecimento criador. Da mesma forma, na afirmação de que Deus formou a mulher de uma "costela" de Adão, elas vêem um indício de sua singularidade, visto que todos os outros seres vivos — inclusive o homem — foram feitos "da argila do solo". Também a continuação da narrativa poderia dar a entender que a mulher exercia inicialmente o papel de líder. Efetivamente, na imediatamente subseqüente história da tentação, ela aparece como interlocutora, cuja decisão o homem assume. Depois da transgressão, sob a inversão das circunstâncias precedentes, ela é punida com a submissão ao homem.

Seja como for, vê-se que diversas interpretações são possíveis. Sem dúvida, como não poderia deixar de ser, o autor bíblico narrou a partir de uma perspectiva masculino-patriarcal quando ele, invertendo o decurso natural que teria, na verdade, exigido uma "mãe primordial", faz com que a mulher saia do corpo do homem. No entanto, não resta dúvida de que sua narrativa mesma não apenas devia deixar clara a igualdade social entre homem e mulher, mas até mesmo a superioridade desta. Em todo caso, é notável que em seu escrito, como em parte alguma da mitologia antigo-oriental, a criação da mulher receba uma apresentação tão detalhada. Para isso, ele usa igualmente tantas palavras quantas usou para a criação do homem, num total de 16, no hebraico original. Para um texto tão cuidadosamente elaborado isso não é nenhum acaso.

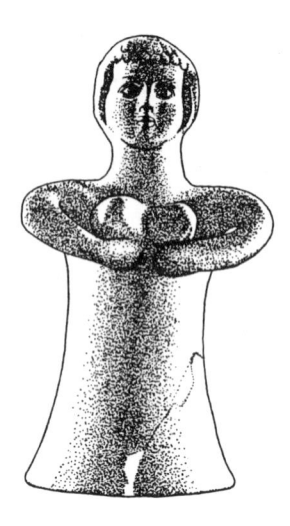

FIGURA 9 – Miniatura de uma mulher (deusa), com cabelo encaracolado em forma de pérola, olhos amendoados, segurando os seios, oriunda de Jerusalém do séc. VIII/VII a.C.

A transgressão (Gn 2,25–3,7)

Após os relatos sobre a criação do ser humano e de sua diferenciação em homem e mulher, começa um novo complexo narrativo que chega até a expulsão do paraíso, no final deste segundo relato da criação. Ele oferece explicações para a característica essencial da existência humana no mundo pós-paradisíaco — o mundo no qual o narrador vivia e no qual também ainda vivemos. Num primeiro passo, narra-se como o ser humano, por meio da transgressão do mandamento divino, alcançou a faculdade do conhecimento de tudo.

Em conseqüência da introdução do capítulo, a alusão à ausência de vergonha no casal humano ainda nu dá a impressão de um resumo conclusivo do relato acerca da criação da mulher e de seu encontro com o homem. Na realidade, em razão da semelhança na escolha das palavras em 2,25 e 3,7, é plenamente manifesto que a afirmação constitui uma introdução à nova narrativa sobre a transgressão. Pois, conforme já foi observado anteriormente, o autor coloca sumariamente diante dos olhos a situação presente: antes do acontecimento criador, a terra deserta e vazia (1,2); antes da criação do ser humano, o solo sem o ser humano (2,5). De forma semelhante, aqui ele começa o relato com a simples alusão à ausência de vergonha, a fim de concluir com o aparecimento da vergonha e com o impulso de cobrir-se daí decorrente. Entre o ponto de partida e o resultado, encontra-se o comportamento dos atores, o qual transcorre em duas fases claramente distintas uma da outra: o diálogo da mulher com a serpente e o provar do fruto proibido.

O ponto de partida:

2 25Ora, os dois estavam nus, Adão e sua mulher, e não se envergonhavam.

A nudez sem vergonha mostra que o primeiro casal humano ainda não tinha consciência de nenhuma carência em sua forma de existência.

Vergonha é uma reação tipicamente humana nada fácil de explicar. Ela aparece quando uma pessoa sente-se desnudada diante de si mesma ou diante de outra pessoa, seja mediante um malogro real ou hipotético, seja mediante a sensação de insuficiência numa situação concreta. É verdade que ela aparece freqüentemente como vergonha, condicionada sexualmente, das pessoas diante das outras, mas seu aparecimento não deve ser limitado a esse campo.

Conforme mencionado, a intenção do narrador não era descrever pormenorizadamente as condições de vida no paraíso. Por essa razão, em atenção ao v. 2,25, é ocioso fazer especulações acerca dos detalhes exatos de uma situação idílica do ser humano e do mundo, por exemplo, se o par humano, no jardim, já conhecia a sensualidade e já tivera relações sexuais.

A astúcia da serpente:

3 1A serpente era mais astuta do que todos os animais dos campos que Iahweh Deus tinha feito. Ela disse à mulher: "Então Deus disse: Vós não podeis comer de todas as árvores do jardim?". 2A mulher respondeu à serpente: "Nós podemos comer do fruto das árvores do jardim. 3Mas do fruto da árvore que está no meio do jardim, Deus disse: Dele não comereis, nele não tocareis, sob pena de morte". 4A serpente disse então à mulher: "Não, não morrereis! 5Mas Deus sabe

que, no dia em que dele comerdes, vossos olhos se abrirão e vós sereis como deuses, versados no bem e no mal".

Por meio da caracterização da serpente como **"mais astuta"**, sua conversa com a mulher recebe, por assim dizer, um título: "A astúcia da serpente". A ele corresponde a tentativa de justificação posterior da mulher: "A serpente me seduziu/enganou" (3,13).

A partir do teor de Gn 3,1, não fica completamente claro se a serpente era apenas um dos animais **"que Iahweh tinha feito"**, ou se ela é contraposta aos outros animais criados como algo especial. A maioria dos exegetas modernos inclina-se para a interpretação de que ela teria sido uma criatura de Deus como os demais animais, fundamentando-se em que o livro do Gênesis não conheceria nenhum dualismo de personagens sobrenaturais. Na verdade isso é desmentido pela capacidade de falar da serpente e por sua astúcia. Contudo, pode ser que a serpente falante tenha a função dramatúrgica de uma voz interior que representa aquele aspecto da inteligência humana que se pode denominar de desconfiança ou ceticismo. É possível que o narrador bíblico, usualmente tão preciso, justamente aqui se tenha expressado conscientemente de forma inexata, a fim de apontar para o inexplicável enigma de uma inegavelmente constante possibilidade de malícia e de desordem na "boa" criação. Para ele, certamente, o ser humano, em seu estado original de inocência, era capaz de tomar suas próprias decisões, mas para ponderar transgressões de mandamentos, ele precisa de um estímulo cuja origem não pode ser fundamentada com mais precisão.

A serpente dá início à conversa com uma pergunta aparentemente inofensiva, mas que inverte completamente o conteúdo original do mandamento divino. A pergunta sobre se Deus realmente teria proibido **comer de todas as árvores do jardim** faz Deus aparecer como o rígido legislador cuja característica mais saliente é tudo proibir, e não como o benfeitor magnânimo, que colocou o casal humano no paraíso e lhe permitiu saborear de todos os frutos do jardim, com uma única exceção.

Em sua resposta, certamente a mulher se sente obrigada a defender Deus do exagero da serpente. No entanto, com o acréscimo de que **não se devia tocar** na árvore que estava no meio do jardim, ela reforça, por si mesma, por meio de um tabu do toque, a ameaça de morte ligada ao comer dessa árvore. Os exegetas vêem aí um indício de uma oposição interior que põe em questão o sentido da determinação da exceção concernente a uma árvore e a credibilidade da ameaçadora punição.

A serpente apega-se, então, à deixa **"morrer"** e tranqüiliza o evidente dilema da mulher com a asseveração: **"Não, não morrereis!"** e, sem o dizer claramente, refere-se ao mandamento divino como a um motivo egoísta, com as seguintes palavras: **"Mas Deus sabe que, no dia em que dele comerdes, vossos olhos se abrirão e vós sereis como deuses, versados no bem e no mal"**: Deus pretenderia impedir que os seres humanos se tornassem deuses e alcançassem o conhecimento daí decorrente. Ao pretender conhecer a intenção de Deus por trás da proibição, a serpente procura solapar a confiança da mulher no altruísmo e no cuidado de Deus.

A manducação do fruto proibido:

3 6A mulher viu que a árvore era boa ao apetite e formosa à vista, e que essa árvore era desejável para adquirir discernimento. Tomou-lhe do fruto e comeu. Deu-o também a seu marido, que com ela estava, e ele comeu.

A constatação: **"A mulher viu…"** indica que se inicia o desenrolar de uma nova ação. Por meio de suas insinuações, o tentador havia atraído o olhar da mulher para a árvore, mas, ao contemplá-la, ela tomará sua decisão por conta própria. A descrição de sua sensação subjetiva, com a idéia acerca da **delícia de comer da árvore**, colocava em jogo, pelo menos em antecipação, o sentido do gosto, bem como o sentido da vista, para o qual **"a árvore era formosa à vista"**. Evidentemente, o texto não retoma aqui a informação completamente ambígua da serpente; não diz, portanto, como às vezes se afirma, que a mulher teria desejado ser "como Deus", ainda que seu desejo, de forma implícita, volte-se naturalmente para o conhecimento que foi atribuído a Deus pela serpente.

O ponto final do processo psíquico na mulher é apenas descrito com breves palavras: **"Tomou-lhe do fruto e comeu"**. Por meio da indicação de que o homem "estava com ela", ficamos sabendo que a mulher não estava sozinha. Ele apenas, sem mais, acolhe a decisão da mulher. O fato de o homem simplesmente comer o que a mulher lhe oferece explica-se pela solidariedade do casal, que simboliza o ser humano em sua totalidade.

A suposição de que, em relação ao fruto proibido, tratar-se-ia de uma **maçã** provém da tradição ocidental, talvez porque *malum* (com *a* longo: *Œ*), a designação latina para esse tipo de frutas largamente difundida na Europa lembrava a palavra semelhante *malum* (com *a* breve: *Ä*), que significa "mau/mal". No texto, porém, nada se diz acerca do tipo de fruto do qual o primeiro casal humano comeu. A tradição judaica pensou, entre outros frutos, no figo, visto que, ato contínuo, fala-se de folhas de figueira.

No diálogo entre a serpente e a mulher, viu-se, de forma muito acertada, uma **"psicologia da tentação"**, tal como se observa na transgressão do interdito. Com efeito, no relato, deixa-se reconhecer a experiência humana comum de que toda proibição desperta ressentimentos que levam a questionar seu alcance e sua legitimidade, a proporcionalidade da punição com que se ameaça e, não por último, o motivo que deu origem à proibição.

O discurso da serpente, como acontece na maioria das vezes com um conflito interior entre obrigação e inclinação, é cheio de meias-verdades ou de formulações ambíguas. Na asseveração: "Não, não morrereis", com a qual a serpente tranqüiliza o patente medo da mulher, encontra-se um elemento verdadeiro, na medida em que o comer da árvore trará efetivamente conhecimento, sem conduzir imediatamente à morte. A serpente, porém, não leva em consideração a insofismável relação entre imortalidade e conhecimento, os quais o ser humano, de acordo com as palavras de Deus em 2,17, não pode possuir concomitantemente. Da mesma forma, sua afirmação: "No dia em que dele comerdes, vossos olhos se abrirão e vós sereis como deuses, versados no bem e no mal", é parcialmente verdadeira, visto que o ser humano, através do comer da árvore, obterá, de fato, um conhecimento semelhante ao de Deus. Todavia, ficará evidente que esse conhecimento não é tão amplo a ponto de tornar o ser humano semelhante a Deus. Até mesmo nas famosas palavras da serpente: "Sereis como Deus", permanece obscuro se elas prometem uma igualdade de natureza ou apenas indicam uma faculdade de conhecimento que até então somente Deus possui.

A malícia da serpente mostra-se também em seu habilidoso procedimento. Ela começa a conversa a fim de confundir a mulher numa discussão acerca do que Deus "realmente" dissera, que é um primeiro passo para superar a inibição antes da transgressão de um interdito. Quando a mulher, então, revela seu medo da punição, está livre o caminho para a insinuação decisiva. A serpente não precisa de forma alguma dizer como é que ela, afinal de contas, sabe que a ameaça de morte não se consumará. Ao insinuar que Deus, por ciúmes, quereria negar o conhecimento aos seres humanos, ela apresenta à mulher um motivo aparentemente tão compreensível, que a idéia de um possível castigo fica na retaguarda. No final, também sem nenhuma provocação explícita à transgressão do mandamento divino, a serpente alcançará seu objetivo. De forma perversa, ela levou a mulher a pensar que um outro, isto é, Deus, pretenderia privá-la do bem do conhecimento. Como logo se mostrará, a mulher, por conseguinte, desejará possuir esse bem a todo custo — um mecanismo psicológico que todo ser humano conhece suficientemente a partir de sua própria experiência.

A mulher como tentadora?

No famoso quadro do pecado original, de Michelangelo, na Capela Sistina, pode-se ver a serpente tentadora em figura de mulher. Esta é uma representação mais que evidente do feminino em seu papel de tentador, tal como corresponde, desde os escritos extrabíblicos do judaísmo do início da era cristã, a uma concepção largamente difusa entre diversos autores judeus e cristãos. No livro do Gênesis, ao contrário, a mulher não é apresentada como uma tentadora que teria, por meio de palavras ou de adulações, conduzido o homem a saborear do fruto proibido.

Ademais, de acordo com a concepção antiga — e ainda hoje em situações tradicionais, evidentemente — a mulher era responsável pela cozinha, e o homem comia "o que viesse para a mesa". Contrariamente à imagem posterior de Eva como a tentadora típica, que se tornou estereótipo para muitos teólogos no judaísmo e no cristianismo, o texto bíblico nada diz a respeito de uma tentação do homem por meio de palavras ou ações da mulher, mas apenas acerca de uma tentação da mulher através da serpente. Em todo caso, o homem "deu ouvidos" à mulher, isto é, obedeceu-lhe, conforme Deus o censurará (3,17).

Com maior razão, o texto não oferece nenhum ponto de referência para se fundir a mulher com a serpente num único ser, como se esta, no lugar daquela, tivesse discutido com o homem. A expressão "filha de Eva", ou até mesmo "serpente", usada às vezes para a mulher, com a qual se alude à astúcia ou duplicidade de língua que lhe seriam supostamente típicas, não tem nenhum fundamento no texto bíblico já pelo simples fato de que, diferentemente do português, em hebraico, a palavra serpente é masculina.

No entanto, fica aberta a pergunta por que a serpente dirigiu-se à mulher e não ao homem. Interpretações tardias da narrativa comprouveram-se em atribuir isso ao fato de a mulher, em razão de sua constituição mais fortemente sentimental e de sua insensatez, vista justamente como inerente até em tempos recentes, ser mais facilmente influenciável do que o homem. Não é, porém, de forma alguma, seguro que tal argumentação misógina corresponda à intenção do narrador bíblico no livro do Gênesis. O mais provável é que, para ele, nesse estágio dos acontecimentos, a mulher ainda detenha o papel de protagonista no interior do casal, uma hipótese que já foi mencionada por ocasião da criação da mulher.

O resultado:

3 [7]Então abriram-se os olhos dos dois e perceberam que estavam nus; entrelaçaram folhas de figueira e fizeram para si uma tanga.

A imagem do **abrir dos olhos** liga-se à palavra da serpente: "No dia em que dele comerdes, vossos olhos se abrirão…". Aqui existe uma profunda ironia. Pois esse modo de expressão tipicamente hebraico alude, em sentido figurado, ao prazer do comer, que torna os olhos amplos e brilhantes, mas pode também simplesmente significar o alvorecer do conhecimento intelectual. Sob a árvore, a serpente havia insinuado um primeiro significado, agora acontece o segundo.

Visto que os seres humanos agora, de fato, podem **conhecer,** sua situação, descrita no início desta seção, em 2,25, na qual eles, não obstante sua nudez, não tinham nenhuma vergonha um do outro, mudou. No casal humano, deu-se obviamente aquela mudança que se pode observar quando crianças "atingem o uso da razão". Caracteristicamente, também nós estabelecemos uma relação entre conhecimento e conscientização da nudez. Somente crianças "irracionais" andam por aí despreocupadamente em sua nudez.

Às vezes, a Bíblia parafraseia o relacionamento sexual do homem com sua mulher com a palavra "conhecer", que em seu significado hebraico de base significa "familiarizar-se com algo". Hoje, talvez, em tais casos, diríamos a respeito de duas pessoas: "Tornaram-se íntimos". Contudo, é improvável que o texto veja no comer do fruto proibido uma realização do ato sexual, como gosta de insinuar a opinião popular. A inextirpável associação mental do comer do fruto da árvore do conhecimento com a experiência humana da sexualidade encontra no texto certo apoio somente porque, a partir de então, também o "conhecimento" entre homem e mulher é possível igualmente no sentido de relacionamento sexual. Assim, logo se falará do gerar filhos (3,16 e 20), mas de um conhecimento no sentido de contato sexual, somente por ocasião do nascimento de Caim (4,1), portanto, depois da expulsão do paraíso.

No entanto, que decepção! Em vez de alcançar um conhecimento divino, como a serpente prometera à mulher, os seres humanos dão-se conta apenas da própria **nudez**. O recato do texto mal deixa imaginar o que se quer dizer com isso. Seria o despertar do sentimento de culpa devido à infração contra o mandamento divino, a qual abriu a possibilidade de uma perturbação fundamental no relacionamento com o mundo e com Deus? Seria a descoberta da diferença sexual, o que desperta medos e inseguranças de um perante o outro? Ou seria a descoberta da discrepância entre a alta pretensão de ser semelhante a Deus e a realidade da existência humana em sua fraca e indefesa corporalidade? Tudo isso pode ressoar na afirmação.

O **fazer** da tanga conclui a seção narrativa que começara no versículo 2,25 com a alusão ao fato de o casal humano não se envergonhar um do outro. Ademais, mostra-se um segundo efeito — ainda mais modesto, é verdade — da capacidade de conhecimento recém-adquirida: as pessoas ficam sabendo não somente que algo "não é bom" para elas; agora elas desenvolvem também o espírito inventivo a fim de suprir a carência. Aqui aparece a noção tipicamente bíblica de conhecimento, a qual, conforme já mencionado, ao lado da capacidade de diferenciar, inclui também a faculdade de agir em conformidade.

Visto que se fala de uma **"tanga"** e não de uma roupa em geral, tem-se talvez uma chave para a singularidade do sentimento que o primeiro casal humano experimenta. A tanga serve, evidentemente, para "cobrir as vergonhas", para usar uma expressão um tanto quanto arcaica. Com isso se quer indicar aquela região na parte baixa do corpo para a qual antigamente usava-se caracteristicamente a expressão "nudez" ou "partes pudendas". É provável que o narrador quisesse comparar a consciência da nudez com a dolorosa percepção de que os orifícios no baixo ventre do ser humano servem tanto para as excreções corporais quanto para demonstração do amor humano e para a reprodução. A constatação: *Nascimur inter faecem et urinam* — "Entre fezes e urinas nascemos", como diziam os antigos, sempre foi considerada algo humilhante.

A partir da menção das **folhas de figueira** como primeiro vestuário, a arte deixou-se inspirar e, em tempos de beatice, usou-as em lugar das partes genitais humanas.

A vestimenta é uma reação da autopreservação que provém da consciência de que o ser humano é mais do que ele pode mostrar de si mesmo em sua nua corporalidade. Sem dúvida, o narrador bíblico compreendeu este primeiro vestir-se (encontra-se um segundo em 3,21) como um distintivo do ser humano civilizado. Até mesmo entre os povos naturistas não existe completa nudez. Freqüentemente encontra-se ao menos a pintura ou a tatuagem do corpo, como também o uso de uma flor ou de um cordão de conchas.

O desnudamento completo do corpo, tal como era praticado, por exemplo, entre os gregos em seus ginásios e nas competições esportivas, não é nenhum contra-argumento. Tal nudez tinha um caráter cultural-religioso e era tolerada apenas nesse contexto como situação excepcional. Ademais, para a sensibilidade semítica, a nudez desde sempre foi um horror, uma reação que turistas exageradamente despidos não raro percebem, ainda hoje, em países islâmicos.

A serpente e Satã

Na narrativa, a entrada em cena, sem mais, de uma serpente, por meio da qual o ser humano desperdiçará sua oportunidade de tornar-se imortal, pode causar estranheza. O motivo lembra a Epopéia de Gilgamesh*, cujo herói anseia por imortalidade, busca uma "planta da vida" e chega até mesmo a encontrá-la. Mas ela lhe é roubada por uma serpente, que come da planta e pode, assim, sempre rejuvenescer, uma vez que muda de pele.*

Pode-se perguntar por que nos mitos e sagas de muitos povos, justamente a serpente se imiscui nos negócios humanos. Presumivelmente, a razão para isso reside na misteriosa existência que lhe foi atribuída no mundo antigo. Via-se no sinistro animal, que habitava buracos escuros e fendas de rochas, um produto imediato da mãe-terra, o qual, por isso, possuía forças e capacidades especiais. Entre estas contava-se também a capacidade de falar, razão pela qual a origem de muitos lugares de oráculos foi remontada a uma serpente, como no oráculo grego de Delfos, que alude ao dragão primitivo Píton, a partir do qual foi nomeada a vidente Pítia. Essa capacidade de falar poderia explicar o fabuloso motivo do animal falante que, de outro modo, é estranho à Bíblia e, à parte a narrativa do paraíso, só aparece ainda na história da jumenta de Balaão (Nm 22,22-35).

A postura do ser humano em relação à serpente é, até hoje, ambígua. A periculosidade e a perfídia dela eram proverbiais. Assim, em uma fábula de Esopo, ela semeia a desconfiança, a fim de destruir uma amizade. Por outro lado, existiam também tradições a propósito de seu caráter auxiliador que a transformava numa interlocutora do ser humano. Visto que se coligavam as serpentes com a fecundidade e com a vida eterna, elas se transformaram no atributo do deus curador Asclépio, como símbolo de uma vida longa e de poder curador, o que ainda hoje se mostra no fato de médicos e farmacêuticos introduzirem a serpente de Asclépio como símbolo de sua profissão.

Um resquício dessa concepção da força curadora da serpente encontra-se ainda no relato da marcha dos israelitas pelo deserto, em que Moisés manda erigir a "serpente de bronze" para proteção contra o veneno das cobras (Nm 21,4-9). Os aspectos positivos da serpente foram posteriormente sempre mais reprimidos pela tradição bíblica posterior. Alguns exegetas vêem a razão para isso na polêmica contra os cultos cananeus, nos quais a serpente — devido à troca de pele periódica — era um símbolo corrente, ligado a Baal, o deus da fertilidade, da permanente renovação da vida. Assim, a história do paraíso desejaria tornar evidente que a serpente, que na verdade não concede a vida mas produz a morte, é uma opositora do Deus Bíblico.

Inevitavelmente surge a pergunta por que a serpente empregou tanta maldade para enganar a mulher. Estranhamente, o texto não oferece nenhuma informação direta para isso. Talvez aqueles mitos que contam a respeito de uma rivalidade entre animal e ser humano poderiam conduzir à pista certa. Na verdade, a partir do contexto narrativo, conclui-se que, no paraíso, o ser humano tinha a oportunidade de comer da árvore da vida e, mediante isso, tornar-se imortal, caso não tomasse do fruto proibido. Dado que foi atribuída à serpente uma ambição de imortalidade, é provável que ela tenha agido por inveja e ciúmes da posição privilegiada do ser humano. Em favor dessa interpretação depõe o fato de inveja e ciúmes, como fonte de más ações, terem um papel decisivo também em outras narrativas do livro do Gênesis; assim o é no assassínio de Abel por seu irmão Caim, no ludíbrio do pai por causa da primogenitura na história de Jacó e no ódio dos irmãos contra o predileto do pai no relato de José.

Quanto a uma identificação da serpente do paraíso com o demônio, não há nada no Antigo Testamento. Em Gn 3,1, diz-se, até mesmo expressamente, que a serpente era um dos animais que "Iahweh Deus tinha feito". Se ela, ao mesmo tempo, em razão de sua astúcia, é apresentada como algo especial em relação aos animais criados, isso não constitui nenhum indício de que o narrador quisesse aludir a algum poder extraterrestre. Essa interpretação encontra apoio no fato de que o livro do Gênesis não conhece nenhum dualismo entre Deus e agentes sobrenaturais oponentes; antes, vê na possibilidade do mal uma realidade que reside no ser humano, cuja origem não precisa de explicações ulteriores.

Somente tradições extrabíblicas tardias, do judaísmo do início da era cristã, que também influenciaram nas concepções cristãs acerca da origem do mal, narravam que já antes da criação do mundo Lúcifer, o anjo da mais alta categoria, não podia suportar ser inferior a Deus. Sua rebelião, porém, foi sufocada, no que se apelava para o primeiro relato da criação. Segundo tal idéia, com a palavra de Deus "E houve luz", teriam sido criados os anjos bons, e, com a separação entre luz e trevas, os anjos rebeldes foram precipitados nas profundezas do inferno. Outros escritos extrabíblicos daquele tempo afirmavam que Lúcifer teria ficado enciumado pela criação do ser humano ou — segundo a versão cristã — pela planejada encarnação de Deus em Cristo e, sob a figura da serpente, teria iludido a mulher com a promessa de "sereis como Deus", a fim de arrastar a humanidade em sua queda.

O interrogatório (Gn 3,8-13)

Começa agora, passo a passo, o castigo pela transgressão do mandamento: em primeiro lugar, a acusação e a defesa, um direito que Deus garante ao ser humano. Como convém a um processo criminal conduzido com ordem, somente no final pronuncia-se a sentença.

O medo do casal humano:

3 ⁸Eles ouviram o passo de Iahweh Deus que passeava no jardim à brisa do dia e o homem e sua mulher se esconderam da face de Iahweh Deus, entre as árvores do jardim. ⁹Iahweh Deus chamou o homem: "Onde estás?", disse ele. ¹⁰"Ouvi teu passo no jardim", respondeu o homem; "tive medo, porque estou nu, e me escondi".

Torna-se visível, aqui, um mal-estar que é novo para os seres humanos, ante a presença de Deus. O homem e a mulher reconhecem muito mais sua falha mediante seu comportamento do que por meio do que posteriormente dirão quando censurados por Deus.

A descrição um tanto poética do **"Deus que passeava no jardim à brisa do dia"** traz traços antropomórficos, visto que supõe que Deus mora no paraíso e aí se comporta como o dono de um jardim. Ela remonta à antiga concepção de que o barulho do vento nas folhas pode indicar a presença da divindade. Provavelmente trata-se da brisa da tarde, a qual, em muitas regiões do Oriente, por volta do pôr-do-sol, traz consigo alívio para o calor do dia.

O **ouvir os passos** mostra uma ainda constante familiaridade dos seres humanos com os costumes de Deus, ao passo que o **esconder-se** revela uma mudança em seu relacionamento com Deus. O homem e a mulher experimentam, evidentemente, que as folhas de figueira, no confronto com Deus, não bastam para ocultar a verdadeira condição deles. Segundo a tradução literal, o casal humano escondeu-se da **face de Deus**. Com isso, aparece pela primeira vez uma noção que não raro é usada na Bíblia em relação a encontros entre o ser humano e Deus, como também entre duas pessoas. No ser humano, a "face" ou o "rosto" querem indicar não somente a mera superfície do lado anterior da cabeça mas também a presença viva e pessoal do outro, a qual torna visível seu estado de espírito — benquerença e alegria ou ódio e irritação. A expressão "rosto de Deus", como metáfora, aponta para a acessibilidade e a experimentabilidade da amizade e do amor de Deus, mas também da ira divina. Por isso, como imagem para Deus como pessoa, ou melhor, como ser vivente, ela é bem apropriada.

O chamamento de Deus a Adão: **"Onde estás?"** não pode significar que Deus não soubesse onde o casal humano estava escondido. Quer, antes, expressar que é Deus quem se dirige ao ser humano. Visto que o homem justifica seu comportamento com o **"medo, porque estou nu"**, resulta que não foi apenas o temor de um eventual castigo que o levou a se esconder. Foi muito mais a novidade da percepção de sua limitação humana, o que o faz experimentar a enorme distância em relação a Deus. Já vibra aqui algo daquilo que, mais tarde, a Bíblia chamará de "temor de Deus", ou seja, a consciência da infinita diferença entre criador e criatura.

A investigação:

3 [11]Ele retomou: "E quem te fez saber que estavas nu? Comeste, então, da árvore que te proibi de comer?". [12]O homem respondeu: "A mulher que puseste junto de mim me deu da árvore, e eu comi!". [13]Iahweh Deus disse à mulher: "Que fizeste?". E a mulher respondeu: "A serpente me seduziu e eu comi".

As perguntas de Deus são, é claro, meramente retóricas, pois o comportamento atual do casal humano não permite nenhuma outra explicação. Certamente elas soam repreensivas, mas ecoam como se Deus quisesse construir uma ponte para que o casal humano admitisse sua culpa. As respostas deles, porém, são apenas uma confissão a contragosto, que pressupõe uma tentativa de defender-se, mediante a qual cada um se desvencilha da culpa: o homem não consegue decidir-se a admitir simples e claramente que ele comeu. Com sua afirmação de que ele o teria feito somente por causa da mulher **"que puseste junto de mim"**, ele dá até mesmo a entender que Deus, o qual em sua bondade dera-lhe uma companheira, no final das contas seria o responsável pelo acontecimento. A resposta da mulher tem o mesmo conteúdo, visto que sua fala **"A serpente me seduziu"** não recorda apenas as mencionadas astúcia e perfídia desse animal, mas também aponta para uma criatura de Deus.

Nota-se que a serpente não é interrogada. Certamente isso se explica pelo fato de apenas o ser humano, não porém o animal, ser responsável pelos seus atos perante Deus. A candente perguntar acerca dos motivos para a tentação da mulher, portanto, a respeito da origem do mal não obtém, pois, nenhuma resposta.

A simplicidade da idéia de um Deus que passeia no frescor da tarde e que dirige a palavra aos seres humanos em seu esconderijo não deve distrair da intuição de como a reação do homem e da mulher às perguntas de Deus revela um conhecimento profundo da psicologia humana. Se no diálogo entre a serpente e a mulher escondia-se algo como uma "psicologia da tentação", então, na conversa entre o casal humano e Deus, pode-se descobrir uma **"psicologia da autojustificação"**: o homem transfere a culpa para a mulher e a mulher para a serpente. E nós — assim o círculo se fecha — transferimos a culpa de nossas falhas para Adão e Eva, esquecendo-nos, aliás, de que todo o relato fala constantemente de "homem" e de "mulher", portanto, de nós, e não de duas pessoas designadas pelo nome num passado longínquo.

A culpa do primeiro casal humano

A introdução da(o) serpente/tentador na ação indica que o narrador bíblico não via no comer do fruto proibido, por parte do primeiro casal humano, um ato propositado de desobediência ou até mesmo de patente rebelião contra Deus, como se costuma dizer. Ele construiu sua narrativa de forma muito mais refinada — e psicologicamente mais elucidativa. Em primeiro lugar, introduzida pelas palavras da serpente, a falta de confiança na bondade e no cuidado de Deus é que, num segundo momento, leva à transgressão do mandamento.

Acima de toda a descrição paira um hálito de compaixão e talvez até mesmo de ironia. Tem-se a impressão de que à queda do primeiro casal humano recém-criado seriam atribuídas aquelas imprudência e credulidade, típicas da juventude sem experiência do mundo, a qual se deixa ludibriar pelas impressões contraditórias que se precipitam contra ela. Essa visão dos acontecimentos corresponde perfeitamente à continuação do relato bíblico. Com efeito, vê-se que Deus, na verdade, expõe os seres humanos à labuta e à necessidade de morrer, mas não os afasta de si de maneira alguma, pois continua também a cuidar deles: no relacionamento com os patriarcas e na história do povo de Israel, como o demonstram, de forma clara, respectivamente o livro do Gênesis e os demais livros da Bíblia.

De fato, os teólogos cristãos primitivos, como, por exemplo, Irineu, bispo de Lião, no final do século II, viam no casal humano do paraíso pessoas completamente jovens, certamente em assonância com a concepção do judaísmo daquele tempo. É claro que com a referência à inexperiência infantil, aos olhos do narrador bíblico a falha não é desculpável. Contudo, ela não tem aquele acento altamente dramático, típica dos exegetas cristãos posteriores. A partir do século IV, acima de tudo sob a influência do Padre da Igreja Agostinho (354-430), Adão e Eva passam a ser vistos como pessoas adultas que se rebelam, em plena posse de sua razão, contra o mandamento divino, porque eles, por orgulho, querem equiparar-se a Deus. A culpa deles, portanto, aparece como horrorosa ofensa à majestade divina, que leva a uma ruptura radical entre o ser humano e Deus, o que na homilia e na catequese, para intimidação de toda e qualquer desobediência contra os mandamentos divinos, foi com demasiada freqüência pintado com as cores mais medonhas.

Ademais, seria unilateral enxergar apenas desculpa barata nas palavras do homem e da mulher quando interrogados por Deus. Pois, no fundo, aquilo que eles apresentam em sua defesa não é de todo falso. Com efeito, precisamente as criaturas pensadas por Deus como "auxiliares" — a mulher, aos olhos do homem, e um dos animais, aos olhos da mulher — concorreram para a transgressão do mandamento divino. Na verdade, não se pode evitar completamente no leitor da história do paraíso a idéia de que Deus tenha arranjado tudo a fim de que o ser humano conseguisse o conhecimento e, por meio dele, fosse capaz de perceber sua tarefa no mundo.

Ainda que tal curso de pensamento possa ter sido alheio ao narrador bíblico, sua história, porém, pode ser lida como descrição de uma importante etapa naquele processo de desenvolvimento infantil que todo ser humano experimenta. Os modernos pesquisadores dos mitos comparam uma interdição divina como a de comer da árvore do conhecimento com as proibições de pais que desejam manter seus filhos no estágio da infância feliz, a fim de poupá-los do labor e das dores da existência adulta. Contudo, os filhos deveriam, não importa quando, tal como o primeiro casal humano, ultrapassar as fronteiras traçadas, o que seria vivido por eles como algo profundamente culpável.

Conforme já se disse no excurso após o comentário de Gn 2,4a, a imagem da separação entre o céu e a terra, bem como das outras "divisões" mediante as quais, no primeiro relato da criação, surge um mundo variado, pode ser explicada, sob o ponto de vista do desenvolvimento psicológico, como uma ressonância da experiência mais antiga que o ser humano fez de si mesmo. Uma vez que a Bíblia ali, no final, apresenta o ser humano pronto como homem e mulher sem, contudo, tratar das fases intermediárias, ela deveria recuperar o processo decisivo do tornar-se ele mesmo nos capítulos 2 e 3 do livro do Gênesis. No caso, o estado infantil de inconsciência da consciência de si próprio desta vez teria sido apresentado na imagem da proteção de um paraíso.

FIGURA 10 – A serpente, rastejando sobre o próprio ventre e picando o ser humano na coxa ou no calcanhar (cf. Gn 3,14), sobre um pedaço de cerâmica mesopotâmico (por volta de 1960-1860 a.C.).

O castigo pela transgressão (Gn 3,14-19)

Na mesma seqüência em que eles concorrem juntos na transgressão do mandamento, agora é pronunciado o julgamento sobre os participantes. Como era freqüente antigamente, as sentenças possuem uma forma poético-rítmica. Elas descrevem a forma de existência na qual a serpente, a mulher e o homem/ser humano viverão no futuro. No que diz respeito ao ser humano, elas se restringem aos temas mais elementares de sua existência: reprodução, trabalho e morte.

A punição da serpente:

3 ¹⁴Então Iahweh Deus disse à serpente:

Porque fizeste isso
és maldita entre todos os animais domésticos
e todas as feras selvagens.
Caminharás sobre teu ventre
e comerás poeira todos os dias de tua vida.
¹⁵Porei hostilidade entre ti e a mulher,
entre tua linhagem e a linhagem dela.
Ela te esmagará a cabeça
e tu lhe ferirás o calcanhar.

A punição da serpente liga-se imediatamente às palavras de defesa da mulher: "A serpente me seduziu…" (v. 13). No contexto na narrativa, a formulação: **"Porque fizeste isso"** serve, naturalmente, como fundamentação para o castigo infligido à serpente. Tal expressão, porém, é igualmente típica para etiologias, que pretendem esclarecer determinada circunstância que foge aos padrões. Ela seria, pois, uma assonância com a descrição, que ora começa, do modo de existência da serpente, da mulher e do homem, o qual foi revestido da forma de um relato de culpa e castigo.

No Oriente Antigo, **o rastejar sobre o ventre**, forçado pela proximidade da cabeça ao solo, e **o comer a poeira** eram tidos como símbolo de humilhação. Aquele que antes era o "mais astuto dos animais" deve, de agora em diante, assumir o grau mais inferior, como os escravos ou os inimigos subjugados, os quais, na linguagem simbólica daquele tempo, eram representados de bruços. Essa simbologia deveria explicar melhor o discurso do comer poeira do que a mais aventada hipótese de que o autor bíblico teria dado a entender que as serpentes se alimentavam de pó.

> A punição infligida à serpente levanta naturalmente a questão acerca de se o autor bíblico teria pensado que ela, anteriormente, andava sobre pernas ou tinha asas para voar. Presumivelmente, o autor assumiu uma das narrativas etiológicas primitivas nas quais as serpentes, originariamente, como todos os outros animais também, possuíam algum tipo de membros, tal como é representado freqüentemente na iconografia antigo-oriental.

Obviamente, a alegação de uma especial **inimizade entre mulher e serpente** é ironicamente pensada como revolvimento da mútua confiança entre elas no encontro junto à árvore do conhecimento. Evidentemente, logo se diz que tal malquerença **"entre a descendência da serpente e a da mulher"** subsiste. Com toda probabilidade — concluindo-se da forma poética —, originariamente trata-se de um dito sapiencial que descreve, de forma geral, o relacionamento hostil entre ser humano e serpente. Com efeito, em vez de "descendência", diz-se, literalmente, "sêmen", palavra que causa estranheza em relação à mulher, visto que, na Bíblia, de outra forma, é usada somente em relação ao homem.

A suposta hostilidade entre ser humano e serpente não encontra paralelo algum com nenhum outro animal. Aqui também deveria ocultar-se uma tentativa de explicação etiológica. Efetivamente, à parte as exceções que existem em toda regra, os seres humanos possuem uma aversão instintiva a serpentes, ainda que isso, em razão da inocência de diversas espécies de serpentes e de sua evidente utilidade para o equilíbrio ecológico da natureza, possa parecer irracional. A razão para a repulsa poderia estar na irritação que o ser humano, que anda ereto, experimenta ao ver o modo enigmático como a serpente se movimenta, a qual, silenciosamente e sem um centro de gravidade perceptível, serpenteia pelo campo.

A palavra dirigida à serpente: **"Ela (a descendência da mulher) te esmagará a cabeça e tu lhe ferirás o calcanhar"** aponta para uma desigualdade da luta, a qual favorece o ser humano. Este, devido a sua postura ereta, está em condições de pisotear a cabeça da serpente, isto é, a parte mais vital de seu corpo, ao passo que ela pode apenas picar-lhe o pé, o que não conduz necessariamente à morte.

No cristianismo, a sentença de Deus contra a serpente: "Ela (a descendência da mulher) te esmagará a cabeça" foi interpretada como profecia da vitória sobre o mal. Falava-se de um "proto-evangelho", de uma "primeira boa-nova" que anunciava a superação definitiva do mal. Tal interpretação procedia desde que se começou a identificar a serpente do paraíso com Satã como o verdadeiro tentador ao mal. Destarte, deixou-se penetrar na passagem bíblica o vaticínio do triunfo de Cristo, o novo Adão, sobre Satã, uma opinião que já se encontra em Irineu de Lião, um bispo e escritor cristão primitivo que viveu por volta de 130-200 d.C.

Logo se chegou, então, a uma interpretação ainda mais ampla: a mulher, cujo(a) sêmen/descendência esmaga a cabeça da serpente, seria Maria, a Mãe de Cristo. Em diversos manuscritos latinos antigos da Bíblia encontra-se até mesmo a manifestamente incorreta tradução: "Ela (a mulher, não a descendência) esmagar-te-á a cabeça". A interpretação do texto aplicada a Maria tornou-se bastante popular e ganhou espaço em diversos documentos eclesiásticos.

O castigo da mulher:

3 [16]À mulher ele disse:

Multiplicarei tuas fadigas, sempre que engravidares,

na dor darás à luz filhos.

Teu desejo te impelirá ao teu marido

E ele te dominará.

As fadigas da gravidez são vistas claramente como punição pela falha, ainda que isso, diferentemente do caso da serpente e do homem, não seja dito expressamente. Trata-se, mais uma vez, de uma explicação "etiológica" para um fenômeno considerado insólito. Os transtornos da prenhez e do parto das crianças pareciam em contradição com o dom da fertilidade concedido por Deus.

Pode-se especular se no paraíso também houve crianças. A lógica interna do relato como um todo leva antes a supor que o engendrar de crianças não estava previsto ali, uma vez que o casal humano teria podido prolongar ilimitadamente sua vida, caso comessem da árvore da vida. Seja como for, o texto aqui descreve — tal como anteriormente, em relação à construção do corpo da serpente — a condição pós-paradisíaca na qual a continuação do gênero humano só pode ser verificada mediante a gravidez.

As **dores da mulher durante o parto**, literalmente "gemidos/suspiros", mesmo na mentalidade machista dos tempos bíblicos, eram consideradas proverbialmente como grande tormento. Consoante a interpretação vigente, a punição da mulher residia precisamente em tais dores — uma concepção mais chocante hoje do que antigamente. Outra interpretação, perfeitamente plausível, corrige essa compreensão tradicional ao traduzir essa passagem bíblica da seguinte maneira: "Multiplicarei tuas fadigas e tua gravidez; em meio a dores gerarás filhos". De acordo com essa tradução, a fadiga especial na vida da mulher consistiria em que ela, além do trabalho normal na casa e no campo, deve ainda assumir sobre si a dolorosa gravidez. O peso da afirmação recairia, portanto, não sobre "entre dores", mas sobre a parturição, que não se conseguia imaginar sem dores.

Alguns exegetas são de opinião que a alusão **ao anseio pelo homem** supõe na mulher um desejo sexual particularmente forte. Com efeito, na

Antigüidade mantinha-se o pertinaz boato de que a mulher experimentaria maior satisfação no ato sexual do que o homem. Em todo caso, o autor vê claramente na sexualidade feminina o impulso decisivo para que, de toda forma, as crianças possam nascer. A afirmação seria, portanto, mais uma vez, uma etiologia que pretende explicar o paradoxo de que a mulher, não obstante a fadiga que lhe traz a gravidez, impele-se ao homem.

A hoje tão discutida afirmação a respeito do **domínio do homem** tem algo a ver com a prenhez da mulher. Em hebraico, de fato, ela é construída com uma frase consecutiva, mais ou menos com o sentido de: "Tu tens desejo em relação a teu homem, de modo que ele dominará sobre ti". O discurso da submissão da mulher ao homem não significa, portanto, nenhuma punição adicional que teria sido imposta à mulher, independentemente da fadiga dos partos. Trata-se, ao contrário, da constatação de uma situação de fato, e não do comissionamento de um direito de domínio, tal como no primeiro relato da criação no que diz respeito ao domino "régio" do ser humano sobre a terra e sobre os animais. Caracteristicamente, para o "dominar" do homem sobre a mulher, no texto hebraico usa-se a mesma palavra empregada para o domínio dos astros sobre os dias e sobre a noite (1,16), com a qual se quer indicar antes um "habilitar" ou "comandar", razão pela qual Martin Buber, em sua tradução, tanto aqui como lá, usou o impessoal "reinar sobre".

A hegemonia do homem como anomalia

Não raro, a partir do estreito nexo das duas afirmações a respeito do desejo feminino e acerca do domínio do homem, tirou-se a conclusão de que Deus teria submetido a mulher, por causa da "impulsividade" desta, ao homem, que seria "mais sensato". Contudo, em vista a experiência geral da vida, que o narrador bíblico deverá ter partilhado também, é bastante duvidoso que o texto tenha pretendido atribuir a um dos gêneros, precisamente no tocante à sexualidade, mais sensatez do que ao outro.

O pano de fundo da afirmação deverá ter sido antes a desvantagem jurídica e factual da mulher, tal qual o narrador encontrou em seu ambiente. Em quase todas as sociedades pré-modernas, as mulheres eram e são expostas a uma dificuldade especial. De um lado, elas só podem melhorar sua posição quando podem dar à luz filhos; por outro lado, porém, por causa do freqüente engravidar, são arrastadas a uma posição inferior em relação ao homem, de cujo apoio e proteção dependem. Tal dilema não desapareceu de forma alguma, mesmo no mundo moderno. Provam-no as discussões atuais a respeito da questão de como a igualdade de direitos da mulher no trabalho e na vida social se concilia com seu papel de mãe.

Uma vez que o narrador somente neste ponto de seu relato fala de um domínio do homem sobre a mulher, ele considera a nova situação como uma anomalia que contradiz o status *primitivo de igualdade — ou até mesmo de superioridade — de direitos da mulher (2,21-24). Ainda que o amor não deva ser excluído futuramente, de agora em diante, porém, a unidade originária dos esposos tornou-se uma união na qual interesses contrastantes — desejo e despotismo — digladiam-se e impedem o reconhecimento mútuo ou pelo menos dificultam-no.*

A punição do homem:

3 [17]Ao homem, ele disse:

Porque escutaste a voz de tua mulher

e comeste da árvore que eu te proibira comer:

maldito é o solo por causa de ti!

Com sofrimentos dele te nutrirás

todos os dias de tua vida.

[18]Ele produzirá para ti espinhos e cardos,

e comerás a erva dos campos.

[19]Com o suor de teu rosto

comerás teu pão

até que retornes ao solo,

pois dele foste tirado.

Pois tu és pó

e ao pó tornarás.

A maioria das traduções faz com que a sentença seja pronunciada contra **Adão**, embora esta palavra encontre-se no texto hebraico não como nome próprio mas sim com artigo; portanto, *ha-adam*, o que designa, na verdade, o "ser humano". Ainda que, a partir da construção da cena, resulte que, depois da serpente e da mulher, agora o homem seja interpelado de modo especial, deve-se, porém, sublinhar que o que se diz a propósito da cansativa vida de trabalho e da morte deve valer ao mesmo tempo para a mulher.

A censura por ter escutado a mulher dificilmente alude a uma conversa não mencionada na própria história da tentação, na qual a mulher já teria convencido o homem a comer do fruto. Visto que em hebraico, que não conhece nenhuma palavra para obediência, a expressão "dar ouvidos a alguém" equivale a "obedecer", dirige a censura ao fato de o homem não ter obedecido à palavra de Deus e, em vez disso, ter seguido a iniciativa da mulher. Portanto, ele infringiu o cuidado fundamental de obedecer à palavra de Deus em seus mandamentos, segundo a compreensão bíblica, início e cerne da piedade.

No caso da **maldição do solo**, trata-se, novamente, de uma etiologia, um esclarecimento de coisas enigmáticas sob a forma de narrativa. Desta feita, trata-se de perguntar por que a terra amiga, que Deus havia criado para o ser humano, recompensa tão escassamente seus esforços. A maldição não se dirige, como às vezes impensadamente se diz, contra o trabalho do homem. Este é tão pouco amaldiçoado quanto o foi o parto da mulher anteriormente. Maldição cabe apenas à serpente e ao solo.

O homem e a mulher modernos podem achar escandalosa a concepção de uma maldição divina sobre pessoas ou sobre coisas. Para os antigos, porém, a maldição, bem como a bênção, pronunciadas por Deus ou por alguém ligado a Deus, eram consideradas como uma palavra performativa, que está em condições de mudar a realidade. Por isso, eles atribuíam circunstâncias amiúde desagradáveis ou felizes a uma maldição ou bênção prévias. Um eco dessa forma de pensar subsiste quando ainda hoje se fala de um "povoado amaldiçoado" ou de uma "região abençoada".

A fadiga do homem é claramente o equivalente das "dores" do parto, visto que, em hebraico, as duas palavras são estreitamente aparentadas, semelhantemente à palavra inglesa *labour*, que tanto pode significar trabalho pesado quanto dores de parto. O surgimento de **espinhos e cardos**, que diminui o produto do campo, é, de novo, uma etiologia que explica o paradoxo de que o chão da Palestina, rochoso e inóspito, sobre o qual o autor vivia, tornava a vida tão difícil e penosa. O adendo: **"comerás a erva dos campos"** aponta para uma alimentação, de agora em diante, monótona e insuficiente, visto que, depois da expulsão do paraíso, o acesso aos deliciosos frutos das árvores do jardim estará fechado. Todos esses melancólicos detalhes são para o autor bíblico um símbolo da nova forma de existência do ser humano, mesmo que ele apenas descreva o pouco invejável salário da população camponesa de seus dias.

A sentença conclui-se com um anúncio do **retorno do ser humano ao solo do qual foi tirado**. Sua necessária caducidade, devida à sua criaturalidade, é fundamentada com a expressão supostamente sapiencial: **"Pois tu és pó e ao pó tornarás"**, que retoma o versículo introdutório do relato, onde se diz literalmente que o ser humano foi formado do "pó" do solo (2,7). Assim, fecha-se o círculo: do homem, que se tornou senhor da mulher, à qual, por sua vez, a serpente está submissa, fez-se um servo do solo, do qual ele provém e para o qual voltará quando do seu "enterro".

As três sentenças têm a forma de poesias. Com efeito, elas usam um importante artifício estilístico da poesia bíblica, freqüente também na arte da prosa, isto é, a chamada "rima de idéias" (*parallelismus membrorum*), na qual a mesma afirmação é dupla, às vezes até mesmo triplamente retomada com outras palavras. Esse artifício substitui, de certo modo, nossa rima, a assonância de sílabas ou de palavras, como, por exemplo, viver–morrer, coração–comoção, que era praticamente desconhecido na Antigüidade, e somente no século XII, presumivelmente através da poesia árabe, foi introduzida na poesia européia.

Essa regra habitual na poesia hebraica, mediante a qual o mesmo tema ou é repetido com outras palavras ou é desenvolvido com um complemento conteudístico, confirma algumas das interpretações de texto apresentadas, por exemplo, na segunda parte do dito sobre a mulher, onde a afirmação a respeito do domínio do homem segue a afirmação a propósito do desejo da mulher. Ali, com a temática do domínio do homem não se introduz nenhum pensamento completamente novo; ao contrário, retoma-se a temática do desejo que conduz ao parto, ainda que a concisão poética da afirmação deixe às escuras por que e de que maneira cabe ao homem o domínio sobre a mulher. A partir da forma rítmica, porém, o nexo entre ambos os temas.

Semelhantemente, pode-se fundamentar a aparente duplicação do castigo para a serpente e para o homem: o rastejar sobre o ventre torna vulnerável, e a fadiga da agricultura conduzirá à assimilação ao pó do solo.

Precauções para o futuro (Gn 3,20-21)

As sentenças contra o homem e contra a mulher não foram, obviamente, destrutivas. A vida deve continuar. Por causa do anúncio da morte, que o faz consciente de sua mortalidade, o homem pensa nas gerações vindouras, e Deus cuida do casal humano antes de expô-lo às tormentas e geadas de sua existência posterior.

Um nome para a mulher:

3 ²⁰O homem chamou sua mulher "Eva", por ser a mãe de todos os viventes.

Aqui, pela primeira vez, a companheira do homem, até agora denominada simplesmente de "mulher", é chamada com o nome próprio de **Eva**, a tradicional aproximação em diversas línguas da palavra hebraica *hawwah*.

Devido à semelhança com a palavra hebraica para "vida", o narrador interpreta o nome como **"mãe dos viventes"**, uma daquelas etimologias que não têm nenhuma base lingüística séria, nas quais a Bíblia, porém, muito se compraz a fim de caracterizar uma pessoa ou coisa, ou ainda apontar para um contexto narrativo: o novo nome da mulher mostra que a vida, de agora em diante, continuará por meio da sucessão de nascimentos.

De acordo com comentadores judeus antigos, existia em outras línguas semíticas do tempo bíblico uma palavra semelhante à hebraica *hawwah* para designar "serpente". De acordo com essa informação, por trás do nome para a mulher, poderia ainda esconder-se mais um jogo de palavras, visto que a serpente, de acordo com diversos mitos, era a mãe primordial da qual os seres humanos provinham. Por essa razão, alguns exegetas modernos supõem que o nome da mulher indica que seu papel de mãe remontaria à intervenção da serpente. No entanto, parece mais plausível a explicação segundo a qual o narrador, com sua interpretação etimológica, queria opor-se ao mito de uma deusa-mãe serpente, a fim de esclarecer que não ela mas sim a mulher criada por Deus era a antepassada da humanidade.

Roupas feitas de pele para os seres humanos:

3 [21]Iahweh Deus fez para o homem e sua mulher túnicas de pele, e os vestiu.

Os modernos intérpretes da Bíblia fazem grande esforço a fim de arrancar um sentido do **vestir os seres humanos com túnicas de pele**. Ainda que desta vez se trate de roupas que envolvem o corpo inteiro, e Deus mesmo seja aquele que providencia as vestes, mesmo assim isso parece uma repetição desnecessária de uma temática que já foi tratada anteriormente, quando se disse que o casal humano fez para si "tangas de folhas de figueira", isto é, a fim de cobrirem-se os quadris (3,7).

Há quem atribua o reiterado surgimento do motivo da roupa a uma reelaboração inábil de fontes literárias, e seja de opinião que sua manutenção no texto definitivo deveria expressar o cuidado de Deus pelos seres humanos decaídos, tendo em vista que o ser humano, para sua vida fora do paraíso, precisaria de uma proteção contra as intempéries atmosféricas. Diz-se ainda que Deus teria pretendido, num gesto simbólico, acentuar a dignidade especial do ser humano. Efetivamente, ao lado do cobrir das vergonhas, o vestir roupas seria uma característica essencial de uma sociedade civilizada, visto que precisamente nisso o ser humano se distinguiria dos animais.

As explicações dos estudiosos da Bíblia para o vestuário com pele de animais realmente não satisfazem. Elas não apenas deixam em aberto por que a confecção de pobres roupas de couro (de peles de animais que Deus primeiramente teve que matar?) é designada com a palavra "fazer", usada também nos atos criadores de Deus, por exemplo, em relação ao firmamento ou às estrelas. Acima de tudo, elas não oferecem nenhuma fundamentação esclarecedora para o fato de, desta vez, o próprio Deus entrar em jogo como o fazedor de roupas. Isso certamente corresponderia a certas tradições míticas, segundo as quais deuses ou semideuses trouxeram aos seres humanos o progresso da civilização, mas contradiz a clara tendência do autor bíblico de atribuir ao próprio ser humano todo avanço civilizacional, a começar pela invenção da roupa, tal como ele ainda o fará na continuação da história bíblica primitiva, em relação à origem da construção de cidades, da arte do caldeamento, dos instrumentos musicais, da agricultura e da domesticação de animais ou da vinicultura.

Já os mais antigos comentadores da Bíblia perceberam tais dificuldades. Alguns padres gregos da Igreja, influenciados pelo platonismo, eram da opinião de que o ser humano teria sido inicialmente criado com um corpo "espiritual", e somente depois do pecado original teria recebido aquele corpo "carnal" — ilustrado pelo vestuário com pele de animais —, acometido por doenças, envelhecimento e morte.

De acordo com outros autores, como preparação para a expulsão, Deus teria feito para os seres humanos uma roupa nova, "impermeável", a fim de guarnecê-los para a áspera vida fora do paraíso. Poder-se-ia continuar a meditar essa idéia e ousar a hipótese de que o texto, na verdade, quer dizer que o ser humano agora, como os animais, teria sido vestido por Deus com uma pele, ou seja, com pêlos. Por conseguinte, não se trataria de uma preocupação com vestuário exterior, mas de uma nova fase na constituição corporal do ser humano, que exigia um ato divino criador próprio. Se isso estiver correto, nessa obscura passagem bíblica estaríamos, mais uma vez, lidando com uma etiologia que pretende esclarecer por que o ser humano, que, diferentemente dos filhotes de animais, nasce inicialmente sem pêlos, cobre-se deles no período da puberdade. Através de tal interpretação, de acordo com alguns psicólogos do profundo, a narrativa da criação do ser humano já alcança sua conclusão. Efetivamente, o jovem casal humano, que até então tinha o corpo desprovido de pêlos, teria sido equipado agora com as características do ser humano plenamente adulto, portanto, sexualmente maduro. A pelugem do corpo e a palavra de Adão a respeito da maternidade de Eva (vv. 21 e 20) estariam, por conseguinte, em estreita conexão conteudística.

A expulsão do paraíso (Gn 3,22-24)

As já anunciadas modificações na forma da existência humana tornam-se irreversíveis: tal como um hóspede que se comportou mal, ele é expulso do paraíso, e o acesso à árvore que lhe poderia prolongar a vida para sempre lhe é bloqueado. Essa profunda mudança é introduzida, mais uma vez, por meio de uma reflexão de Deus.

Reflexão de Deus:

3 ²²Depois disse Iahweh Deus: "Eis que o ser humano já é como um de nós, versado no bem e no mal, que agora ele não estenda a mão e colha também da árvore da vida, e coma e viva para sempre!"

Nessas duas frases exclamativas de Deus repousa a justificativa para a expulsão do paraíso: o ser humano, de fato, alcançou o conhecimento, mas de agora em diante, está entregue à morte, uma vez que não mais lhe é permitido comer da árvore da vida. Esta árvore, mencionada apenas de passagem quando da descrição do jardim do paraíso em Gn 2,9, aflora claramente, assim, em toda a sua importância para a construção da trama.

A exclamação introduzida por **"Eis que..."**, diferentemente de antes, nas sentenças de julgamento, não tem mais como destinatário o casal humano. Tal como no discurso de Deus no primeiro relato da criação (1,26): "Façamos o ser humano", o plural "como nós" levanta a questão de a quem Deus aqui fala. No caso, podemos também pensar seja em uma corte divina formada por seres celestes, chamados posteriormente de anjos, seja em um monólogo, visto que *elohim*, a palavra hebraica para Deus, é um plural que também serve como designação de gênero. A exclamação, a terceira desse tipo nos dois relatos da criação, tal como no momento da criação da humanidade (1,26) e por ocasião da criação da mulher (2,18), deve sublinhar a importância do agir divino iminente.

As palavras de Deus: "O ser humano já é como um de nós, versado..." podem ser entendidas ou como ironia ou como sarcasmo, como às vezes se diz, visto que fazem lembrar a asseveração da serpente, segundo a qual o ser humano seria "como Deus" (3,5) mediante o conhecimento do bem e do mal. Entretanto, elas são antes simplesmente uma constatação de fatos. Com **"ser humano"**, neste último versículo do relato, quer-se indicar inequivocamente o gênero humano, ao qual o homem e a mulher pertencem na mesma medida. A expressão **"como nós"** leva a pensar que Deus aqui se dirige a sua corte celeste, da qual alguns seres, os querubins, no versículo depois do próximo, serão mencionados.

Confira, a propósito, as reflexões sobre Gn 1,26, na página 41.

O impedimento ao apossar-se da árvore da vida retoma a idéia da incompatibilidade entre conhecimento e vida eterna, a qual estava na base da advertência anterior de Deus contra o provar do fruto da árvore do conhecimento do bem e do mal (2,16). Ao mesmo tempo, com isso, faz-se a transição para o que se segue.

A severidade com que Deus impede que o ser humano lance mão da árvore da vida pode lembrar o tema, freqüente nos mitos, do "ciúme dos deuses", os quais zelam ciosamente por sua prerrogativa da imortalidade. Tal concepção, que também já foi sugerida pela serpente em seu diálogo com a mulher, deverá ter passado ao largo do narrador bíblico. Por essa razão, os exegetas opinam que ele teria visto na negação da vida eterna muito mais um ato de solicitude divina. Ela aponta para as conseqüências absurdas a que conduziria a nova possibilidade de procriação sem a morte dos indivíduos: superpopulação da terra e cerceamento das possibilidades da livre realização de cada geração adulta, se os pais continuassem em vida.

Seja como for, tendo em vista a lida do mundo pós-paradisíaco, se se quiser, pode-se encontrar ainda algo consolador na perspectiva de não ter que viver eternamente: o esfalfamento da existência tem fim de uma vez por todas. De acordo com a Bíblia, o ser humano bom morre "velho e saciado de dias", tal como se diz no livro do Gênesis a respeito dos patriarcas Abraão (25,8) e Isaac (35,29), ou no livro de Jó, em relação a sua figura central (42,17).

Quanto à árvore da vida, trata-se de uma figura simbólica, largamente difusa no antigo Oriente, para o anseio humano por vida eterna. Na *Epopéia de Gilgamesh*, trata-se de uma planta do fundo do mar, cuja manducação opera o rejuvenescimento; na maioria dos casos, porém, trata-se de uma Árvore, como o demonstram as diversas representações na arte de cada época, as quais, na maioria dos casos, lembram uma tamareira. Somente os deuses comem de seus frutos; aos seres humanos, porém, eles são negados. Mas também do faraó egípcio se diz que ele teria provado dos frutos da árvore da vida no jardim celeste do deus Rá. Parece que em algumas áreas de templos mesopotâmicos havia um jardim em cujo meio ficava a árvore da vida.

Depois do livro do Gênesis, no início da Bíblia, não se fala mais da árvore da vida no Antigo Testamento, a não ser ocasionalmente e em sentido metafórico nos ditos sapienciais, para indicar a força dispensadora de vida da sabedoria, da justiça etc. Somente o Novo Testamento, em seu último livro, retoma o símbolo. A revelação secreta fala da expectativa de "comer da árvore da vida que está no paraíso" (Ap 2,7). Em seu final, ela descreve a corrente da vida com as árvores da vida às suas margens (22,1-2), e ela promete: "Felizes os que lavam suas vestes para terem poder sobre a árvore da vida..." (Ap 22,14).

Uma nova tarefa para o ser humano:

3 ²³E Iahweh Deus o mandou embora do jardim do Éden para cultivar o solo de onde fora tirado.

Deus põe fim à missão do ser humano como guardião do jardim e lhe confia uma nova tarefa como agricultor. Com isso, conclui-se um longo leque narrativo. Com efeito, agora é remediada aquela falta à qual se aludiu explicitamente no início dessa segunda história da criação, a saber: ainda não havia ser humano algum para cultivar o solo (Gn 2,5).

A **expulsão do jardim para o cultivo do solo** significa uma anulação do *status* privilegiado do ser humano. Logo depois da criação, Deus o havia colocado no jardim (2,8) e o destinado como seu cultivador e guardião (2,15); agora o ser humano deve trocar a leve jardinagem no paraíso pelo penoso cultivo do solo. Com essa nova destinação, o relato volta ao seu começo, onde se havia dito: "... não havia homem para cultivar o solo" (2,5).

A alusão explícita a sua **origem do solo**, o que, em todo caso, traz à memória a criação do ser humano no início do relato (2,7), confere um sentido à nova tarefa. Com efeito, agora a terra também obtém aquilo de que precisa, ou seja, alguém que a cultive. Para o ser humano, essa conseqüência é menos agradável. Contudo, ele não pode queixar-se de um agir injusto, pois ele está voltando para o lugar de onde fora originalmente tirado.

A vida no paraíso era um presente imerecido a respeito do qual ele, como criatura formada do solo, não podia pretender nenhuma reivindicação.

Permanece aberta a resposta à evidente pergunta a respeito de como se chegaria ao cultivo da terra fora do jardim, caso a mulher não tivesse dado ouvidos à serpente. Na presente narrativa, o ser humano teria podido, evidentemente, permanecer para sempre no paraíso, em vez de expor-se à fadiga do trabalho sobre o inóspito solo. Deus encontrava-se, portanto, por assim dizer, num dilema: de um lado, ele precisa do ser humano para a terra, de outro, queria poupar-lhe a canseira ligada a isso. O intento da afirmação do autor da história do paraíso é, portanto, clara: não foi Deus quem escolheu para o ser humano a vida dura, mas ele próprio conduziu a si mesmo para essa situação quando cedeu à sedução do fruto proibido.

O bloqueio do acesso à árvore da vida:

3 ²⁴Ele expulsou o ser humano e colocou, a leste do jardim do Éden, os querubins e a chama da espada fulgurante para guardar o caminho da árvore da vida.

Após a expulsão do paraíso, deve-se também cortar a possibilidade de um retorno para lá.

O termo forte **expulsão** expressa uma imagem mais clara do acontecimento do que o precedente "mandar embora". A duplicação pode ser atribuída às diversas fontes de que o autor se serviu. No entanto, a aparentemente desnecessária manutenção de ambas as versões na forma final do texto tem sentido. No versículo precedente, a ênfase da afirmação recai sobre a revogação das condições de trabalho até então como jardineiro e sobre a nova tarefa do cultivo do solo, ao passo que a expulsão acentua o aspecto dramático de certa violência em relação ao visivelmente contrariado casal humano, tal como foi amiúde representado na arte ocidental.

A indicação geográfica **"a leste do jardim do Éden"** permanece obscura devido ao contraste com a afirmação anterior que situava o jardim "no oriente" (2,8). Aqui, supõe-se claramente que, talvez de acordo com outra fonte literária, o paraíso situava-se no ocidente, tal como o jardim dos deuses das Hespérides na saga grega.

O que fossem **querubins** (plural da palavra hebraica *kerub*), o autor podia pressupor como sabido da parte de seu público. No templo salomônico (I Livro dos Reis, 6,29.31), por isso também já na descrição da Tenda da Aliança (Êxodo 37,5-9), eles resguardavam, de asas estendidas, o acesso ao Santo dos Santos. Presumivelmente, a palavra é idêntica ao termo mesopotâmico *karibu*, que descreve um monstro alado parecido com o condor; semelhantemente às esfinges egípcias, os querubins eram colocados nos portões dos templos e dos palácios babilônicos e assírios como guardas. Ainda hoje, na Índia, no Tibete ou na Ásia oriental, encontram-se na entrada dos templos pavorosas figuras de guerreiros ou de outros seres monstruosos que devem afastar os poderes malignos. A **espada fulgurante** aparece em diversos mitos e sagas como um tipo de muro de fogo ou "mar de chamas", para a vigilância de tesouros, de pessoas ou de localidades sagrados ou marcados por tabus. Contrariamente à representação presente na arte, o texto nada diz a respeito de os querubins/anjos terem a espada na mão. Ela é um bloqueio independente da tarefa de guarda deles.

Para o autor do livro do Gênesis, o acesso ao jardim permanece vedado para sempre. Somente com a esperança de um retorno dos felizes tempos primordiais, surge mais tarde, no judaísmo da mudança de época, a opinião de que os mortos piedosos um dia viverão com Deus no paraíso, o que já seria concedido a justos individualmente. Disso são testemunhas também as palavras de Jesus ao ladrão, postas em sua boca no evangelho de Lucas: "Em verdade, eu te digo, hoje estarás comigo no Paraíso" (23,43).

"Pecado original" e "pecado hereditário"

De acordo com a doutrina cristã, o deslize do primeiro casal humano operou no ser humano uma fraqueza — até mesmo uma total incapacidade, na teologia protestante — de fazer o bem, até o ponto de ele, por si mesmo, não poder mais restabelecer a reconciliação com Deus. No latim dos teólogos, fala-se de um peccatum originale, *que pode ser traduzido por "pecado original" ou "pecado das origens", uma expressão que foi assumida nas línguas românicas e também no inglês. No alemão, introduziu-se a palavra* Erbsünde *("pecado hereditário"), que, infelizmente, sugere uma interpretação biológica, ou seja, uma transmissão por meio da procriação ou até mesmo através do desejo sexual a ela ligado, ao passo que, na verdade, pode indicar apenas a "herança" de uma situação histórica. Com efeito, o conceito quer dar a entender não um pecado pessoal mas sim uma situação de desgraça que atinge toda a história da humanidade, desde o começo, dentro da qual cada pessoa nasce.*

O judaísmo, ao contrário, não atribuiu nem atribui à narrativa do paraíso aquela importância exagerada que se encontra no cristianismo através da interpretação como "pecado hereditário". Certamente ele considera que a existência do ser humano mudou radicalmente através de seu passo em falso, visto que, em conseqüência, a dureza do trabalho humano, as dores do parto e, finalmente, a morte entraram no mundo; no entanto, ele está convencido de que o ser humano, também nessa nova situação, pode resistir a sua tendência ao mal e, mediante o cumprimento fiel do mandamento de Deus, pode até mesmo desenvolver uma propensão para o bem.

Para todos os que cresceram na tradição cristã, pode parecer estranho que o Antigo Testamento, de fato, em parte alguma se refira ao "pecado original" no paraíso. Unicamente no livro deuterocanônico de Ben Sira, escrito por volta do ano 200 a.C., um livro que, em sentido estrito, não pertence à Bíblia, diz-se uma vez: "Foi pela mulher que começou o pecado, por sua culpa todos morremos" (25,24). Contudo, essa única alusão encontra-se no contexto de uma daquelas freqüentes advertências, na literatura judaica de então, contra os perigos que as mulheres más representam para os homens, sem tirar daí nenhuma conclusão a respeito de uma corrupção generalizuda da raça humana.

Pelo contrário, a Bíblia hebraica fala até mesmo expressamente da "maldade do ser humano" e de sua "propensão ao mal" (Gn 6,5 e 8,21), e ela não tem ilusões a respeito da natureza humana, tal o mostra uma olhadela nos escritos históricos e proféticos, ou nos livros sapienciais. Mas, mesmo nas passagens nas quais se fala das más ações dos seres humanos, o pecado do primeiro casal humano não é visto como fonte e causa de tais atos.

Somente na literatura extrabíblica judaica da mudança de era encontram-se alusões à importância do comportamento de Adão para a humanidade descendente dele. Elas remontam às apreciadas especulações de então, segundo as quais o membro que se encontra respectivamente no início de uma cadeia genealógica determina o destino de todos os outros membros seguintes. O apóstolo Paulo retomou essa forma de pensar em sua carta aos Romanos (5,12-21). Ali diz ele: "Eis por que, como por meio de um só homem o pecado entrou no mundo, e, pelo pecado, a morte" (v. 12), e estabelece um nexo entre o pecado de Adão e o ato redentor de Cristo, o novo Adão: "De modo que, como pela desobediência de um só homem, todos se tornaram pecadores, assim, pela obediência de um só, todos se tornarão justos" (v. 19). Com outras palavras: assim como, por meio de Adão, o poder do pecado e da morte encontrou entrada no mundo humano, em Jesus Cristo é oferecida à humanidade nova possibilidade de justiça e de vida.

É discutível se Paulo supunha, com a formulação acima, que a existência humana, por meio da falha de Adão, teria sido mudada fundamentalmente também em sua capacidade de fazer o bem. Em todo caso, diz ele em outra passagem da carta aos Romanos: "Todos pecaram e todos estão privados da glória de Deus — e são justificados gratuitamente, por sua graça, em virtude da redenção realizada em Cristo Jesus" (3,23). Seja como for, a cristandade fundamentou preferentemente sua doutrina do pecado original nestas passagens paulinas, a qual encontra-se em estreita interdependência com a necessidade da morte redentora de Cristo. De fato, ao embaraço da desgraça universal corresponde uma disponibilidade universal de redenção. Somente quando a humanidade vive num radical distanciamento de Deus é que ela necessita de um salvador que é mais do que um mero ser humano.

O canto do *Exultet*, na liturgia cristã da noite de Páscoa, vê o pecado original dos antepassados como um acontecimento tão necessário quanto feliz em suas conseqüências:

O certe necessarium Adae peccatum,
quod Christi morte deletum est!
O felix culpa,
quae talem ac tantum meruit habere Redemptorem!

Ó pecado de Adão verdadeiramente necessário,
anulado que foi pela morte de Cristo!
Ó culpa feliz,
à qual conveio tal redentor!

Vv. 16 e 17 (conforme uma tradução de Norbert Lohfink)

FIGURA 11 – Uma lâmina de ouro (proveniente da Encômia-Alásia, Chipre; 1450-1350 a.C.) com uma estilizada árvore da vida, com folhas de palmeira, guardada por dois querubins. Eles estão munidos de um corpo de fera, asas de águia e cabeça humana, mediante o que são caracterizados como seres de força, velocidade e sagacidade superiores.

A arquitetura narrativa dos capítulos 2 e 3

A composição do texto desses dois capítulos, a partir de diversas tradições, não deve ser negligenciada. Podem-se identificar claramente dois fios narrativos: uma história de criação completa em si, na qual a modelação do ser humano da argila do solo chega, sem costuras, à formação da mulher de uma costela dele, e um relato a respeito da tentação e da queda do primeiro casal humano, montado a partir de uma abundância de fragmentos de tradição heterogêneos. Na versão final do texto, ambas as tradições constituem indubitavelmente uma unidade narrativa, visto que, entre os relatos a respeito da modelagem do ser humano e da formação da mulher a partir de uma costela, já se mencionam a árvore do conhecimento e a árvore da vida, que serão tão importantes no capítulo 3.

Segundo a opinião de alguns exegetas, o narrador (isto é, o redator ou a equipe redatora) não conseguiu elaborar plenamente um fio de enredo coerente a partir das diversas tradições das quais ele evidentemente hauriu. Assim, por exemplo, o motivo da árvore da vida somente a muito custo se integra na ação. Dificuldades especiais apresenta a duplicação do fundamento para a morte necessária do ser humano, o que Deus, em 3,22, atribui à incompatibilidade entre conhecimento e vida eterna, posto que, pouco antes, a morte foi imposta por ele como punição pela transgressão do mandamento (3,19).

Poder-se-ia prescindir da dúvida a respeito da habilidade do narrador se ela não tivesse conseqüências para a interpretação do propósito de suas afirmações: por exemplo, a morte é um castigo ou é apenas conseqüência da criaturalidade humana? Uma resposta a esta e a outras questões de não pouca monta talvez se encontre mediante um passeio pela oficina do narrador.

A construção dramatúrgica

Diferentemente do primeiro relato da criação, com sua divisão em sete dias, a articulação interna da história do paraíso não é perceptível logo à primeira vista. No entanto, se buscarmos vestígios dos meios estilísticos típicos da técnica narrativa bíblica, então aparece uma surpreendentemente clara divisão do material.

Em primeiro lugar, pode-se descobrir certo tipo de *ação perimétrica*, no qual os elementos narrativos estão dispostos na seção inicial (2,1-17) e na final (3,22-24) em forma de "quiasmo", portanto, em correspondência simétrica:

A) O ser humano é formado da argila do solo e se torna um "ser vivente" através do sopro de Deus (2,4-7).

B) É colocado no jardim do paraíso com a missão de o cultivar e guardar (2,8-15).

C) A disponibilidade dos frutos de todas as árvores (também da árvore da vida, portanto!) e a proibição, ligada a uma ameaça de morte, de comer da árvore do conhecimento evidenciam as alternativas diante das quais Deus coloca o ser humano: ou vida eterna ou conhecimento (2,6-17).

[Aqui se segue a ação principal; 2,18–3,21]

C') Em um monólogo, Deus retoma o dilema entre imortalidade e conhecimento, a fim de anular o tratamento especial concedido inicialmente ao ser humano (3,22).

B') Deus muda a tarefa anterior de cultivar e guardar o jardim em nova ocupação: cultivar o solo; e expulsa o ser humano do paraíso (3,23).

A') O ser humano continua, decerto, um ser vivente, mas é mortal, uma vez que o acesso à "árvore da vida" lhe é bloqueado (3,24).

Destarte, no final da narrativa, o ser humano encontra-se lá no lugar de onde Deus o havia transferido para o paraíso, a saber, do solo. Como se chegou a isso, narra o texto que se encontra no meio. Em comparação com o enquadramento, no qual somente Deus age e fala, o texto intermediário se distingue por uma dramatização mais forte. Com efeito, nele seres criados interagem com Deus e entre si: os animais, isto é, um dentre eles, a serpente, bem como a mulher e o homem.

A propósito de "quiasmo", confira página 229.

A parte intermediária, com a ação principal, contém três passos narrativos. Não é difícil perceber-lhe a divisão, quando se atenta para o costume típico do modo de narrar bíblico de separar, umas das outras, seções de enredo completas em si mediante o artifício de referir-se ao mesmo tema, literalmente ou correspondentemente ao sentido, nos respectivos versículos iniciais e finais:

2,18-24 começa com o monólogo de Deus: "Não é bom que o ser humano esteja só", e termina com a superação da solidão com a unidade do homem e da mulher.

2,25–3,7 constata, no início, que o casal humano, não obstante sua nudez, não se envergonhava um do outro, e no final, depois da transgressão da proibição, faz com que descubra sua nudez e cubra suas vergonhas.

3,8-21 vai do esconder-se do ser humano diante de Deus, por causa da própria nudez, até o momento em que Deus o veste com pele.

A partir do enquadramento e da ação central, podem-se identificar, portanto, um conjunto de cinco seções narrativas, os cinco atos de um drama, por assim dizer:

1º Ato (2,1-17): O ser humano, formado da argila do solo e vivificado pelo hálito de Deus, é colocado no jardim do paraíso a fim de cultivá-lo e guardá-lo. Ele tem a permissão de comer de todas as árvores, portanto também da árvore da vida; apenas a posse dos frutos da árvore do conhecimento lhe é negada sob ameaça de morte.

2º Ato (2,18-24): Deus apresenta os atores do drama: os animais (por causa da serpente), a mulher e o ser humano como homem.

3º Ato (2,25-3,7): Em conseqüência da insinuação da serpente, a mulher, bem como seu esposo, transgride a proibição divina.

> **4º Ato (3,8-21):** Como castigo por seus atos, Deus modifica a forma de existência dos atores: serpente, mulher e homem, mas continua a cuidar dos seres humanos (roupas feitas de pele).
>
> **5º Ato (3,22-24):** A fim de impedir que o ser humano, em sua nova forma de existência, se apropriasse também da vida eterna, Deus o expulsa do paraíso e bloqueia-lhe o acesso à árvore da vida.

Percebe-se que o clássico esquema de toda dramaturgia é preservado: uma "exposição" (1º e 2º Atos) anuncia o tema da iminente confrontação e apresenta os atores: o "confronto" (3º Ato) encontra-se no centro da narrativa; e o "desfecho" (4º e 5º Atos) reconduz o ser humano para o lugar de onde veio, a saber, o solo, e o transforma naquilo que ele era antes de Deus o colocar no paraíso, isto é, pó, que certamente, através do hálito de Deus, tornou-se "vivente", mas a quem está vedada uma vida eterna.

Quanto à construção de cada uma das seções narrativas

Não deveria haver nenhuma dúvida de que também cada um dos cinco Atos é, em si, mais uma vez, artisticamente construído. Ao lado da já apresentada estrutura quiástica da ação perimétrica (**1º e 5º Atos**), apresentem-se aqui ainda outros indícios:

No **2º Ato**, o relato da criação dos animais e o da criação da mulher são ordenados paralelamente um ao outro:

> A)   Criação dos animais
>
>   B) Condução dos animais
>
> C)   Denominação dos animais
>
>   D) mas nenhuma auxiliar adequada
>
> A')   Formação da mulher
>
>   B') Condução da mulher
>
> C')   Denominação da mulher
>
>   D') finalmente uma auxiliar (visto que "osso dos meus ossos")

No 3º Ato, na seção narrativa sobre a transgressão da proibição, antes e depois das palavras da serpente, que é o centro da seção (3,4-5), encontra-se um quiasmo: o discurso da mulher (3,2-3) trata do "comer" (A) e do "tocar" (B), ao passo que ela, em seu agir (3,6), "estende a mão" para o fruto (B') e "come" (A') dele.

No que diz respeito ao 4º Ato, recorde-se inicialmente uma peculia-ridade da composição textual, à qual já acenamos quando do comentário: a seqüência do interrogatório (homem–mulher–serpente) inverte-se na censura da transgressão (serpente–mulher–homem), e para cada um dos "pecadores" trata-se de uma submissão: a serpente sob a (descendência da) mulher, a mulher sob o homem e o homem sob a morte.

Possivelmente, resulta para a construção do 4º Ato (3,8-21) até mesmo um esquema elucidativo, que atribui um lugar bastante plausível aos versículos 3,20 e 21, que sempre causaram dificuldades aos intérpretes da Bíblia como distúrbio no fluxo da ação: quando se supõe que o narrador, que explica o nome "Eva" com "vida", ao mesmo tempo também, como mencionado no comentário a 3,20, estava consciente da semelhança desta palavra com "serpente", então as afirmações que se encontram antes e depois das três sentenças de julgamento estão ligadas umas às outras quanto ao conteúdo.

A) 3,8: os seres humanos se escondem de Deus por causa da própria nudez

   B) 3,9-12: Adão põe a culpa na mulher

      C) 3,13: a mulher põe a culpa na serpente

         X) 3,14-19: Deus pronuncia o julgamento

      C') 3,20a: Adão, agora, confere o nome positivo de "vida" à mulher
            a quem ele anteriormente culpabilizou

   B') 3,20b: Eva torna-se (em lugar da serpente) a mãe primordial de
         todos os viventes.

A') 3,21: Deus veste o casal humano com pele

Tema central: conhecimento ou mortalidade?

Visto que a estrutura narrativa de um texto deveria ser esclarecedora também para seu conteúdo temático, fica claro que, nesse relato, tudo gira em torno da alternativa: ou conhecimento ou vida eterna. Alude-se ao tema no final do 1º Ato e no começo do 5º Ato, bem como no 3º Ato, o intermediário, o qual, como convém a um drama em cinco atos, constitui o clímax da ação. Em seu centro, encontra-se o discurso ardiloso da serpente, o qual sugere que não existiria a mencionada alternativa: "Não, não morrereis... Sereis como deuses, versados no bem e no mal".

Portanto, nesses capítulos trata-se menos de culpa e de castigo, e muito mais de uma definição da existência humana. O nó da narrativa encontra-se na alusão ao paradoxo de que o ser humano, realmente existente, até que possui o conhecimento, como um deus; no entanto, deve morrer, como qualquer outra criatura, e ele também sabe disso. Para isso, o autor escolheu a forma de uma narrativa dramática, na qual, diferentemente de um tratado filosófico ou teológico, os diversos aspectos de um assunto são apresentados numa seqüência cênica, neste caso na sucessão de proibição–transgressão–punição.

Essa constatação é confirmada mediante outro ardil da técnica narrativa bíblica. Com muita freqüência, as últimas palavras de uma seção do enredo oferecem uma indicação a respeito daquilo a que o relato visa. O fato de que toda a narrativa se conclua com o tema da árvore da vida demonstra o papel decisivo que esta árvore aí desempenha, posto que ela seja mencionada apenas no começo, de forma breve e aparentemente bastante incidental (2,9), e dela, a seguir, até por volta do fim (3,22 e 24) não mais se torne a falar. Com isso se elimina a objeção que se levantara contra a harmonia da construção narrativa, atribuindo a dupla fundamentação da necessidade de morrer a uma inabilidade do narrador. Com efeito, quaisquer que tenham sido as tradições de que ele se possa ter servido, na redação final do relato as duas fundamentações se afinam perfeitamente.

Se a sentença contra o homem/ser humano, em 3,19, considera sua futura degeneração para a morte entre as medidas punitivas, tal acontece tendo em vista a iminente exclusão do acesso à árvore da vida. A sentença, portanto, ao lado de outras fadigas, não condena adicionalmente "à morte" o casal humano criado originalmente imortal. De acordo com a lógica da narrativa, o ser humano era mortal desde o início e só teria podido evitar a morte mediante o comer do fruto da árvore da vida, o que lhe permanecerá vedado mediante a expulsão do paraíso. A tarefa confiada por Deus aos querubins de "guardar o caminho da árvore da vida" só tem sentido se o primeiro casal humano de fato pudesse ter comido dela. Devido ao papel da árvore da vida, dispensam-se também, ademais, as especulações a respeito de um efeito divinizante, ou seja, imortalizador, do hálito com o qual Deus, da argila do solo, fez um "ser vivente" (2,7). Originalmente, o ser humano era mortal, mas tinha a oportunidade de obter a vida eterna mediante um favor especial de Deus, que o colocou no jardim do paraíso, ao qual, segundo a representação tradicional, pertencia também a árvore da vida.

A imortalidade humana como tema central da narrativa do paraíso foi também conhecida pelas primeiras tradições cristãs, que muito especularam sobre a relação entre a árvore da vida no paraíso e a árvore da cruz do Gólgota como instrumento da ressurreição e da vida eterna. Existe até mesmo uma lenda segundo a qual Adão, quando sentiu a proximidade da morte, cheio de medo e de arrependimento, enviou seu filho Set à entrada do paraíso a fim de pedir do fruto que dá a vida. Contudo, ele recebeu dos anjos guardiães apenas um pequeno ramo, o qual ele plantou sobre o túmulo de Adão. Dali cresceu uma árvore, a qual, depois de muitas vicissitudes, chegou a Jerusalém, onde, finalmente, foi usada para a crucificação de Jesus.

Para falar com franqueza, no final da exposição muita coisa permanece em aberto: o que significa concretamente o conhecimento do "bem e do mal"? Em que se distingue o conhecimento finalmente adquirido daquele com o qual o ser humano, já antes da violação do veto divino, pôde dar nomes aos animais e à mulher, e que permitiu à mulher conversar com a serpente e apreciar a beleza da árvore proibida? O que descobriram os seres humanos depois de provarem o "fruto" proibido: a própria sexualidade ou a sua caducidade de criatura? E por que o Deus todo-poderoso não impediu uma transgressão que traria a fadiga, a morte e tanto sofrimento para o mundo?

Essas e outras perguntas devem permanecer sem resposta. Com efeito, não se pode esquecer de que a história do paraíso, que quer apresentar tanto a semelhança divina do ser humano em sua capacidade de conhecimento quanto sua caducidade e mortalidade, foi redigida numa linguagem simbólico-mítica. Contudo, uma peculiaridade do mito é que ele só pode penetrar, a cada vez, em uma das realidades fundamentais da natureza humana. Não se devem aplicar-lhe critérios como se faria a uma narrativa pretensamente histórica, e indagar como as coisas se teriam passado em outra direção. Assim, dá-se o caso que o autor bíblico parece tanto esconder quanto revelar. Também um autor moderno dificilmente produziria um texto completamente perscrutável, que fizesse justiça ao enigma da existência humana.

FIGURA 12 – Escultura em marfim, proveniente de Nimrud (séc. IX/VIII a.C.), com duas árvores da vida estilizadas. Enquanto os bodes junto à árvore da vida, à esquerda, permitem entrever suas potências vitais, os querubins junto à árvore da vida, à direita, simbolizam sua santidade.

Retrospectiva de Gn 1–3:
Duas apresentações diferentes dos começos

É evidente que as duas histórias da criação remontam a diferentes tradições. Elas divergem uma da outra até mesmo numa série de pontos importantes. Assim, em uma delas, por exemplo, os animais são criados já antes do ser humano, ao passo que, na outra, somente depois dele. No primeiro relato não existe também nenhum jardim exclusivamente preparado por Deus como lugar de permanência do ser humano, ainda que a restrição da alimentação do ser humano e dos animais às plantas, no segundo relato, possa lembrar a situação "paradisíaca".

Notável é também a diversidade de estilos quando o assunto é Deus. No primeiro capítulo, ele é o grande fazedor que rapidamente e sem hesitação, em poucas ações objetivas, leva a cabo a obra-prima do universo. Os dois capítulos da narração do paraíso, ao contrário, descrevem Deus como um artesão circunspecto ou como um artista: da terra ele modela uma figura e insufla-lhe o próprio hálito; a seguir, constata que essa criatura não pode permanecer sozinha, e experimenta inicialmente os animais como parceiros dela, antes de modelar-lhe uma companheira. Entre esses traços conscientemente antropológicos inclui-se também que Deus perambule, no frescor do entardecer, pelo jardim que ele próprio erigira, e que dialogue com os seres humanos, ao passo que no primeiro relato, apenas sua palavra criadora se dirigia a eles.

Digno de nota é também a diferença entre a maneira como é descrita a posição do ser humano recém-criado. No primeiro relato da criação ele é descrito como imagem de Deus e de semelhança divina. Ele deve multiplicar-se e encher a terra e submetê-la, segundo a ousada palavra do "dominar sobre a terra e os animais", única na Bíblia. Certamente, se alguém forçosamente quiser, pode interpretar o cultivar e o guardar o jardim, ou o dar nomes aos animais, no relato do paraíso, como asserções paralelas. Contudo, aqui — como também na tradição mesopotâmica — o ser humano aparece muito mais como um feitor submisso, a serviço e em benefício da divindade. A amplidão do mundo lhe é vedada; de fato, ele vive num jardim limitado e, ademais, está coarctado por determinações que devem impedi-lo de ser como Deus.

Pode-se perguntar, com justa razão, com que objetivo os dois textos, não obstante suas divergências estilísticas e conteudísticas, foram, no entanto, tão estreitamente ligados um ao outro na redação final da Bíblia. Robert Alter, um dos iniciadores da hermenêutica bíblica segundo as perspectivas das ciências literárias, dá a essa pergunta uma resposta interessante:

Reunir propositadamente dois relatos claramente contraditórios corresponde, literariamente, mais ou menos à técnica de uma pintura pós-cubista, na qual, por exemplo, de um rosto são dados ao mesmo tempo uma visão frontal e uma de perfil. O olho normal jamais pode perceber as duas visões ao mesmo tempo, mas o pintor tem a liberdade de, no âmbito de seu quadro, apresentá-las como percepção concomitante. Dessa forma, ele pretende somente ou explorar as relações formais entre ambas as visões ou, porém, reproduzir uma visão que abranja todos os aspectos de uma face. De forma semelhante, o autor bíblico aproveita-se de todas as possibilidades de composição de sua arte a fim de combinar perspectivas que estão em tensão entre si: Deus tanto é transcendente quanto imanente (para usar noções teológicas bem posteriores); tão autoritário em sua plenipotência quanto participante ativo e simpático em sua criação. O mundo é ordenado, lógico, maravilhosamente multiforme e, ao mesmo tempo, um caos topográfico e geológico em contínua mudança; tanto um chão firme sob os pés quanto um desafio que desdenha continuamente das capacidades do ser humano. Graças à disposição divina, o ser humano é senhor da criação, mas ao mesmo tempo rebela-se dividido interiormente contra o plano de Deus e é condenado a arrancar penosamente seu sustento do solo, que é amaldiçoado por sua causa.

A história da criação seria, talvez, muito mais "convincente" se começasse com Gn 2,4b. Mas como apresentação satisfatória, complexa, de uma realidade desconcertantemente complicada — que é o conjunto, dificilmente compreensível, formado por Deus, pelo ser humano e pela natureza — ela perderia muito.

(*The Art of Biblical Narrative*, New York 1981, pp. 146-147).

A CONSERVAÇÃO DA CRIAÇÃO E DA HUMANIDADE
LIVRO DO GÊNESIS, CAPÍTULOS 4–11

A Bíblia continua sua narrativa acerca dos tempos primordiais. Após a expulsão do ser humano do paraíso, agora se trata da sobrevivência da humanidade no mundo, tal qual ele é. No centro, encontra-se a narração a respeito do dilúvio, que oferece uma resposta à pertinente pergunta por que Deus conserva a existência do mundo e da humanidade, não obstante a evidente violência do ser humano. A esse propósito, o narrador emprega o esquema histórico de seu ambiente, o qual, como diversos de seus mitos demonstram, via no grande dilúvio um momento histórico decisivo.

A partir daí, resulta uma clara divisão tripartida do material:

- **O tempo anterior ao dilúvio**, em que os seres humanos começam a decidir-se seja pelo caminho da violência, seja por um "comportamento com Deus";

- **O dilúvio**, do qual é salvo Noé, com sua família e os animais;

- e, finalmente, **o tempo posterior ao dilúvio**, que desemboca numa lista dos povos da terra e na menção da cidade de Babel no tempo "propriamente" histórico.

O PRIMEIRO CRIMINOSO
E O PRIMEIRO JUSTO
Gn 4,1–6,4

Na primeira parte da história da humanidade pós-paradisíaca, encontram-se dois temas em primeiro plano: de um lado, a intensificação da violência entre os seres humanos, a começar pelo primeiro assassínio, o qual, precisamente por sua colocação no limiar da história universal, contém um caráter atemporal. Do outro lado, acentua-se também que os começos da veneração a Deus acontecem nesse tempo. Distinguem-se, pois, duas classes de pessoas que de agora em diante determinarão o destino da humanidade: os criminosos e os "justos".

Já nesse segmento, em uma genealogia que vai de Adão até o dilúvio, torna-se claro outro interesse do narrador bíblico: ele pretendeu escrever "histórias", pois apresentou numa concatenação contínua os mitos correntes entre seu povo e entre os povos vizinhos acerca do tempo imemorial da humanidade. Com isso ele atingiu um duplo fim: de um lado, narrativas míticas e etiológicas, originariamente atemporais, de seu ambiente geográfico, tornaram-se parte de uma narrativa quase histórica; contrariamente à antiga mitologia — que se inclinava a povoar localidades atemporais e atópicas com seres sobrenaturais —, seres humanos, e não deuses, é que se tornaram protagonistas dos acontecimentos. Por outro lado, mediante as cronologias, os elementos narrativos relativos a Caim e Abel, ao dilúvio ou à Torre de Babel, os quais originalmente remontavam a modelos "míticos" autônomos, recebem uma moldura "histórica" que chega até tempos históricos determináveis.

Certamente, não somos obrigados, contra nossa própria convicção, a aceitar como história o que não é nenhuma história em sentido moderno. Contudo, deveríamos levar em consideração que o livro do Gênesis se compreende como historiografia que tinha como base um esforço bem semelhante ao de nossa concepção moderna de história. Portanto, até mesmo a freqüentemente ridicularizada cronologia bíblica, que, com a ajuda das indicações presentes nas genealogias, esforçava-se para determinar o decurso do tempo "desde a criação do mundo", obtém uma aparência decididamente moderna, ainda que tenhamos melhor conhecimento de que o mundo não surgiu no ano 3760 antes de nossa cronologia.

Caim e Abel (Gn 4,1-16)

Já entre os filhos do primeiro casal humano irrompe a violência na vida do ser humano. Diferentemente da transgressão do mandamento divino no paraíso, cuja punição modificou as condições da existência de toda a humanidade, o delito é apresentado como a ação de um indivíduo e, por conseguinte, será punido também individualmente.

O nascimento:

4 ¹Adão conheceu Eva, sua mulher; ela concebeu e deu à luz Caim, e disse: "Adquiri um homem com a ajuda de Iahweh". ²Depois ela deu também à luz Abel, irmão de Caim. Abel tornou-se pastor de ovelhas e Caim cultivava o solo.

Quanto à frase "Adão (mais corretamente: o ser humano) **conheceu** Eva, sua mulher", como expressão para o ato sexual, confira as observações sobre Gn 3,7, na página 104.

A exclamação de Eva: **"Adquiri um homem com a ajuda de Iahweh"** é a primeira entre diversas outras no livro do Gênesis, nas quais uma mulher exprime seus sentimentos na ocasião do nascimento por meio do nome da criança. Em hebraico, o nome **Caim** sugere uma etimologia a partir do verbo "adquirir", a qual, talvez, apóia-se apenas numa assonância. Vê-se aí o júbilo da "mãe de todos os viventes", a qual participa da obra criadora de Deus e encontra nesse papel sua plenitude. Isso deveria também ser correto, quando se compreende a curiosa expressão: "Aquisição do Senhor" no sentido de "com a ajuda do Senhor". De acordo com alguns exegetas, uma análise do texto hebraico resultaria, na verdade, em que Eva se ufana como se tivesse — como Deus — criado um ser humano; portanto, na exclamação de Eva esconder-se-ia algo daquele desejo de semelhança com Deus que levou ao gozo do fruto proibido. Essa interpretação não parece de todo inapropriada, visto que, no fim, as coisas não darão certo com esse filho. No entanto, o verbo "adquirir" deveria excluir a idéia de uma "criação".

O nascimento de **Abel** é mencionado sem indicação de maiores detalhes. Seu nome significa "sopro/insignificância", o que corresponde perfeitamente à brevidade de sua vida. O protagonista da ação será Caim. O fato de Abel ter-se tornado **pastor** e Caim **agricultor** aponta para as diversas ocupações fundamentais dos tempos bíblicos, as quais, como uma divisão do trabalho, constituíam a base do convívio social. Com efeito, o curso da narrativa espelha a tradicional hostilidade entre agricultores e pastores. Contudo, o texto abstém-se daquele julgamento que colocaria uma profissão acima da outra.

O assassínio:

4 ³Passado o tempo, Caim apresentou produtos do solo em oferenda a Iahweh; ⁴Abel, por sua vez, também ofereceu as primícias e a gordura de seu rebanho. Ora, Iahweh agradou-se de Abel e de sua oferenda. ⁵Mas não se agradou de Caim e de sua oferenda, e Caim sentiu-se inflamado interiormente e ficou com o rosto abatido. ⁶Iahweh disse a Caim:

Por que estás irritado,

e por que teu rosto está abatido?

⁷Se estivesses bem disposto, não levantarias a cabeça?

Mas se não estás bem disposto, o pecado espreita (como demônio) à porta.

Sua vontade está em ti;

no entanto, tu deverás dominá-lo!

⁸Entretanto Caim disse a seu irmão Abel: "Saiamos ao campo". E, como estavam no campo, Caim se lançou sobre seu irmão Abel e o matou.

Quanto aos **produtos do solo em oferenda**, trazidos por Caim, trata-se da forma mais simples de oferenda — até mesmo como a única forma —, tal como se encontra em diversas culturas: uma renúncia a uma parte do produto dos campos mediante a doação, a aniquilação ou o abandono, a fim de dar a entender que o crescimento deve ser considerado como uma bênção. A **apresentação das primícias dos rebanhos**, por parte de Abel, tal como a oferenda de Caim, deve ser vista também, presumivelmente, como ato espontâneo de gratidão, portanto sem formalidades, não porém como um gesto cultual, para o qual são determinados o altar e o fogo. Em prol dessa interpretação depõe o fato de aqui se falar apenas de uma oferenda (em hebraico *mincha*), ao passo que está ausente a terminologia específica do sacrifício (em hebraico *zebach*), tal como se faz uso no sacrifício de Noé após o dilúvio (Gn 8,20).

Confira, a propósito, a página 192.

Não se explica por que **"Iahweh agradou-se de Abel e de sua oferenda. Mas não se agradou de Caim e de sua oferenda"**. Só o judaísmo tardio utilizou o esquema do "justo" Abel e do "ímpio" Caim como motivo para a preferência divina, o que foi também introduzido no Novo Testamento (cf. Mt 23,35; Hb 11,4; 1Jo 3,12). O texto do Gênesis, porém, não diz que a rejeição de Caim se baseou em seu mau caráter ou em qualquer defeito de sua oferenda. Ao contrário, ele mostra uma situação com a qual toda pessoa humana sempre se confronta, a saber, alguém é "abençoado" ao passo que a outro lhe é negado o sucesso, o que origina uma desigualdade.

Não conseguimos saber, a partir dessa história concisamente conservada, como Deus manifestou seu agrado ou desagrado, correspondentemente, em relação às oferendas dos irmãos. Para as pessoas da Antigüidade, era evidente que, a partir de determinados sinais (apresentação da oferenda), podia-se reconhecer se uma oferta foi ou não aceita pela divindade. Talvez se possa também supor que Caim, considerando a insuficiência ou a diminuição do rendimento de sua colheita, tenha chegado à conclusão de que sua oferenda não havia sido aceita.

A reação de Caim à preferência de Abel é expressa em hebraico, de forma bastante interessante, mediante as palavras **"sentiu-se inflamado interiormente e ficou com o rosto abatido"**. Caim experimenta uma inveja "escaldante" e se encaracola em si mesmo, incapaz de olhar para o rosto de seu irmão.

Se o narrador faz com que Deus repita a constatação a respeito do estado de ânimo de Caim, não se trata de detalhismo supérfluo; ao contrário, ele mostra da forma mais simples que Deus conhece o interior do ser humano. Ademais, a partir do fato de Deus aceitar a reação tão humana de Caim, pode-se reconhecer que a não-aceitação da oferenda não significou de forma alguma uma rejeição.

Deus adverte Caim de que o mal poderia apoderar-se dele e chega até a dizer-lhe como ele poderia enfrentar essa investida: em vez de ficar de rosto abatido, ele deveria **"levantar a cabeça"**, se ele faz o que é justo e resiste à tentação que já o fustiga. Com isso Deus quer dizer: Caim deve lidar com a frustração devido à aparente injustiça que lhe foi feita, a fim de superar essa prova com dignidade. Pois, caso ele não aja corretamente, então **"o pecado espreita à porta como demônio"**. A última afirmação só pode ser traduzida de forma aproximativa, pois o texto hebraico é considerado incompreensível pelos exegetas, ainda que se pressuponha que aqui o pecado esteja personificado em um demônio assírio. Em todo caso, dá-se a entender que Caim **deveria e poderia dominá-lo**. As dificuldades do texto não se referem, no final das contas, ao fato de o texto ter sido formulado em hebraico poético. É possível que se trate de um dito sapiencial antigo, cuja poesia arcaica foi aproveitada.

Caim não dá nenhuma resposta à advertência de Deus, mas diz algo a seu irmão Abel que não consta do texto hebraico e que foi completado em textos tardios a partir da situação: a fim de assegurar-se de que não haveria testemunhas do ato sangrento que ele planejava fazer, Caim teria dito: **"Saiamos ao campo!"**, isto é, onde a ação não pode ser vista nem se pode ouvir grito de socorro algum.

O **assassinato**, em si, é mencionado de forma extremamente lacônica, como se o autor quisesse dar a entender que aquilo que ele tem a narrar é horrível demais para se empregarem muitas palavras.

Assim como no diálogo entre a mulher e a serpente pode-se encontrar uma "psicologia da tentação", da mesma forma a história de Caim pode ser interpretada psicologicamente. Assim, a admoestação divina antes da ação deveria ser compreendida como a "voz da consciência", ao passo que o diálogo entre Deus e Caim, depois do ato consumado, seria o "remorso" que doravante torturará o assassino. É típico das narrativas primordiais que Deus fale diretamente com o ser humano.

Interrogatório e punição:

4 ⁹Iahweh disse a Caim: "Onde está teu irmão Abel?". Ele respondeu: "Não sei. Acaso sou guarda de meu irmão?". ¹⁰Iahweh disse: "Que

fizeste? Ouço o sangue de teu irmão, do solo, clamar por mim! [11]Agora, és maldito e expulso do solo fértil que abriu a boca para receber de tua mão o sangue de teu irmão. [12]Ainda que cultives o solo, ele não te dará mais seu produto: serás um fugitivo errante sobre a terra".

Tal como na história do paraíso, à ação segue-se imediatamente um interrogatório. É introduzido, mais uma vez, por uma pergunta, não como no caso de Adão com "Onde estás?" mas sim com **"Onde está teu irmão Abel?"**, a fim de tornar explícita a execrabilidade do delito de Caim. Com efeito, três vezes antes e três vezes depois dessa pergunta, ao todo, portanto, sete vezes, aparece a palavra "irmão" na narrativa.

Caim entende mal a pergunta francamente retórica de Deus como uma exigência de informação. Pelo menos assim é que ele finge e responde não apenas com uma evasiva mas também com uma mentira direta: **"Não sei"**, e com uma contra-ofensiva insolente e sarcástica, que se tornou proverbial em relação à fria recusa da responsabilidade para com o próximo: **"Acaso sou guarda de meu irmão?"**. Essa expressão denuncia, com fina psicologia, quanto Caim, através de seu gesto assassino, apartou-se de seu próximo.

Caim, porém, precisa saber que Deus não pode ser enganado. "Ouço o sangue de teu irmão, do solo, **clamar por mim**", responde Deus ao assassino. Um crime, por mais secretamente que tenha sido perpetrado, não fica oculto perante Ele, que tudo vê e escuta. Abel, que até aqui, em toda a narrativa, não dissera nenhuma palavra, agora, como morto, começa a falar. De fato, consoante uma antiga concepção, que subsiste até nossos dias, o sangue de alguém perversamente assassinado encontrará um jeito de testemunhar contra o assassino.

Na condenação do delito, Deus pronuncia explicitamente uma **maldição** sobre Caim, diferentemente da história do paraíso, na qual nem o homem nem a mulher foram amaldiçoados. Trata-se de uma punição individual, que diz respeito apenas a Caim como o autor concreto, visto que ela lhe atribui um lugar específico que o exclui da comunidade humana.

Assim, de agora em diante, Caim permanece **privado do produto do solo**, e ele tornar-se-á **"fugitivo errante"**, ao passo que a sentença divina para o primeiro casal humano apenas dificultara o cultivo do solo por causa dos "espinhos e cardos". Por trás da maldição de Caim, esconde-se a antiga concepção de que o sangue torna tabu o solo sobre o qual foi derramado.

Se o chão nada mais produz para Caim, então ele deve desistir da vida de agricultor que levou até agora, tornando-se, portanto, um desassossegado migrante.

A sentença de Deus contra Caim corresponde à "lei da vingança de sangue", tal qual era praticada em um tempo no qual não havia nem autoridades protetoras nem direitos, e somente a ameaça de uma vingança inevitável podia conservar a paz. No caso, o sangue de um parente devia ser vingado pela morte do assassino ou de um membro de seu clã. No caso de um assassinato dentro da própria família, não havia nenhuma vingança de sangue, mas apenas a exclusão da comunidade, que privava o culpado da proteção de seus próprios parentes, e o tornava, portanto, um "fora da lei".

A origem da violência e sua superação

A pergunta muitas vezes levantada — por que Deus não aceitou a oferta de Caim? — é, no fundo, ociosa. O texto quer apenas dizer que surgiu uma desigualdade entre os em si mesmos iguais, a qual foi experimentada como afrontosa pelo desfavorecido, visto que não se percebia nenhuma razão elucidativa para o fato. Com fina sensibilidade, o que é confirmado por diversos psicólogos modernos, o narrador bíblico estabeleceu, assim, as raízes da violência na rivalidade que surge entre as pessoas tão logo uma pareça ser melhor do que a outra. Em nossos dias, o filme "Amadeus", que mostra como Salieri, compositor medíocre, deixa-se envenenar pela inveja do gênio de Mozart, descreve de forma bem clara o conflito que uma diferença de talentos pode despertar. No livro do Gênesis, esse tema recorre diversas vezes, por exemplo, na disputa entre Jacó e Esaú pela primogenitura e na história de José.

Uma história bíblica posterior apresenta claramente não somente o problema mas também a solução: movido pela inveja, Saul procura matar Davi; Jônatas, ao contrário, que na qualidade de filho do rei teria maiores razões de considerar Davi um rival perigoso, não demonstra nenhuma inveja em relação a ele, porque o amava. Nas Wahlverwandtschaften *[literalmente: "Relações de parentesco por opção"; título em português:* Afinidades eletivas*], Goethe expressou bem esse dilema quando disse que a única salvação perante a superioridade do outro consiste em amá-lo.*

Figura 13 – A violência da guerra: destruição da cidade e deportação de homens, mulheres e crianças, sobre um relevo de bronze de Salmanassar III (858-824 a.C.).

O lamento de Caim:

4 **¹³Então Caim disse a Iahweh: "Minha culpa é muito pesada para suportá-la. ¹⁴Vê! Hoje tu me banes do solo fértil, terei de ocultar-me longe de tua face e serei um errante fugitivo sobre a terra: mas o primeiro que me encontrar me matará!" ¹⁵Iahweh lhe respondeu: "Quem matar Caim será vingado sete vezes". E Iahweh colocou um sinal sobre Caim, a fim de que não fosse morto por quem o encontrasse. ¹⁶Caim se retirou da presença de Iahweh e foi morar na terra de Nod, a leste do Éden.**

Desta vez Caim responde ao discurso de Deus. Horrorizado com sua vida futura longe do solo fértil sem a proteção divina, ele rompe num lamento que, no fundo, não passa de um grito por socorro: **"Minha culpa é muito pesada** (a palavra hebraica indica aqui, ao mesmo tempo, a punição) **para suportá-la"**. O fato de Caim falar aqui de "culpa" mostra nitidamente a diferença entre seu crime e o pecado do primeiro casal humano no paraíso. Ali foi questão de sentir vergonha, ou seja, o medo de parecer ridículo. Aqui, o sangue de Abel, que clama aos céus, não expõe Caim ao ridículo; ao contrário, persegue-o em sua consciência, completamente independente de se outras pessoas tomam ou não conhecimento de seu ato.

A queixa de Caim atinge seu clímax na constatação: **"O primeiro que me encontrar me matará"**, uma suposição que espelha uma forma de sociedade na qual o indivíduo isolado torna-se presa fácil. Deus ouve Caim e, sem derrogar obviamente o castigo de desterro decretado anteriormente, coloca-o sob uma proteção especial, na qual, caso Caim seja assassinado, ele ameaça com uma **vingança** (melhor: punição) **multiplicada por sete**, o que certamente significa um castigo horrível, imperdoável, visto que o número sete simboliza completude. Não está claro se com isso o narrador tinha em mente a vingança de sangue, como o supõe a maioria dos exegetas, ou uma forma especial de punição divina.

Tampouco se sabe a que se refere o narrador bíblico quando fala do **sinal** que Deus colocou em Caim. Seja como for, ele quer expressar que Deus queria evitar a difusão ilimitada do assassinato. Portanto, a marca em Caim era um tipo de sinal protetor, e não um selo de vergonha, como freqüentemente se dá a entender.

Não se conhece doutra forma uma **terra de Nod**. Em hebraico, o nome assemelha-se à palavra "vaguear" e retoma, portanto, o tema da maldição divina. Com a alusão à região **"a leste do Éden"**, quer-se provavelmente fazer lembrar o final da narrativa do paraíso, com a qual a história de Caim tem diversos paralelos.

É evidente que, originalmente, a história de Caim e Abel não se referia aos descendentes imediatos do primeiro casal humano, mas provém de outro contexto, em prol do que depõe o fato de ela pressupor a existência de outras pessoas que poderiam matar Caim ou, respectivamente, vingar sua morte.

Alguns exegetas são de opinião que, originalmente, o "sinal de Caim" ou "a marca de Caim" tinha a ver com um sinal tribal, que exercia a função de proteção e de intimidação, visto que faria seu portador ser reconhecido como alguém a cuja morte seguir-se-ia inevitavelmente a vingança de sangue. Do contrário, a pessoa era considerada "errante" ou "fora da lei", tal como o direito germânico denominava aquelas pessoas que eram excluídas da alçada do direito. Elas poderiam ser assassinadas impunemente por qualquer um.

Outros consideram a narrativa como uma explicação etiológica de determinada tatuagem praticada entre os quenitas, supostos descendentes de certo Caim, os quais, tal como os israelitas, eram adoradores de Iahweh, mas não pertenciam a Israel. Eles eram uma tribo errante de ferreiros, cuja existência marginal era considerada claramente como um castigo para um delito que remontava a seus ancestrais. Não somente no antigo Oriente mas também em outras partes do mundo, tinha-se um medo supersticioso de pessoas que lidavam com metais. Elas viviam fora dos laços comuns dos clãs ou das tribos, de modo que lhes faltava a proteção daí decorrente. Por outro lado, porém, como pessoas que estavam sob a proteção especial da divindade ou dos espíritos, eram consideradas intocáveis, o que mostram ainda hoje, em diversa regiões da África, os ferreiros nômades mediante um sinal na fronte.

Figura 14 – Pintura tumular (sob Tutmósis III, de 1502-1448 a.C.) mostra uma oficina para o trabalho com metal: o acendimento do fogo por meio de um fole (acima, à esquerda), a retirada do metal derretido (abaixo, à esquerda) e o preenchimento de moldes (abaixo, à direita).

Os começos da civilização (Gn 4,17-24)

Os mitos e sagas de diversos povos conhecem narrativas de deuses e heróis que produzem a cultura. O narrador bíblico não podia deixar de lado esse tema em sua apresentação dos começos da humanidade. Se, no caso, ele atribui a fundação de cidades e as práticas industriais a determinadas pessoas, é porque ele pretende, também nesse ponto, "desmitologizar" a história primitiva da humanidade, visto que ele remonta as aquisições civilizacionais a pessoas completamente comuns, e não a seres sobre-humanos, tal como acontece, por exemplo, na tradição babilônica a respeito dos "sete sábios antes do dilúvio", os quais, sob a forma de peixes, surgiram do mar e ensinaram às pessoas todas as coisas úteis.

A primeira cidade:

4 [17]Caim conheceu sua mulher, que concebeu e deu à luz Henoc. Tornou-se um fundador de cidade e deu à cidade o nome de seu filho, Henoc.

Originalmente, a continuação da história de Caim não deve ter-se relacionado à imediata descendência do primeiro casal humano. O casamento de Caim e a fundação de uma cidade pressupõem — como já anteriormente sua fuga para não ser morto — que já existiam outras pessoas.

Curiosamente, Caim mostra-se **"fundador de uma cidade"**. É evidente que ele procura, entre muros protetores, um refúgio contra a maldição que o havia declarado fugitivo errante e desassossegado. Com isso, ele introduz aquela sedentariedade que tem seu fundamento na agricultura. Os habitantes de uma "cidade" vivem, até os tempos atuais, não apenas do comércio e da indústria, mas igualmente da agricultura, praticada por si mesmos ou por servos e lavradores dependentes.

A construção de uma cidade era, na Antiguidade, um gesto cultual-solene, ao que alude a indicação de que Caim **deu à cidade o nome de seu filho, Henoc**, nome que é derivado de um verbo que significa "fundar" e "consagrar" ao mesmo tempo.

Para o paradoxo de que a primeira fundação de uma cidade seja atribuída exatamente ao assassino Caim, alguns exegetas dão uma explicação discutível, mas não totalmente despropositada, de que, antigamente, associações positivas e também negativas estariam ligadas à "cidade". Como "fortaleza", ela também seria sempre um reduto para a exploração da terra cultivável em redor dela; por conseguinte, Caim, que originariamente fora agricultor, teria agora decidido apropriar-se do trabalho dos outros, em vez de ele próprio cultivar o solo.

Uma genealogia das profissões e da arte:

4 [18]A Henoc nasceu Irad, e Irad gerou Maviael, e Maviael gerou Matusael, e Matusael gerou Lamec.

[19]Lamec tomou para si duas mulheres: o nome da primeira era Ada e o nome da segunda, Sela. [20]Ada deu à luz Jabel: ele foi o pai dos que vivem sob a tenda e têm rebanhos. [21]O nome de seu irmão era Jubal: ele foi o pai de todos os que tocam lira e charamela. [22]Sela, por sua vez, deu à luz Tubalcaim, aquele que forjava os objetos de todos laminadores de cobre e de ferro; a irmã de Tubalcaim era Noema.

Depois de mais cinco gerações, nasce **Lamec**, que recebe um tratamento detalhado. Diz-se que **"ele tomou para si duas mulheres"**. Alguns comentadores não atribuem a esta informação importância alguma. Outros, ao contrário, consideram que esta primeira alusão bíblica à poligamia, ligada a Lamec, comporta uma impressão negativa: com efeito, ele é um típico representante do "machismo", que logo a seguir (v. 23), em um canto jactancioso diante de suas mulheres, gabar-se-á de sua invencibilidade e do medo que seu nome difunde.

Os três filhos de Lamec são denominados "ancestrais", isto é, fundadores de algumas profissões que são típicas de nômades que se fixavam na estepe, ou seja, fora das cidades que praticavam a agricultura. O *status* social deles é expresso mediante a seqüência temporal de seu nascimento e da posição da mãe como primeira e segunda esposa: Jabel, o primogênito, é o fundador dos **que vivem sob a tenda** e dos **que têm rebanhos**. Jubal, o segundo filho, portanto, no grau seguinte, é o ancestral de todos os **"que tocam lira e charamela"**, dos cantores ou bardos de todos os tempos; a partir de uma etimologia popular, seu nome pode lembrar uma palavra que significa o chifre de boi, de que se fabricava também um instrumento musical. O filho de Lamec com sua segunda esposa, o que significa certamente mais um distanciamento no *status*, é **"aquele que forjava os objetos de todos laminadores de cobre e de ferro"**, mediante o que, em assonância com a verdadeira história da mineralogia, o cobre é corretamente mencionado antes do ferro. A primeira parte de seu nome refere-se ao lugar chamado Tubal ou Tabal, na Anatólia, que na Antigüidade foi um importante centro metalúrgico, enquanto a segunda parte, "Caim", em hebraico significa "ferreiro".

Visto que Caim/Henoc representam a cidade e a agricultura, com as figuras de Jabal, Jubal e de Tubalcaim, que residiam na estepe, portanto, fora das cidades, coloca-se-nos diante dos olhos a primeira divisão do trabalho nos começos da civilização. Finalmente, como irmã do ferreiro, portanto no extremo mais inferior da hierarquia, quase que apenas acidentalmente, menciona-se a filha de Lamec, **Noema**. Dado que seu nome significa "agradável", "charmosa", algumas tradições judaicas vêem nela a "ancestral da prostituição".

A canção de Lamec:

4 ²³Lamec disse às suas mulheres:

Ada e Sela, ouvi minha voz,

mulheres de Lamec, escutai minha palavra:

Eu matei um homem por uma ferida,

uma criança por uma contusão.

²⁴É que Caim é vingado sete vezes,

mas Lamec, setenta e sete vezes!

A expressão **"Lamec disse às suas mulheres"** deveria, na verdade, ser traduzida por: "Lamec cantou diante de suas mulheres". Trata-se de uma canção, como o demonstra a construção típica da poesia hebraica: três vezes duas linhas paralelas. Nela, Lamec gaba-se de que a vingança multiplicada por sete, que devia proteger Caim (4,15), para ele próprio sobe até **setenta e sete vezes**, e que é reivindicada até mesmo pela mais ínfima ofensa a sua pessoa.

Até mesmo o duro axioma: "Olho por olho, dente por dente, mão por mão...", face a uma situação na qual o ser humano punha em risco a vida por causa de um arranhão, seria um considerável progresso. De resto, até mesmo esse princípio jurídico primordial, difuso no Oriente antigo, citado também na Bíblia (Ex 21,24), na prática não era usado literalmente. Em todo caso, de acordo com a legislação bíblica, era comum pagar uma compensação em dinheiro por um ferimento voluntário ou involuntário de outra pessoa.

Técnica e violência

Visto que a história de Caim e de seus descendentes culmina num paroxismo de violência, houve quem se perguntasse se existe um significado para o fato de o relato bíblico acerca do progresso técnico chegar ao cume na sangrenta canção de Lamec. Se existir, então poder-se-ia ver, de fato, na fundação da cidade por Caim, uma alusão àquele aspecto negativo que outrora estava ligado à "cidade": despotismo e imoralidade. Até mesmo a música e o artesanato de metais obteriam uma perigosa ressonância, quando se imagina Lamec, o guerreiro, a cantar sua canção, enquanto, de espada na mão, brandindo-a como uma lança, começa uma espécie de dança de guerra. Pode-se, com acerto, depreender do texto bíblico que o progresso civilizacional também possui aspectos negativos, dado que toda nova invenção humana também desencadeia novas dimensões de violência — uma intuição que, em nossos dias, volta a ser levada em consideração.

Os começos do culto (Gn 4,25-26)

Com a exaltação exagerada da vingança de sangue da parte de Lamec, a saga de Caim conhece um fim coerente e sombrio. Começando-se agora a narrativa de uma segunda e nova linhagem, situada após a morte de Abel, não significa que esta tenha tido seu início somente no tempo de Lamec. Muitas vezes a Bíblia introduz um fio narrativo primeiramente no fim, antes de tratar de um novo tema.

O terceiro filho de Adão:

4 ²⁵Adão conheceu sua mulher. Ela deu à luz um filho e lhe pôs o nome de Set (substituto) "porque", disse ela, "Deus me concedeu outra descendência no lugar de Abel, que Caim matou". ²⁶Também a Set nasceu um filho, e ele lhe deu o nome de Enós. Nesse tempo se começou a invocar o nome de Iahweh.

Na exclamação de Eva quando do nascimento de Set, o nome da criança é interpretado, segundo a etimologia popular, como **"substituto"** de Abel, que foi assassinado. Já do mesmo modo como por ocasião do nascimento de Caim, a mãe expressa seus sentimentos por meio do nome que ela dá a seu filho. Aqueles exegetas que interpretaram a exclamação dela perante Caim (4,1) como orgulho de seu poder criador agora interpretam suas palavras como gratidão pelo dom de Deus — por conseguinte, uma atitude que terá um efeito positivo no que se seguirá. Tendo em vista a precisão do narrador bíblico na escolha das palavras e na composição de suas histórias, parece perfeitamente possível que a diferença nas formas pelas quais Eva se expressa não seja casual.

Embora a lista completa dos descendentes de Set só seja oferecida no capítulo seguinte, já se menciona aqui seu filho Enós, provavelmente a fim de poder informar que então se começou **"a invocar o nome de Yahweh"**, o que no uso lingüístico bíblico se quer indicar um procedimento cultual-solene. Alguns exegetas explicam o surgimento do culto com a tomada de consciência, da parte do ser humano, da perda daquela harmonia inconsciente que ele tinha com Deus e com a natureza antigamente no paraíso. Quanto ao culto, fica em aberto se se pode pensar em um anúncio ou até mesmo numa pregação, o que não é totalmente absurdo, visto que era próprio do culto daqueles tempos certo aspecto de publicidade. Em todo caso, a religião e o culto são introduzidos como conquistas civilizacionais posteriores.

A lacônica formulação **"Nesse tempo se começou..."** indica que o narrador pensou na difusão da adoração a Deus entre todas as pessoas de então. Contudo, a ligação dessa afirmação com Set e seus descendentes leva a pensar que ele não quis atribuir a origem desse desenvolvimento aos descendentes de Caim, entre os quais, por essa razão, ele assinalou apenas as aquisições mais técnicas.

A nota a respeito da invocação do nome do Senhor (literalmente: o nome de IHWH = Iahweh, confira, a propósito, a página 80) é, por vezes, considerada anacrônica, visto que esse nome só teria sido revelado a Moisés na sarça ardente (Ex 3,14; 6,3). Por essa razão, alguns exegetas ponderam que aqui se trataria simplesmente de uma fórmula padronizada de um período posterior, usada pelo narrador para indicar os atos cultuais de adoração divina que eram dirigidos ao verdadeiro Deus. Portanto, ela quereria dizer apenas que já no início da história da humanidade existia um culto ao verdadeiro Deus, sem afirmar que também o nome de Deus já era conhecido.

No entanto, tal explicação está em oposição ao fato de o nome de Iahweh aparecer, de qualquer modo, amiúde no livro do Gênesis, ainda que se trata de acontecimentos que se situam muito antes do tempo de Moisés, quando esse nome supostamente teria sido revelado pela primeira vez. No Gênesis, o narrador usa o nome não apenas quando narra em estilo objetivo como, por exemplo, em Gn 4,6: "Iahweh disse a Caim...", uma forma de expressão que se justificaria também a partir de uma perspectiva posterior. Espantosamente, o nome de Iahweh é colocado com muita freqüência na boca de outras personagens, tal como Eva, quando do nascimento de Caim (Gn 4,1) e, a seguir, diversos outros atores, numa quinta parte de um total de 200 passagens do livro do Gênesis nas quais o nome de Iahweh aparece. Tudo isso indica que o livro do Gênesis enfatiza que, já na origem da humanidade, Deus seria conhecido pelo nome de Iahweh e teria até mesmo sido cultuado. É óbvio que o narrador bíblico não enxergou aí nenhuma contradição com o livro do Êxodo. Com efeito, ali, com a expressão "conhecer Iahweh", quer-se dizer que os israelitas, mediante a experiência de seus grandes feitos por ocasião da libertação do Egito, deveriam chegar a uma nova compreensão de sua natureza.

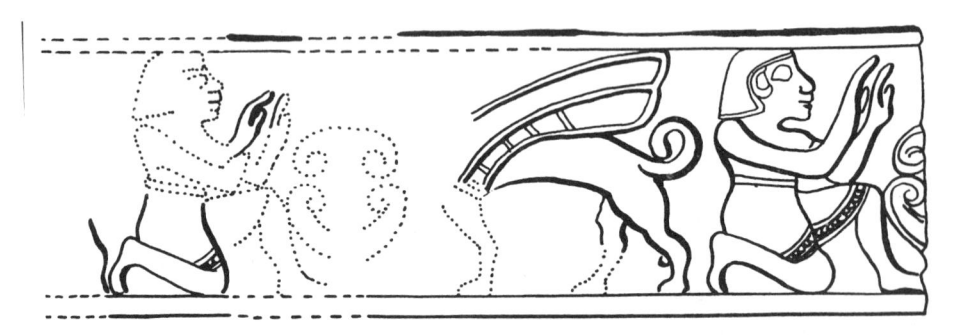

Figura 15 – Um adorador perante uma árvore da vida estilizada, semi-ajoelhado, mas ereto e de cabeça erguida, com mãos em postura de petição ou de agradecimento, sobre uma caixinha de marfim proveniente de Azor, em Israel/Palestina (depois do ano 1000 a.C.).

De Adão até Noé (Gn 5)

O relato acerca da criação do ser humano na primeira narrativa da criação é ligado expressamente a uma visão panorâmica sobre a primeira grande parte da história incipiente da humanidade.

A natureza do ser humano:

5 ¹Eis o livro da descendência de Adão: No dia em que Deus criou Adão, ele o fez à semelhança de Deus. ²Homem e mulher ele os criou, abençoou-os e lhes deu o nome de "ser humano", no dia em que foram criados.

Quanto à introdução formal: "Eis o livro da **descendência** de Adão", cf. a observação a propósito de Gn 2,4a, na página 59.

Do primeiro relato da criação, traz-se resumidamente à memória como o ser humano foi criado: **semelhante a Deus — como homem e mulher** e **abençoado**, isto é, dotado da capacidade de reproduzir-se. **"Adão"** é aqui tanto nome próprio quanto nome de gênero, por isso se diz que Deus "os (plural) criou homem e mulher" e lhes deu o nome de "ser humano" (em hebraico *adam*).

Obviamente não existe nenhuma diferença significativa entre as duas expressões "à semelhança de Deus" e "à nossa imagem, como nossa semelhança" (Gn 1,26), visto que, logo a seguir, dir-se-á que Adão gerou um filho "**à sua semelhança, como sua imagem**" (Gn 5,3). Portanto, ao longo das gerações, o ser humano permanece tal como fora criado por Deus no início. De modo que a semelhança original do ser humano com Deus não foi destruída pela falha dos ancestrais no paraíso.

Em contraste com a lista dos cainitas, que começa com a edificação de uma cidade e se conclui com a canção fanfarrona de vingança de Lamec, na lista dos descendentes de Adão que agora se segue, percebe-se um tom cheio de esperança mediante as associações positivas com o nascimento de Set e, no final da genealogia imediatamente subseqüente, por meio da menção de Noé, antepassado de uma nova humanidade pós-diluviana.

A seqüência genealógica:

5 ³Quando Adão completou cento e trinta anos, gerou um filho a sua semelhança, como sua imagem, e lhe deu o nome de Set. ⁴O tempo que viveu Adão depois do nascimento de Set foi de oitocentos anos, e gerou filhos e filhas. ⁵Toda a duração da vida de Adão foi de novecentos e trinta anos, depois morreu.

⁶Quando Set completou cento e cinco anos, gerou Enós. ⁷Depois do nascimento de Enós, Set viveu oitocentos e sete anos, e gerou filhos

e filhas. [8]Toda a duração da vida de Set foi de novecentos e doze anos, depois morreu.

[9]Quando Enós completou noventa anos, gerou Cainã. [10]Depois do nascimento de Cainã, Enós viveu oitocentos e quinze anos, e gerou filhos e filhas. [11]Toda a duração da vida de Enós foi de novecentos e cinco anos, depois morreu.

[12]Quando Cainã completou setenta anos, gerou Malaleel. [13]Depois do nascimento de Malaleel, Cainã viveu oitocentos e quarenta anos, e gerou filhos e filhas. [14]Toda a duração da vida de Cainã foi de novecentos e dez anos, depois morreu.

[15]Quando Malaleel completou sessenta e cinco anos, gerou Jared. [16]Depois do nascimento de Jared, Malaleel viveu oitocentos e trinta anos, e gerou filhos e filhas. [17]Toda a duração da vida de Malaleel foi de oitocentos e noventa e cinco anos, depois morreu.

[18]Quando Jared completou cento e sessenta e dois anos, gerou Henoc. [19]Depois do nascimento de Henoc, Jared viveu oitocentos anos e gerou filhos e filhas. [20]Toda a duração da vida de Jared foi de novecentos e sessenta e dois anos, depois morreu.

[21]Quando Henoc completou sessenta e cinco anos, gerou Matusalém. [22]Henoc andou com Deus. Depois do nascimento de Matusalém, Henoc viveu trezentos anos, e gerou filhos e filhas. [23]Toda a duração da vida de Henoc foi de trezentos e sessenta e cinco anos. [24]Henoc andou com Deus, depois desapareceu, pois Deus o arrebatou.

[25]Quando Matusalém completou cento e oitenta anos, gerou Lamec. [26]Depois do nascimento de Lamec, Matusalém viveu setecentos e oitenta e dois anos, e gerou filhos e filhas. [27]Toda a duração da vida de Matusalém foi de novecentos e sessenta e nove anos, depois morreu.

[28]Quando Lamec completou cento e oitenta e dois anos, gerou um filho. [29]Deu-lhe o nome de Noé, porque, disse ele, "este nos trará, em nossas tarefas e no trabalho de nossas mãos, uma consolação tirada do solo que Iahweh amaldiçoou". [30]Depois do nascimento de Noé, Lamec viveu quinhentos e noventa e cinco anos, e gerou filhos e filhas. [31]Toda

a duração da vida de Lamec foi de setecentos e setenta e sete anos, depois morreu.

[32]Quando Noé completou quinhentos anos, gerou Sem, Cam e Jafé.

É notável a semelhança de alguns nomes desta lista e da precedente com os nomes dos descendentes de Caim: Henoc, Matusael/Matusalém e Lamec. Isso teria sua razão de ser no fato de que, originalmente, existiria apenas uma única lista da qual o narrador fez duas, a fim de contrapor os "bons" descendentes de Set aos "maus" descendentes de Caim. Cf., a propósito, também a página 230.

No total, a lista contém **dez gerações** que são apresentadas segundo um esquema fixo; em primeiro lugar, a idade do patriarca no momento em que se torna pai da próxima geração; a seguir, o tempo que ele ainda viveu posteriormente e, por fim, o número total dos anos de sua vida. Da criação do mundo até o dilúvio, os babilônios também contavam dez gerações, certamente não de pessoas comuns, mas de "reis que desceram do céu". Os nomes deles, com efeito, nada têm a ver com os da lista bíblica; contudo, atribui-se a tais reis, exatamente como aos patriarcas pré-diluvianos, uma **idade** extraordinariamente **alta.**

Três nomes dessas genealogias merecem atenção especial:

De **Henoc** (vv. 21-24) diz-se: "ele "andou com Deus"", uma expressão hebraica que expressa uma relação de confiança. Sua perfeição talvez leve a dizer que ele viveu tantos anos quantos dias tem um ano solar, ou seja, 365. Por conseguinte, Henoc viveu, pois, um pouco menos do que todas as outras figuras dessa genealogia. No entanto, isso foi contrabalançado pela espantosa notícia: "Henoc andou…, depois desapareceu, pois Deus o arrebatou", o que significa que ele foi poupado da morte, a sorte comum dos mortais, exatamente como mais tarde acontecerá ao profeta Elias (2Rs 2,11). Para onde Henoc teria ido após seu desaparecimento, nada é contado, certamente porque, na época do surgimento desse texto, faltavam noções concretas acerca do além. É possível que o narrador bíblico se tenha inspirado em mitos babilônicos. Com efeito, ele narram a respeito de Adapa, um dos lendários "Sete Sábios", a quem foi permitido morar com os deuses, ou do herói de uma narrativa de dilúvio, o qual, após o abandono de seu navio, desapareceu repentinamente e, por causa de sua piedade, foi assumido para junto dos deuses.

Posteriormente, a figura de Henoc despertou extraordinariamente a fantasia dos contadores de história judeus. Diversos livros extrabíblicos, sob seu nome, vindos a lume nos primeiros séculos pré e pós-cristãos, descreviam pormenorizadamente suas experiências no além e, mediante isso, exerceram uma influência descomunal. Henoc é citado até mesmo no Novo Testamento (Carta aos Hebreus 11,5; Carta de Judas 14-15). Confira também, adiante, o excurso sobre "Os filhos dos deuses como anjos decaídos", nas páginas 169-170.

A **Matushelá** (= Matusalém) atribuir-se-á, talvez por causa da vida exemplar de seu pai Henoc, a vida mais longa de todos os patriarcas pré-diluvianos: 969 anos. Ainda hoje se diz: "Tão velho quanto Matusalém".

Noé é a terceira figura interessante (v. 29). A interpretação do nome apresentada por seu pai — "Ele nos trará alívio" — é uma etimologia popular (de *nuach*, "descanso") e tão pouco evidente quanto a maioria das explicações onomásticas bíblicas. Com bastante certeza, ela se refere ao fruto da vinha que Noé um dia plantará (9,26).

A compreensão histórica da Bíblia

As genealogias do livro do Gênesis, em todo caso, graças a seus nomes exóticos, têm para os leitores modernos da Bíblia um encanto poético. Na realidade, elas conseguem, por meio da aparentemente cansativa e monótona sucessão de nomes e de números, expressar a concepção bíblica de tempo e de história: o sempre recorrente ritmo e nascimento, vida e morte — como conseqüência da promessa divina tanto de fecundidade como de mortalidade do ser humano — evidencia, de um lado, que nenhum ser humano é um indivíduo totalmente independente, mas simplesmente membro de uma cadeia que liga o passado e o futuro. Por outro lado, a variedade dos nomes e das idades, bem como as informações especiais sobre esta ou aquela personalidade, indicam que cada indivíduo é único em suas relações com os semelhantes, com o mundo e com Deus. Ambos os aspectos caracterizam a história tipicamente humana: ela é um contínuo no tempo e, no entanto, cada ser humano singular tem um rosto e um destino nesse contínuo.

Levando-se em conta que, em hebraico, os números eram escritos com as letras do alfabeto, não se deve excluir que as indicações de idade não quisessem expressar algo característico para a pessoa correspondente. A esse respeito, hoje se pode apenas especular, tanto mais que os números não se harmonizam nas diversas tradições textuais.

No entanto, a genealogia do capítulo 5 contém ainda outra surpresa. Conforme as indicações contidas no texto que hoje é geralmente tomado por base, a soma dos anos que vão da criação de Adão até o nascimento de Noé chega à cifra de 1056, e até o dilúvio, a cifra de 1656, o que, como se demonstrará, corresponde à idade de Noé no início do dilúvio (Gn 9,6.11). No caso, chama a atenção o fato de Noé, o antepassado da nova humanidade depois do dilúvio, ter vindo ao mundo depois que Adão, que viveu 930 anos, havia morrido. Além do mais, quando irrompeu o dilúvio, todos os demais descendentes de Adão já estavam mortos; até mesmo Matusalém, o mais longevo dentre eles, morreu precisamente no início, no ano do mundo de 1656. O significado dessa aritmética consiste em demonstrar que nenhum daqueles justos mencionados na lista foi atingido pela sentença que Deus pronunciará, no início da narrativa do dilúvio, contra a depravação da humanidade de então.

Quanto à "longevidade" dos seres humanos de antigamente, cf. o excurso depois de Gn 6,3, na página 167.

A abreviação do tempo de vida humana (Gn 6,1-4)

A genealogia precedente mostrou que o ser humano, naquele tempo, não era certamente imortal, mas gozava de uma vida longa quase interminável. Agora é preciso explicar por que no tempo histórico 120 anos de vida constituem um limite máximo. A esse propósito, o narrador bíblico lança mão do motivo mítico, difuso no mundo antigo, a respeito de uma "mistura" entre deuses e seres humanos, da qual resultaram seres sobre-humanos. Devido a sua concisão, é um texto difícil de compreender e que já fez gastarem-se muita tinta e impressão ao longo da história da interpretação da Bíblia.

O delito:

6 **¹Quando os seres humanos começaram a ser numerosos sobre a face da terra, e lhes nasceram filhas, ²os filhos de Deus viram que as**

filhas dos seres humanos eram belas e tomaram como mulheres todas as que lhes agradaram.

Quanto ao começo do relato: **"Quando os seres humanos começaram a ser numerosos..."**, pode tratar-se da tomada literal do início de um mito mesopotâmico, que devia fundamentar a decisão dos deuses de aniquilar os seres humanos mediante um dilúvio, por causa do barulho perturbador que haviam feito. O adendo a respeito do **nascimento de filhas**, que corresponde ao "gerar filhos e filhas" na genealogia do capítulo precedente, mostra, porém, que o narrador tenciona algo diferente.

Inopinadamente, entram em jogo, de repente, **"filhos de Deus ou filhos de deuses"**. Tal caracterização pode ser traduzida por "filhos de Deus" ou "filhos dos deuses", visto que, em hebraico, a palavra *elohim* é empregada tanto como plural quanto como designação genérica para Deus. Obviamente trata-se de seres oriundos do âmbito divino. A **beleza das filhas dos seres humanos** é que coloca a história em movimento. A seqüência de **"ver"** e **"tomar"** recorda, portanto, o papel que a "preciosidade" do fruto proibido desempenha na narrativa do paraíso, mediante o que, dessa vez, através da formulação **"Eles tomaram... as que lhes agradaram"** indica-se um elemento de violência.

Por essa razão, alguns exegetas modernos vêem nesse "rapto de mulheres" uma alusão à violência que o sexo feminino sofreu da parte dos homens desde o início da história. Em todo caso, não se dá a entender, como se diz em algumas traduções, que os filhos dos deuses "casaram-se" ou "tomaram-nas como esposas".

A punição do delito:

6 ³Iahweh disse: "Meu espírito não permanecerá para sempre no ser humano, pois ele também é carne; não viverá mais que cento e vinte anos".

Tão surpreendente quanto o aparecimento dos filhos dos deuses é a reação de Deus à ação deles. Num monólogo, ele decide que seu **"espírito"**, isto é, o sopro vital, mediante o qual o ser humano tornou-se um ser vivente (Gn 2,7), **não deveria permanecer para sempre** no ser humano — como acontece com seres divinos —, porque ele é também **carne**, mediante o que se indica a limitação e a caducidade do ser humano.

A fim de excluir a possibilidade de que o ser humano, mediante o relacionamento sexual com seres divinos, alcance uma vitalidade mais elevada, Deus decide que a duração da vida humana deveria somar (no máximo) **cento e vinte anos**. Por conseguinte, agora ele prefere uma precisão cronológica que ainda estava ausente quando de sua reflexão após o passo em falso do primeiro casal humano; com efeito, na ocasião, ele apenas falara, de modo geral, de uma prevenção contra o acesso à árvore da vida (Gn 3,22).

> Mui provavelmente, com a expressão "cento e vinte anos" se indica, enfim, a duração da vida futura do ser humano e não, como o querem alguns comentadores, o "prazo mínimo" até a destruição através do grande dilúvio. Contudo, a abreviação do tempo de vida humana não tem efeito imediato. Os nascidos do tempo de Noé até Abraão viverão sempre ainda de 200 a 600 anos (cf. a genealogia em Gn 11,10-32) e os seres humanos da era patriarcal viverão de 100 a 200 anos (Abrão: 165; Isaac: 180; Jacó: 147); apenas José fica abaixo, com 110 anos, ao passo que Moisés, com exatos 120 anos, alcança a justa medida estabelecida por Deus.

É bastante duvidoso que a limitação da duração da vida humana tenha sido pensada como um castigo, como às vezes se diz, contra nova tentativa de o ser humano transgredir limites que lhe foram impostos. O texto não deixa entrever nada parecido. Na verdade, o que se espera é que — se é preciso que haja alguém — os filhos de Deus sejam condenados, pois com eles é que tudo começou. No entanto, a sentença não se dirige nem contra eles nem contra suas mulheres, nem tampouco contra os gigantes e heróis, provenientes da aliança inadequada, mas diz respeito a toda a humanidade. Portanto, é evidente que o texto, sem insistir sobre o tema da culpa e do castigo, pretende apresentar uma fundamentação etiológica para o fim da extraordinária longevidade que, de acordo com as listas de gerações precedentes, era comum nos começos da humanidade.

A longevidade do ser humano antes do dilúvio

Somente nesses últimos tempos é que se ousou buscar outra inter-pretação para a espantosa longevidade que a Bíblia atribui às primeiras gerações humanas. Inicialmente, procurou-se explicar o fenômeno com o argumento de que um mês deveria indicar um ano. Com isso, em relação às indicações de idade, chega-se certamente a um número relativamente razoável; no entanto, no que diz respeito à idade na qual as pessoas se tornaram pais pela primeira vez, resultam freqüentemente informações que não se coadunam, visto que elas atribuem, por exemplo, a Adão a capacidade de reprodução aos dez anos de idade, e a Malaliel, uma idade inferior a seis anos. É preciso, portanto, deixar que os números fiquem como estão e considerá-los como um eco de saga e mitos primitivos no ambiente da Bíblia.

Efetivamente, na Antigüidade, era muito difusa a convicção de que os seres humanos do tempo primitivo atingiam uma idade muito mais avançada do que as gerações posteriores. Evidentemente o narrador bíblico não continuou a especular tal tradição, inserindo uma redução considerável. De acordo com Berossos, sacerdote babilônio do século III a.C., cujos escritos foram conservados fragmentariamente, os dez reis que antecederam ao dilúvio atingiram uma idade entre 10.800 e 64.800 anos, somando-se um total de 432.000 anos: indicações que, mediante a decifração das tabuinhas em escrita cuneiforme, ainda que parcialmente com outros números altos, mas semelhantes, foram confirmadas como uma tradição primitiva. Em contraste com essas informações babilônicas de idade, que operam com dezenas de milhares de anos, as figuras da lista bíblica não ultrapassam os mil anos de idade. Por trás disso esconde-se, presumivelmente, uma intenção polêmica. De fato, os reis apontados pela tradição mesopotâmica eram considerados deuses ou semideuses, aos quais convinham essas indicações astronômicas de idade. A Bíblia, ao contrário, quis narrar a respeito de pessoas humanas e atribuiu, portanto, a suas figuras uma idade comparativamente modesta. Ela permanece abaixo do limite de mil anos, aquela dimensão temporal divina que não é pensável para uma vida humana. Cf. o Sl 90,4: "Mil anos são a teus olhos como o dia de ontem que passou...".

Comentário do narrador:

6 ⁴Ora, naquele tempo (e também depois), quando os filhos de Deus se uniam às filhas dos homens e estas lhes davam filhos, os Nefilim habitavam sobre a terra; estes homens famosos foram os heróis dos tempos antigos.

A observação conclusiva a respeito dos **"gigantes"** e dos **"heróis dos tempos antigos"** como resultado do acasalamento divino-humano era, presumivelmente, o clímax do mito originário. Dele sobrou apenas um resto, visto que o narrador bíblico não tomou do mito a fim de explicar a origem de uma geração de gigantes, mas tencionava algo completamente diferente, a saber, a delimitação da duração da vida humana. Por essa razão, não lhe interessava dar prosseguimento à história depois de tê-la utilizado para seu objetivo. Destarte, o que ele agora diz a respeito dos gigantes e dos "heróis dos tempos antigos" deve ser entendido antes como um indício de que todas essas histórias se passaram há muito tempo, num lendário tempo imemorial, sobre o qual ninguém mais sabe algo de preciso.

Na Antigüidade, de modo geral, acreditava-se que entre os primeiros habitantes da terra teria havido gigantes. Na tradição judaica posterior, os gigantes da história do Gênesis eram considerados orgulhosos rebeldes contra Deus, os quais foram varridos da terra pelo grande dilúvio (Sb 14,6; Sr 16,7; Br 3,26-28; Ez 32,27).

Muitas vezes, a atividade perversa dos gigantes, sobre a qual o texto, aliás, nada diz, é vista como o vértice da maldade sobre a terra e, juntamente com o pecado dos "filhos dos deuses", como a razão para a irrupção do dilúvio. Por esse motivo, muitos exegetas vêem Gn 6,1-4 como uma introdução à narrativa do dilúvio. Quanto ao lugar desses versículos no interior da composição geral da história bíblica das origens, confira as reflexões a respeito da "construção narrativa de Gênesis 4–11", no final do volume (p. 229).

Os filhos dos deuses como anjos decaídos

Muita coisa depõe a favor de que, em relação aos "filhos dos deuses", trata-se de divindades subordinadas com as quais o monoteísmo israelita primitivo, ainda sem reflexão, povoava a corte celeste (cf. Jó 1,6; 2,1; 38,7; Sl 89,7 entre outros). Certamente eles não deveriam ser adorados ao lado do Deus de Israel, mas a existência deles não foi questionada explicitamente nas primeiras fases da religião bíblica.

A partir dos textos recentemente descobertos em Ugarit, uma florescente cidade da costa síria do Mediterrâneo, sabe-se que, no âmbito cultural cananeu, existiam diversas histórias de deuses que eram muito semelhantes àquelas da mitologia grega. Dado que as histórias em circulação, sobre a relação dos deuses com mulheres humanas, faziam parte do pano de fundo cultural de seus leitores, o narrador julgou evidentemente apropriado integrar esse material em sua própria apresentação da história humana, visto que ele — claramente não de forma completamente coerente — utilizou-o como fundamentação para o abaixamento da duração da vida humana ao nível comum na história pós-diluviana.

Quando, mais tarde, cresceu um pouco mais a sensibilidade teológica, a expressão "filhos dos deuses" causou alguns embaraços devido a suas ressonâncias claramente politeístas. Por essa razão, a Septuaginta, *a primeira tradução da Bíblia hebraica para o grego (por volta do ano 250 a.C.), fala de "anjos de Deus", uma interpretação também aceita por diversos intérpretes judeus e cristãos primitivos.*

A seguir, a partir daí, surgiu aquela interpretação para a queda de uma parte dos anjos, a qual atribuía o pecado deles não ao orgulho mas sim ao olhar lançado à beleza das mulheres. A propósito dessa variante, a literatura apócrifa (isto é, não pertencente à Bíblia) de Henoc desempenhou um papel especial. Conforme já mencionado, ela foi atribuída àquele justo Henoc, a quem Deus "arrebatara" (Gn 5,24), e descreve sua viagem através dos sete céus. Aí se narra também sobre um grupo de anjos "decaídos", castigados que foram por causa de sua relação com as belas filhas dos seres humanos. Eles teriam ensinado a suas mulheres a arte da cura por meio das ervas e a arte da magia, e gerado com elas os gigantes, que roubavam a colheita dos humanos, matavam-nos e até mesmo devoravam-nos.

Já muito cedo existiam também, aliás, outras interpretações — não sem ressaibos misóginos. Nos "filhos dos deuses" viam-se os seres humanos bons, da linha da descendência de Set, ao passo que nas "filhas dos homens" enxergavam-se as mulheres más, descendentes de Caim. Essa compreensão tornou-se dominante na Idade Média, quando os anjos foram definidos como "espíritos puros" que não eram absolutamente capazes daquilo que o livro de Henoc lhes atribuía.

Muitos intérpretes pressupõem que por trás da expressão "filhos de deuses" estaria uma alusão velada aos "grandes desse mundo". De fato, antigos reis e heróis gostavam de considerar-se filhos de um deus (Hércules etc.) e acreditavam que podiam tomar para si mulheres bonitas à vontade. Na Bíblia, encontra-se semelhante seqüência de "ver" e "tomar" (ou "pegar") também nos cortesãos egípcios, aos quais a beleza da mulher de Abraão, Sara, não passou despercebida (Gn 12,14-15), e em Davi, que do terraço de seu palácio vê a bela Betsabéia e manda buscá-la a fim de dormir com ela (2Sm 11,2.4).

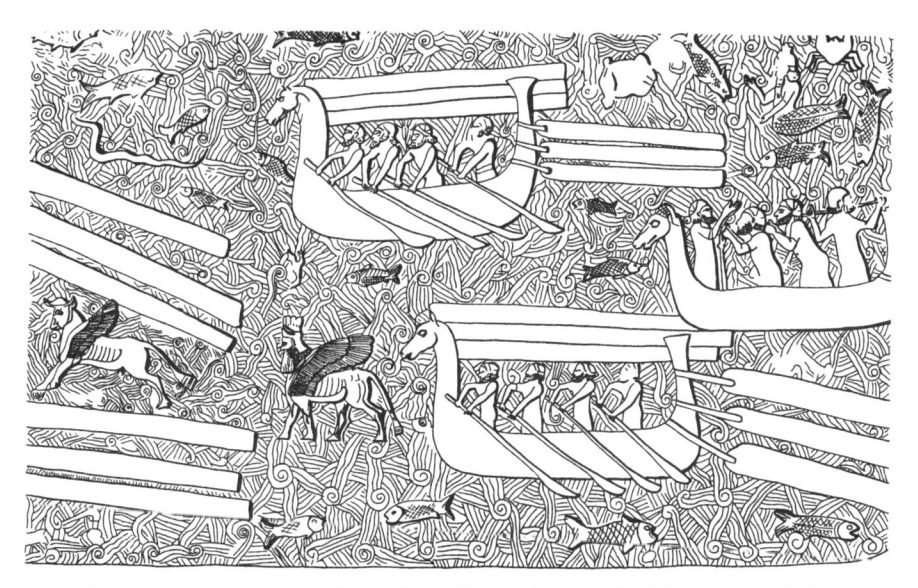

Figura 16 – Transporte de madeira diante da costa fenícia em mar cheio de redemoinhos e de ondas, peixes, serpentes e seres mitológicos que representam o perigo e a insegurança do mar (figura 1) participante das águas do caos (relevo oriundo de Corsabad, sob Sargon II; 721-705 a.C.).

O DILÚVIO
Gn 6,5-9,17

Na convicção amplamente difundida dos povos antigos de que a humanidade, naqueles tempos, quase foi exterminada da face da terra mediante uma inundação ou também por meio do fogo ou da seca, expressa-se um aspecto importante da existência humana, que ultrapassa a consciência da morte individual. É o medo profundamente enraizado de uma destruição da condição vital humana por meio de catástrofes naturais, e a esperança no beneplácito da divindade, de quem depende a sobrevivência em um mundo constantemente ameaçado de sucumbência. Assim, encontram-se narrativas do resgate maravilhoso de um casal humano ou de um grupo humano tanto no Oriente Próximo sumério-babilônio quanto entre gregos, egípcios, indianos, polinésios e até mesmo entre os índios norte-americanos.

Por conseguinte, no relato bíblico acerca dos começos da história da humanidade, este tema deveria tampouco estar ausente, a exemplo da alusão aos heróis dos tempos antigos. Como material para sua elaboração, o narrador bíblico não dispunha, porém, de nenhuma testemunha histórica concreta, a não ser apenas as sagas de seu ambiente. Conforme se evidenciou nas últimas décadas do século XIX, na literatura antigo-oriental existiam diversos relatos acerca de heróis que sobreviveram ao grande dilúvio. Tais descobertas causaram, na época, grande comoção. Com efeito, não obstante o distanciamento em diversos detalhes, é evidente a dependência literária do relato bíblico do dilúvio em relação a tais documentos. Como também de costume, em tais casos, a atenção deve voltar-se para aquelas mudanças nas quais o narrador bíblico expressa sua nova interpretação da relação entre Deus e a humanidade.

Uma das narrativas mesopotâmicas de dilúvio trata de um homem chamado **Siusudra**, outra de **Atrahasis** (ou Atramasis), a qual foi contada entre os sábios dos tempos imemoriais. O mais conhecido é

Utanapishtim (ou Utnapishtim), da *Epopéia de Gilgamesh*, a qual, como hoje se sabe a partir de outros achados de escritura cuneiforme, já havia assimilado tradições mais antigas, fundindo-as em um novo entrecho. Nesse poema épico (Tábua XI), Gilgamesh, em sua busca pelo segredo da imortalidade, chega até Utanapishtim, a quem os deuses outrora haviam concedido vida eterna, depois de ter conseguido sair com vida de um grande dilúvio. Então ele fica conhecendo sua história:

Certa vez o conselho dos deuses, por instigação de Enlil, deus da criação, decidiu exterminar a humanidade por meio de uma inundação. Contudo, Utanapishtim foi advertido secretamente pelo deus Ea, de quem ele era particularmente adorador, a destruir sua casa de colmo e, com o material, construir um barco com sete andares, sendo cada lado com 53,34 metros de comprimento, por uma altura igualmente de 53,34 metros, e colocar nele sua família e os operários que o tinham ajudado na construção, além de seu gado e de outros animais, bem como provisões de peixe, vinho e óleo e de metais preciosos. Quando, pois, uma nuvem negra trouxe uma violenta tempestade que durou sete dias e sete noites, o barco, com seus ocupantes, flutuou na água. No sétimo dia, os elementos se acalmaram; Utanapishtim abriu um postigo e viu que todo o resto da humanidade havia sido aniquilado. Da água, sobressaía-se apenas a alta montanha Nisir, na qual o barco encalhou. Utanapishtim esperou uma semana e soltou primeiramente uma pomba e, a seguir, uma andorinha, as quais, porém, voltaram. Por fim, ele soltou um corvo, que não mais voltou. Então Utanapishtim saiu do barco e ofereceu um sacrifício, sobre o qual os deuses esvoaçavam avidamente. De fato, de acordo com a antiga concepção, os seres humanos existiam para nutrir os deuses mediante seus sacrifícios. Somente Enlil, o mais elevado dos deuses, ficou furioso com o fato de seu plano de aniquilamento ter fracassado. No entanto, Ea interveio tão eloqüentemente em favor dos seres humanos que Enlil não pôde discordar. Este abençoou Utanapishtim e o acolheu entre os deuses.

A *Epopéia de Atrahasis*, menos integralmente conservada, conhece um decurso semelhante, mas oferece, ademais, uma razão para o desejo aniquilador de Enlil: foi a cólera contra o barulho perturbador que os seres humanos, tendo-se tornado sempre mais numerosos, faziam.

A historicidade do dilúvio

Em seu best-seller *E a Bíblia tinha razão, com o subtítulo "Pesquisas arqueológicas demonstram a verdade histórica dos livros sagrados", Werner Keller aponta para supostos indícios do dilúvio. Ele conta como Sir Charles Leonard Woolley, em suas escavações na região da antiga cidade de Ur, encontrou inicialmente ricas provas de uma civilização altamente desenvolvida, antes de ele mesmo, no ano de 1929, finalmente se deparar com uma camada de argila de quase três metros de espessura, sob a qual, surpreendentemente, descobriu igualmente restos de povoamento humano. Visto que tais restos, ao contrário dos achados sobre a camada aluviônica, indubitavelmente pertenciam a uma fase muito mais antiga da história da humanidade, que não conhecia nem o torno de oleiro nem o uso do metal, para ele estava claro que uma civilização anterior fora destruída por uma gigantesca inundação, tal como esta que é narrada nos mitos babilônios e na Bíblia. Keller concorda com essa opinião e afirma em seu livro que, antigamente, por volta do ano 4000 a.C., a planície da Mesopotâmia foi tragada pela água numa extensão de 650 quilômetros de comprimento por 160 quilômetros de largura.*

No entanto, mediante novas escavações, resultou que a camada de argila em Ur não foi causada por um dilúvio que houvesse coberto toda a Mesopotâmia, mas por uma inundação local. Com efeito, alguns quilômetros mais adiante, já não se podia constatar argila alguma, e outros restos de inundação foram encontrados somente em dois outros sítios arqueológicos, em todo caso localmente limitados.

Recordações de catástrofes naturais concretas podem ter desempenhado um papel no surgimento das narrativas de dilúvio. Contudo, ainda que toda a Mesopotâmia, algum dia, tivesse sido atingida por um dilúvio, nisso não residiria nenhuma prova da historicidade do relato bíblico do dilúvio. Com efeito, seu clímax narrativo encontra-se ineludivelmente no caráter abrangente do dilúvio que se estende sobre toda a terra: não apenas sobre uma região ou uma das civilizações entre as muitas ameaçadas de sucumbência, mas também sobre toda a humanidade e todo o mundo animal. Toda tentativa de pretender provar a história bíblica do dilúvio nesse ou naquele ponto mediante fatos é, portanto, inútil. Seu modelo literário provém do mito, e o narrador bíblico não lhe mudou o caráter mítico.

A causa do dilúvio (Gn 6,5-8)

O ponto de partida para o relato do dilúvio é o arrependimento de Deus devido à desmedida expansão da maldade e da perversidade sobre a terra, das quais um único ser humano é excluído.

A maldade do ser humano:

6 **⁵Iahweh viu que a maldade do ser humano era grande sobre a terra, e que era continuamente mau todo desígnio de seu coração. ⁶Iahweh arrependeu-se de ter feito o homem sobre a terra, e afligiu-se o seu coração. ⁷E disse Iahweh: "Farei desaparecer da superfície do solo os seres humanos que criei — e com os seres humanos, os animais, os répteis e as aves do céu —, porque me arrependo de os ter feito".**

Enquanto, até aqui, narrou-se apenas acerca de falhas individuais, do fratricídio de Caim e da fatuidade de Lamec até o acasalamento dos filhos de deuses com as mulheres humanas, com as palavras **"Iahweh viu"** sugere-se um novo olhar de Deus, dessa vez, esquadrinhador, sobre as condições no mundo. Tal olhar conduz à pavorosa constatação de um **aumento da maldade do ser humano** e à pessimista conseqüência de uma constante e total **perversidade do coração humano**, o que se torna, para Deus, ocasião de pôr em questão a existência dos seres humanos e de seu ambiente vital.

Por trás das audaciosas afirmações a respeito do **arrependimento** de Deus e até mesmo **"E afligiu-se o seu coração"** não se oculta nenhuma concepção primitiva acerca da natureza de Deus. Esse antropomorfismo é, antes, um artifício narrativo a fim de, mediante a descrição de pensamentos e sentimentos íntimos, apontar para um traço característico especial do Deus bíblico: sua vulnerabilidade em relação à iniqüidade e à maldade humanas. Digno de nota é que aqui não se trata da "ira" de Deus. Ao contrário, Deus parece estar aflito pelo malogro de sua criação.

Em um monólogo, semelhante àquele quando da criação do ser humano, Deus decide **"fazer desaparecer da superfície do solo os seres humanos"**. A inclusão dos **animais** é, presumivelmente, a conseqüência inevitável da pretendida aniquilação mediante o dilúvio; por essa razão, os peixes não são, logicamente, mencionados!

A exceção:

6 [8]Somente Noé encontrou graça aos olhos de Iahweh.

Somente Noé, que já fora mencionado na genealogia (5,28-29) como portador de esperança, ainda que aqui sem nenhuma justificativa mais detalhada, é separado da corrupção total da humanidade. Assim, essa exposição do relato do dilúvio termina, por assim dizer, com um "suspense" que desperta a curiosidade a respeito do que se seguirá.

A construção da arca (Gn 6,9-22)

Antes de pôr em prática seu propósito de aniquilamento, Deus dirige-se ao ser humano, que ele pretende salvar da catástrofe planejada. Com isso, começa a verdadeira história de Noé, introduzida pelas palavras "sucessão das gerações".

Quanto à expressão *toledot*, confira o comentário a Gn 2,4a, na página 59.

O motivo da salvação de Noé:

6 [9]Esta é a sucessão das gerações depois de Noé: Noé era um homem justo, íntegro entre seus contemporâneos, e andava com Deus. [10]Noé gerou três filhos: Sem, Cam e Jafé. [11]A terra se perverteu diante de Deus e encheu-se de violência. [12]Deus viu a terra: estava pervertida, porque todo ser de carne tinha uma conduta perversa sobre a terra.

"Esta é a **sucessão das gerações** depois de Noé...": enquanto o Noé babilônio, Utanapishtim, depois do dilúvio, é assumido no círculo dos deuses, o Noé bíblico permanece um ser humano, com descendência humana, o que é indicado por meio dessa genealogia. Seus **três filhos: Sem, Cam e Jafé** são mencionados expressamente aqui (conforme 5,32), mais uma vez, embora deles não se diga nem bem nem mal.

Tal como a respeito de Henoc (5,21-24), diz-se a propósito de Noé: **"E andava com Deus"**, o que, como ali, certamente quer dizer que ele vivia em íntima comunhão com Deus. No caso de Noé, acrescenta-se que sua vida era **"justa"** e **"íntegra"**, ou seja, correspondente à coerência da comunhão, e livre de falhas, estas últimas de acordo com uma expressão tirada do culto sacrifical.

Em analogia ao herói babilônico do dilúvio, Atrahasis, que era contado entre os sábios dos tempos imemoriais, na tradição posterior, Noé, juntamente com Daniel e Jó, torna-se modelo de extraordinárias sabedoria e virtude.

Em contraposição à declaração de Deus, no final da criação, de que tudo era "muito bom", agora se diz que a terra estava "**pervertida**", ou seja, **cheia de "violência"**. Em hebraico, esta palavra significa literalmente "desregramento" e abrange toda sorte de derramamento de sangue, violação ou opressão.

Como se quisesse ratificar sua constatação a respeito da perversidade da terra, o narrador repete sua afirmação, desta feita a partir da perspectiva de Deus: **"Deus viu a terra..."**, e ele acrescenta: "toda carne tinha uma conduta perversa". É discutível se, no caso, estão incluídos os animais. Contra isso, depõe o fato de apenas o ser humano ser culpável, ainda que não se possa excluir que se faça alusão ao comportamento dos animais predadores.

A tarefa confiada a Noé:

6 ¹³Deus disse a Noé: "Chegou o fim de todos os seres de carne, eu o decidi, pois a terra está cheia de violência por causa deles, e eu os farei desaparecer da terra. ¹⁴Faze uma arca de madeira de cipreste; tu a proverás de aposentos e a calafetarás com betume por dentro e por fora. ¹⁵Eis como a farás: para o comprimento da arca, trezentos côvados; para sua largura, cinqüenta côvados; para sua altura, trinta côvados. ¹⁶Farás um teto para a arca e o rematarás um côvado mais alto; farás a entrada da arca pelo lado, e farás um primeiro, um segundo e um terceiro andares. ¹⁷Quanto a mim, vou enviar o dilúvio sobre a terra, para exterminar de debaixo do céu todos os seres de carne, tudo o que tiver sopro de vida. ¹⁸Mas estabelecerei minha aliança contigo e entrarás na arca, tu e teus filhos, tua mulher e as mulheres de teus filhos contigo. ¹⁹De tudo o que vive, de tudo o que é carne, farás entrar na arca dois de cada espécie, para os conservares em vida contigo; um macho e uma fêmea devem ser. ²⁰De cada espécie de aves, de cada espécie de animais, de cada espécie de todos os répteis do solo, virá contigo um casal, para os conservares em vida. ²¹Quanto a ti, reúne

todo tipo de alimento e armazena-o; isso servirá de alimento para ti e para eles".

Numa repetição quase cansativa, o que na Bíblia sempre significa ênfase, apresenta-se a **perversidade** de **"todo ser de carne"**, a fim de, mais uma vez, num jogo de palavras, fundamentar a intenção de Deus de **"fazê-los desaparecer da terra"**. Por trás disso está a concepção de que a perversão possui algo de contagioso, mediante o que também o ambiente vital do ser humano e dos animais foi infeccionado e, portanto, mereceu ser aniquilado.

A ordem de Deus a Noé de **construir uma arca** é fundada com o grande dilúvio aniquilador tencionado, do qual Noé, em vista da **"aliança"** que Deus quer selar com ele, será preservado. Com isso quer-se indicar não um ato especial, aqui ou mais tarde, mas sim uma obrigação voluntária de Deus. O mundo animal também não deve ser completamente exterminado, pois **"um casal de tudo o que vive"** deve encontrar acolhida na arca, além de uma **provisão de alimentos** para pessoas e animais.

A fim de obter porões suficientes no veículo salvador, suas dimensões são correspondentemente fixadas de forma grandiosa: **300 côvados de comprimento, 50 côvados de largura e 30 côvados de altura**, no que o côvado corresponde ao tamanho do antebraço, algo menos que 0,5 metro. O material era presumivelmente cipreste ou abeto; em todo caso, não junco, como até os últimos tempos era geralmente comum no Oriente Médio. O veículo possuía **aposentos** e **andares**, e era **calafetado com betume**, com o que se indica o asfalto, o qual, nessa região conhecida hoje por sua riqueza de óleo, desde sempre foi utilizado para a construção de muros e navios, ou para a calafetação de canais. A informação acerca do levantamento do teto é incompreensível.

A execução da tarefa:

6 ²²Noé assim fez; tudo o que Deus lhe ordenara, ele o fez.

Diferentemente dos épicos babilônicos, que descrevem largamente a construção da arca, a seção narrativa se conclui simplesmente com a indicação francamente solene: **"Noé assim fez; tudo o que Deus lhe ordenara, ele o fez"**, com o que se indica sua pronta obediência; na linguagem do livro do Gênesis, sua fé imperturbável. Quadra bem com essa atitude o fato de Noé, durante o decurso de toda a história do dilúvio, apenas agir, e jamais dirigir uma única palavra a Deus.

Presumivelmente, a designação hebraica para a **"arca"** é um estrangeirismo egípcio que significava "caixa" ou "barrica". A palavra *arca* provém da tradução latina. O termo hebraico só aparece outra vez no livro do Êxodo (2,3), onde — por certo intencionalmente — se indica o cesto de juncos, calafetado com betume, no qual a criança Moisés foi preservada da morte nas águas do Nilo. Contrariamente à concepção costumeira, a arca não era, de forma alguma, um navio, para o que o hebraico possui outra palavra. Era, antes, uma caixa retangular, cujo comprimento era seis vezes a altura, relativamente baixa, visto que a altura perfazia apenas um décimo do comprimento. Significativamente, faltam instruções a respeito de quilha, leme, mastros e velas; apenas a calafetação com betume natural faz lembrar a construção de um navio.

É possível rir-se da ingenuidade com que o narrador julga ser possível que Noé, sozinho com seus três filhos, tenha construído uma casa de madeira tão comprida quanto a catedral de Colônia (144m) e mais da metade do comprimento do Titanic, com seus 270 metros, sem contar os problemas estáticos que resultariam da construção. Igualmente impossível pode parecer acomodar todas as espécies de animais conhecidas naquele tempo, um casal de cada, numa caixa, mesmo de tal imensa dimensão, inclusive provisões que deveriam ser suficientes para esse zoológico flutuante durante um ano inteiro, como ainda se evidenciará. No entanto, é igualmente ocioso preocupar-se com procurar restos de madeira sobre o Monte Ararat. A descrição simplesmente tomou as tradições míticas que lhe eram precedentes, que mesclavam o real com o irreal, o possível com o fantástico.

O mesmo vale para as reflexões das gerações posteriores que se perguntam por que Noé não teria advertido seus contemporâneos acerca da catástrofe iminente. Assim surgiu a lenda judaica de que, à exceção de seus filhos, ninguém mais lhe deu ouvidos e ele, por causa da construção da arca, fora até mesmo ridicularizado. Tais invencionices são supérfluas, visto que nos encontramos no âmbito do mito, que possui sua própria lógica narrativa: Noé deve tornar-se o antepassado da nova humanidade, por isso ele, diferentemente de Utanapishtim, sob as ordens de Deus, deve tomar consigo na arca apenas seus três filhos e suas respectivas mulheres.

Destruição e salvação (Gn 7,1-23)

O relato acerca do terrível dilúvio está ligado à descrição do cuidado de Deus em relação ao pequeno grupo humano e aos exemplares do mundo animal que serão salvos por meio da arca.

A ordem de subir à arca:

7 [1]Iahweh disse a Noé: "Entra na arca, tu e toda a tua família, porque és o único justo que vejo diante de mim no meio desta geração. [2]De todos os animais puros, tomarás sete pares, o macho e sua fêmea; dos animais que não são puros, tomarás um casal, o macho e sua fêmea [3](e também das aves do céu, sete pares, o macho e sua fêmea), para perpetuarem a raça sobre toda a terra. [4]Porque, daqui a sete dias, farei chover sobre a terra durante quarenta dias e quarenta noites, e farei desaparecer da superfície do solo todos os seres que eu fiz". [5]Noé fez tudo o que Iahweh lhe ordenara.

[6]Noé tinha seiscentos anos quando veio o dilúvio, as águas, sobre a terra. [7]Noé — com seus filhos, sua mulher e as mulheres de seus filhos — entrou na arca para escapar das águas do dilúvio. [8](Dos animais puros e dos animais que não são puros, das aves e de tudo o que rasteja sobre o solo, [9]um casal entrou na arca de Noé, um macho e uma fêmea, como Deus ordenara a Noé).

A escolha de Noé, por ordem de Deus, para entrar na arca: "… porque és **o único justo que vejo diante de mim no meio desta geração**" justifica por que foi o único a ser salvo. Quanto à idade de Noé, confira o excurso acerca da "Longevidade dos seres humanos antes do dilúvio", na página 167.

Curiosamente, agora vem mudado o número de animais a serem levados para a arca. Dos **"animais puros, sete pares"**, ao passo que dos **"animais impuros"**, permanece um casal, respectivamente; em todo caso, eles também devem sobreviver.

A distinção entre "puros" e "impuros" em relação aos animais diz
respeito a sua idoneidade para o sacrifício e para a alimentação: em
Israel, tal diferenciação foi determinada com mais precisão somente
mais tarde, mediante a legislação de Moisés, mas já era comum em
diversas culturas antigas.

A anotação: **"Noé fez tudo o que Iahweh lhe ordenara"** enfatiza sua
obediência. Na descrição de como **os animais, em pares, rumam para a
arca,** menciona-se mais um vez a obediência de Noé, pois ele agiu **"como
Deus ordenara a Noé"**. No caso, não fica completamente claro se os animais
vieram por conta própria, ou se Noé teve ainda de reuni-los primeiro.

A vinda do dilúvio:

7 **[10]Passados sete dias chegaram as águas do dilúvio sobre a terra.
[11]No ano seiscentos da vida de Noé, no segundo mês, no décimo sétimo
dia do segundo mês, nesse dia jorraram todas as fontes do grande abismo
e abriram-se as comportas do céu. [12]A chuva caiu sobre a terra durante
quarenta dias e quarenta noites. [13]Nesse mesmo dia, Noé e seus filhos, Sem,
Cam e Jafé, com a mulher de Noé, e as três mulheres de seus filhos, entraram
na arca, [14]e com eles as feras de toda espécie, os animais domésticos de toda
espécie, os répteis de toda espécie que rastejam sobre a terra, os pássaros
de toda espécie, todas as aves, tudo o que tem asas. [15]Com Noé, entrou na
arca um casal de todos os seres de carne, que têm sopro de vida, [16]e os que
entraram eram um macho e uma fêmea de tudo o que é carne, conforme
Deus lhe ordenara. E Iahweh fechou a porta atrás dele.**

Se o anúncio precedente de Deus de que a chuva cairia dentro de **sete dias**
verifica-se exatamente no momento indicado, então esse fato, juntamente com
a repetida frase convencional **"nesse mesmo dia"**, indica que uma ordem de
Deus foi obedientemente seguida, primeiro, pelos elementos da natureza e,
a seguir, pelo ser humano e pelos animais. Da mesma maneira, mediante a
especificação de **dia e mês**, deve-se expressar que a irrupção do dilúvio segue
um plano exato. Para isso, o narrador faz concorrer duas causas diferentes:
de um lado, **"jorraram todas a fontes do grande abismo e abriram-se as
comportas do céu"**, ou seja, as águas subterrâneas transbordaram fortemente
das fontes e, ao mesmo tempo, as águas que se encontravam na parte de cima

do firmamento precipitaram-se desenfreadamente através das aberturas que, de ordinário, deixavam cair apenas pequenas quantidades de chuvas para a saciedade. Por outro lado, diz-se que "**A chuva caiu sobre a terra durante quarenta dias e quarenta noites**". Enquanto a chuva extraordinariamente demorada oferece uma explicação simples para a violenta inundação, a outra causa sugere um retorno do caos primitivo, uma vez que a separação entre terra e maré primordial é suprimida. — Confira, a propósito, o excurso sobre a antiga concepção do mundo, na página 28.

Digna de nota é a reiterada repetição da observação a respeito da subida para a arca no que, entre os passageiros da arca, face ao iminente aniquilamento, por meio da água, no reino animal, apenas os **seres de carne, que têm sopro de vida,** são mencionados, ao passo que os peixes, obviamente, são excluídos. Noé, sua família e os animais são contados pela terceira vez e, desta feita, com carinhoso detalhamento, antes que se diga: "**E Iahweh fechou a porta atrás dele (de Noé)**". Aqui, o narrador se afasta da *Epopéia de Gilgamesh*, nisto que Utanapishtim conta: "Eu subi ao navio e fechei o postigo". O gesto cuidadoso de proteção, executado na Bíblia pelo próprio Deus, deixa claro que os passageiros da arca, mesmo em meio às águas portadoras de destruição, nada têm a temer.

A arca sobre a água:

7 [17]**Durante quarenta dias houve o dilúvio sobre a terra; cresceram as águas e ergueram a arca, que ficou elevada acima da terra.** [18]**As águas subiram e cresceram muito sobre a terra, e a arca flutuava sobre as águas.** [19]**As águas subiram cada vez mais sobre a terra, e as mais altas montanhas que estão sob todo o céu foram cobertas.** [20]**As águas subiram quinze côvados mais alto, cobrindo as montanhas.**

[21]**Pereceu então toda carne que se move sobre a terra: aves, animais domésticos, feras, tudo o que fervilha sobre a terra, e todos os homens.** [22]**Morreu tudo o que tinha um sopro de vida nas narinas. Isto é, tudo o que estava em terra firme.** [23]**Assim desapareceram todos os seres que estavam na superfície do solo, desde o homem até os animais, os répteis e as aves do céu: eles foram extintos da terra; ficou somente Noé e os que estavam com ele na arca.**

A descrição da extensão do dilúvio deixa claro que todo ser vivente sobre a superfície da terra pereceu, ao passo que o olhar sobre Noé e os inquilinos da arca, como o verdadeiro ponto, conclui a seção narrativa.

A informação acerca da altura da inundação — **"quinze côvados mais alto, cobrindo as montanhas"** — pretende, presumivelmente, preparar a observação posterior de que o veículo encalha, já no primeiro recuo das águas, na mais alta montanha. Com efeito, sublinha-se que a arca, que tinha 30 côvados de altura, mergulhara até a metade no dilúvio.

Com a constatação: **"Tudo o que tinha um sopro de vida nas narinas"**, obviamente são excluídos do aniquilamento no dilúvio das águas apenas os peixes, que respiram pelas guelras.

FIGURA 17 – Uma moeda proveniente de Apaméia (sob o imperador romano Trebonianus Gallus; 251-253 d.C.): a arca, com o sobrescrito NOÉ, em grego; à direita, Noé e sua esposa; acima, a pomba com o ramo (desenhado de acordo com uma cópia do Museu de Israel, por Katharina Küchler).

As contradições no relato bíblico do dilúvio

Já uma leitura superficial do texto que acabamos de analisar deixa transparecer que ele está eivado de repetições aparentemente desnecessárias. Assim, as pessoas e os animais que devem entrar na arca com Noé são listadas três vezes e, por duas vezes, tanto a idade de Noé quanto a duração da chuva são mencionadas. Indisfarçáveis são também algumas contradições conteudísticas em relação ao que se diz antes e depois, entre outras, no que diz respeito ao número dos animais que entram na arca, ou respeitante à duração da chuva, indicada aqui com 40 dias, ao passo que mais tarde fala-se da cessação da chuva depois de 150 dias (8,2).

A *ciência bíblica moderna descobriu que nos capítulos 6–9 do livro do Gênesis, dois relatos autônomos acerca do dilúvio, os quais, respectivamente, indicam um desdobramento de enredo diferente nos detalhes, foram entretecidos sem abreviações ou omissões de elementos narrativos individuais. Consegue-se até mesmo reconstruir as duas versões: assim, em uma das fontes, por exemplo, o dilúvio teria assumido proporções cósmicas, ao passo que na outra, tal como na* Epopéia de Gilgamesh, *ele teria sido causado por uma chuva continuamente prolongada. Semelhantemente, a diferença no número e na espécie dos animais recolhidos à arca seria explicada em referência ao sacrifício de Noé após o dilúvio, o que só aparece em uma das fontes.*

Hoje, não mais podemos vislumbrar por que, na redação bíblica final, as duas versões, como era costume quando existiam diversas tradições, não foram mais fortemente harmonizadas ou transmitidas em lugares separados como histórias autônomas. É evidente que o redator não quis ou não pôde descurar nenhuma das versões de que dispunha e, em vez disso, entremeou-as seção por seção, até mesmo frase por frase, sem procurar alterar o texto original a fim de evitar contradições.

Essa forma de composição, típica de toda a narrativa do dilúvio, explica também as diversas repetições na seção narrativa que trata da subida para a arca e da irrupção do dilúvio. Evidentemente o narrador utilizou os elementos narrativos de ambas as fontes como meios estilísticos a fim de, mediante a aproximação entre elas, descrever a situação o mais inteligível possível, ou reforçar e sublinhar determinados aspectos. Desse modo, a reiterada reprodução da lista dos passageiros, a qual, a cada vez, cresce em exatidão, enfatiza o mote da salvação, ao passo que, na descrição do dilúvio e de seu efeito, o narrador consegue magistralmente excitar a capacidade de imaginação de seus leitores — e mais ainda de seus ouvintes: por três vezes se diz que as águas cresceram, e por duas vezes que elas cobriram as altas montanhas; e em estilo igualmente solene, que coloca diante dos olhos, outra vez, a mesma coisa, com outras palavras, descreve-se o fim de toda a vida.

O fim do dilúvio (Gn 7,24–8,19)

Deus, agora, põe em ato a salvação que ele já cogitara quando colocou Noé, com sua família e com os animais, na arca. O texto está, uma vez mais, marcado por repetições cuja origem e propósito foram expostos no excurso precedente.

A ação de Deus sobre a água:

7 [24]**A água, porém, cresceu sobre a terra durante cento e cinqüenta dias.**

8 [1]**Deus lembrou-se então de Noé e de todas as feras e de todos os animais domésticos que estavam com ele na arca; Deus fez passar um vento sobre a terra e as águas baixaram.** [2]**Fecharam-se as fontes do abismo e as comportas do céu: — deteve-se a chuva do céu** [3]**e as águas pouco a pouco se retiraram da terra; — as águas baixaram ao cabo de cento e cinqüenta dias** [4]**e, no sétimo mês, no décimo sétimo dia do mês, a arca encalhou sobre os montes de Ararat.** [5]**As águas continuaram escoando até o décimo mês e, no primeiro do décimo mês, apareceram os picos das montanhas.**

A observação de que a água cresceu sobre a terra **"durante cento e cinqüenta dias"** já pertence ao início desta seção narrativa, visto que indica o momento em que Deus, mais uma vez, intervém nos acontecimentos.

Na *Epopéia de Gilgamesh*, os deuses ficam horrorizados com o dilúvio que eles desencadearam: "Eles se agacharam como cães", diz-se, e fugiram apavorados para a parte mais alta dos céus, onde lançavam a culpa uns sobre os outros pela inconsiderada ação, cujas conseqüências não haviam medido. Na Bíblia, a antropomórfica maneira de expressar **"Deus lembrou-se então de Noé e de todas as feras"** pretende apontar para uma característica do Deus bíblico, a saber, sua dedicação àqueles que se encontram em apuros. Fórmula semelhante empregará, mais tarde, o livro do Gênesis (30,22) em relação a uma mulher havia muito estéril: "Então Deus se lembrou de Raquel: ele a ouviu e a tornou fecunda". A simpática inclusão dos animais que estão na arca encontra-se, de forma análoga, no livro de Jonas (4,11), onde Deus propositadamente pensa em "muitos animais", os quais, sem a pregação de Jonas, sucumbiram juntamente com os habitantes da cidade.

Os mitos antigo-orientais do dilúvio conhecem tanto divindades aniquiladoras, que desejam afogar a humanidade em uma grande inundação, quanto divindades protetoras, que evitam o aniquilamento total. Na Bíblia, esse conflito entre as diversas divindades — correspondente aos diversos pontos de vista do politeísmo e do monoteísmo — é transferido para o interior do próprio Deus. Dessa maneira, o Deus da Bíblia aparece ao mesmo tempo como o juiz inflexível, que castiga o mal, e como o salvador que, nas duras decisões que ele tem de tomar, sofre e cuida para que a raça humana possa subsistir.

A afirmação: **"Deus fez passar um vento sobre a terra"**, fazendo as águas baixarem, leva a pensar no "Espírito" (literalmente, "vento") de Gênesis 1,2, que pairava sobre as águas antes do primeiro ato criador. De acordo com a maioria dos exegetas, ao contrário, esse vento provém das histórias de dilúvio do Oriente Próximo. Tal opinião não convence completamente, pois ali o vento provoca o dilúvio mortífero. Portanto, pode ser também que o vento, que leva a um primeiro escoamento das águas, indique o começo do novo agir de Deus. A redução seguinte do dilúvio é causada tanto pelo **fechamento das comportas celestes** quanto pela **cessação da chuva**, com o que se afastam as precedentemente mencionadas causas da catástrofe diluvial.

O nome **Ararat** indicava originalmente a montanha no país de Urartu, situada ao sul da Anatólia, e que entre 1300 e 600 a.C., era um reino poderoso. Mais tarde, pensou-se em uma região mais a leste, na zona da montanha hoje chamada Ararat, cujo cume, abaixo do Agri Dag, com seus 5.198 metros, era considerada naquela época como a montanha mais alta do mundo. Um autor moderno diria, antes, que se trata do Himalaia.

A propósito do simbolismo da arca

A imagem da arca é um motivo amado precisamente pelas crianças e pelos jovens. Por essa razão, é possível também que, no caso da narrativa do dilúvio, subjazam obscuras lembranças das fases do desenvolvimento psíquico. Com efeito, é admirável que a Bíblia, depois de ter narrado, no segundo dia da criação, acerca da separação entre as "águas superiores e inferiores", permita que essa ação de Deus seja aniquilada no decorrer posterior de sua história das origens, a fim de, por assim dizer, recriar o mundo e a humanidade.

Se a separação originária das águas deve ser compreendida como uma ressonância do processo primitivo de individuação, pode-se pressupor que a nova mistura das águas, dessa feita de forma destruidora, da qual somente os passageiros da arca são salvos, refere-se a uma etapa da vida que vem mais tarde. Com efeito, gradualmente, o ser humano jovem vai tomando consciência de que ele próprio participa das maldades do mundo. Rivalidade entre irmãos despertou-lhe inveja e ódio, ele experimentou o primeiro impulso sexual, e suas fantasias de onipotência levaram-no a perversas travessuras. Ele tem consciência da "maldade de seu coração" e, nos confrontos com o mundo dos pais e dos adultos, durante a fase edipiana, na puberdade e no começo da adolescência, muitas vezes se sente indigno e perdido. A experiência de que seu eu, nesse processo, não sucumbe tem sua expressão na feliz imagem da arca, na qual o "mundo", com pessoas e animais, é salvo, e que, em segurança, flutua sobre as águas aterradoras.

As iniciativas de Noé:

8 ⁶No fim de quarenta dias, Noé abriu a janela que fizera na arca, ⁷e soltou o corvo, que foi e voltou, esperando que as águas secassem sobre a terra. ⁸Soltou então a pomba que estava com ele para ver se tinham diminuído as águas na superfície do solo. ⁹A pomba, não encontrando um lugar onde pousar as patas, voltou para ele na arca, porque havia água sobre toda a superfície da terra; ele estendeu a mão, pegou-a e a fez entrar para junto dele na arca. ¹⁰Ele esperou ainda outros sete dias e soltou de novo a pomba fora da arca. ¹¹A pomba voltou para ele ao entardecer, e eis que ela trazia, no bico, um ramo novo de oliveira! Assim Noé ficou sabendo que as águas tinham escoado da superfície da terra. ¹²Ele esperou ainda outros sete dias e soltou a pomba, que não mais voltou para ele. ¹³Foi no ano seiscentos e um da vida de Noé, no primeiro mês, no primeiro dia do mês, que as águas secaram sobre a terra. Noé retirou a cobertura da arca; olhou, e eis que a superfície do solo estava seca!

A informação precedente, segundo a qual tornaram-se **visíveis os picos das montanhas** é, obviamente, uma constatação do narrador, a qual ainda permanecia oculta a Noé. Pois somente outros 40 dias mais tarde é que ele abre a **janela** da arca, presumivelmente um postigo no teto, e solta um **corvo**.

Pressupõe-se, aqui, evidentemente, que Noé ainda não tinha vislumbrado o horizonte e, por essa razão, devia soltar pássaros a fim de certificar-se de que já havia surgido terra firme. Tem-se a impressão de que a arca foi planejada de modo a ter também o teto completamente calafetado, a fim de proteger-se contra as águas derramadas através das "comportas do céu". Por trás disso, estava a concepção de que o dilúvio seria um retorno do caos primitivo, no qual a separação entre as águas de cima e as de baixo, mediante a ereção da abóbada celeste, seria novamente suprimida.

A partir do contexto, pode-se concluir que seu envio do corvo foi um malogro. A afirmação: "O corvo **foi e voltou**, esperando que as águas secassem sobre a terra", só pode significar que, a partir do comportamento desse animal, Noé não podia tirar nenhuma conclusão. A **pomba**, ao contrário, fornece informações precisas acerca da situação da água. Quando ela não mais retorna, Noé entra em ação. Ele retira o teto da arca e, finalmente, ele próprio pode ver que a terra está seca.

Nos tempos antigos, antes da invenção da bússola e de outros instrumentos de navegação, era comum entre os navegantes soltar pássaros a fim de constatar se e em qual direção existia terra firme nas proximidades, o que já aparece na *Epopéia de Gilgamesh*. Mediante a adoção desse método na história bíblica do dilúvio, Noé foi considerado seu inventor e, portanto, o "primeiro navegante".

A saída da arca:

8 14No segundo mês, no vigésimo sétimo dia do mês, a terra estava seca. 15Então assim falou Deus a Noé: 16"Sai da arca, tu e tua mulher, teus filhos e as mulheres de teus filhos contigo. 17Todos os animais que estão contigo, tudo o que é carne, aves, animais, e tudo o que rasteja sobre a terra, faze-os sair contigo: que pululem sobre a terra, sejam fecundos e multipliquem-se sobre a terra". 18Noé saiu com seus filhos, sua mulher e as mulheres de seus filhos; 19e todas as feras, todos os animais, todas as aves, todos os répteis que rastejam sobre a terra saíram da arca, uma espécie atrás da outra.

Na ordem de Deus a Noé para que saia da arca, os membros de sua família e todas as espécies de animais são mencionados individualmente, ligados a uma sentença acerca dos animais: **"Que pululem sobre a terra..."**, o que faz lembrar a bênção de Deus no relato da criação (Gn 1,22): começa uma nova criação. Também dessa vez Noé obedece imediatamente ao comando de Deus, e pessoas e animais saem, por assim dizer, em solene procissão, como o deixa entrever o tom hínico do texto.

Quando da subida para a arca, os filhos de Noé já contavam, certamente, cem anos de idade, se Noé os gerara com a idade de 500 anos e o dilúvio começou no seu 600º ano de idade (Gn 5,32 e 7,6). Nesse tempo, em sintonia com as informações a respeito da idade relativamente alta quando da geração de descendentes, no capítulo 5, eles ainda não tinham filhos. Isso corresponde à informação contida na 1ª Carta de Pedro (3,20), segundo a qual somente oito pessoas, ou seja, quatro homens com suas mulheres, foram salvas das águas, a fim de proporcionar à humanidade um novo começo.

As cronologias para o transcurso do dilúvio

No texto da história do dilúvio, em conseqüência de sua confecção a partir de diversas tradições, é evidente que diversas cronologias foram entretecidas: a duração da chuva e o tempo até o ponto culminante do dilúvio são contados em dias; para as fases individuais do acontecimento são apresentadas datas calendáricas precisas e, finalmente, a idade de Noé é mencionada diversas vezes. Tudo isso dá a impressão de certa prolixidade, sobretudo porque dificilmente se pode descobrir o sentido profundo de diversos números e datas.

Inconfundível é também o esforço do narrador em sugerir, mediante a indicação do dia e do mês, que o começo e o fim do dilúvio se deram no decurso de um ano, por meio de que o plano exato de Deus deve-se revelar. Com alguma boa vontade, pode-se reconstruir um plausível decorrer do tempo mais ou menos da seguinte maneira: do início do dilúvio, no dia 17 do segundo mês (Gn 7,11), até seu clímax, transcorreram 150 dias, portanto, cerca de cinco meses. Com isso, chegar-se-ia ao 17º dia do sétimo mês, no qual também, como está dito expressamente, a arca encalhou. Os picos das montanhas tornaram-se visíveis mais ou menos dois meses e meio mais tarde, isto é, no primeiro dia do décimo mês, ao passo que as águas somente depois de mais dois meses, no primeiro dia do primeiro mês, secaram totalmente (8,13). Essa data é, indubitavelmente, uma alusão ao dia de Ano-Novo, um momento adequado para o começo de nova vida depois do dilúvio, especialmente quando se lê — como é possível de acordo com alguns manuscritos — a indicação da idade de Noé não como o 600º ano mas sim como o 601º, de forma que o versículo acentua três vezes o número "um".

A informação de que no dia do Ano-Novo a terra estava seca (Gn 8,13) é curiosamente é repetida de imediato mais uma vez, a saber, antes da data "no 27º dia do segundo mês", no versículo seguinte, desta vez como fundamento para a ordem de Deus a Noé para que deixasse a arca. De acordo com isso, depois de já ter visto que a terra estava seca, Noé ainda permaneceu na arca por cerca de quase dois meses, a fim de esperar — mais uma vez em obediência — até que Deus lhe ordenasse sair.

Pode-se perguntar ainda por que a saída da arca está datada exatamente do "27º dia do segundo mês", ao passo que o dilúvio, no entanto, no ano anterior, havia começado no "17º dia do segundo mês". Alguns comentadores sugerem que o narrador teria contado os doze meses segundo o calendário lunar, com seus 354 dias, ou seja, do dia 17.2.600 até o dia 17.2.601 e, a seguir, acrescentou 11 dias, a fim de indicar que Noé permaneceu na arca um ano solar inteiro, ou seja, 365 dias.

FIGURA 18 – *Relevo em pedra, oriundo de Tell Halaf (começos do séc. I a.C.): um navio dirigível no mar, como frágil proteção no perigoso mar.*

A anulação do propósito de aniquilamento (Gn 8,20-22)

Somente agora é que a narrativa do dilúvio atinge seu verdadeiro objetivo. Ela não termina, como os mitos babilônicos, com o simples fato de que a terra tornou-se novamente habitável, mas sim com a decisão de Deus de, não obstante a contínua maldade humana, conservar, no futuro, a vida sobre a terra.

O sacrifício:

8 [20]Noé construiu um altar a Iahweh e, tomando de animais puros e de todas as aves puras, ofereceu holocaustos sobre o altar.

A reação de Noé, agradecido pela sua salvação, deixa claro por que, anteriormente, mais de um casal de **animais puros e de pássaros puros** foram colocados na arca.

Aqui se fala, pela primeira vez na Bíblia, expressamente de um **altar**. Com isso, ela ultrapassa um estágio do desenvolvimento. Com efeito, originariamente costumava-se sacrificar sobre uma grande rocha; somente mais tarde é que se construíram altares feitos de barro ou com pedras. Estas últimas não deviam ser talhadas, certamente como recordação da identidade primitiva entre pedra santa e altar.

Da mesma maneira, pela primeira vez se fala manifestamente do sacrifício de animais. No **holocausto**, os animais eram imolados e queimados por inteiro sobre o altar.

Para o público moderno ocidental, os sacrifícios de animais ainda são de difícil compreensão. Eles têm suas raízes na concepção mágico-animista de que, na morte, libera-se uma força vital, e com ela, a divindade é "alimentada". Havia sobretudo dois tipos de sacrifícios de animais. Em um deles, a "imolação" (em hebraico *zebach*), apenas partes individuais do corpo do animal eram devoradas pelo fogo, ao passo que os pedaços melhores serviam para uma refeição sacrifical que unia em comunhão os comensais entre si e com a divindade. No outro tipo de sacrifício, o "holocausto" (em hebraico *ola*), a vítima (touro, cordeiro, bode, pássaro) era totalmente incinerada. A palavra grega correspondente, *holokautoma*, é traduzida na Bíblia *Vulgata* latina com o estrangeirismo grego *holocaustum*, ao passo que a Bíblia de Lutero fala de uma "vítima de um incêndio" [em alemão *Brandopfer*]. Significa a doação total de algo precioso, que o ser humano não mais dispõe para suas necessidades, mas que entrega inteiramente a Deus. Noé e sua família, portanto, certamente imolaram os animais, mas não realizaram nenhuma refeição sacrifical, pois o consumo de carne animal, como o demonstra a seção seguinte, precisava, antes de tudo, ser permitido expressamente.

A reação de Deus:

8 ²¹Iahweh respirou o agradável odor e disse consigo: "Eu não amaldiçoarei nunca mais a terra por causa do ser humano, porque os desígnios do coração do ser humano são maus desde a sua infância; nunca mais destruirei todos os viventes, como fiz.

²²Enquanto durar a terra,

semeadura e colheita,

frio e calor,

verão e inverno,

dia e noite

não hão de faltar".

A propósito da reação de Deus ao sacrifício de Noé, diz-se primeiramente: **"Iahweh respirou o agradável odor"**. No mito babilônico, a história do dilúvio termina igualmente com um sacrifício sobre cujo efeito se diz a seguir: "Os deuses respiraram, os deuses respiraram o doce odor, os deuses esvoaçavam sobre o sacrificante como moscas". Obviamente eles se rejubilavam pelo fim da devastação que por pouco não os havia privado de seu "nutridor". Por trás disso esconde-se a concepção de que a existência humana tinha apenas o único fito de alimentar os deuses por meio de sacrifícios. No tempo em que o texto bíblico recebeu sua redação final, o discurso sobre o "odor tranquilizante" do sacrifício já não era certamente entendido de forma literal. Havia-se tornado uma simples fórmula, que outra coisa não significava senão que "Deus acolhia benevolamente" (por exemplo, Ex 29,18 ou Lv 1,8).

Como no início da narrativa do dilúvio, em um monólogo, Deus revoga a decisão de aniquilamento anterior. Ele promete **"nunca mais amaldiçoar a terra"**, ou seja, devotá-la à destruição, ainda que ele repita expressamente a pessimista constatação de que **"os desígnios do coração do ser humano são maus desde a sua infância"**. Enquanto, anteriormente, essa apreciação servira como justificação para o dilúvio (6,5), sua repetição no contexto atual deixa claro que Deus, não obstante a contínua maldade do coração dos seres humanos, no futuro terá paciência com eles. De acordo com as palavras de Jesus, "ele faz nascer o seu sol igualmente sobre maus e bons e cair a chuva sobre justos e injustos" (Mt 5,45).

A sentença acerca do **retorno das estações** e das outras regularidades da natureza, numa linguagem poético-hínica, enfatiza a nova decisão divina. Houve quem perguntasse se com isso não se proclamaria a estabilidade eterna da terra. Contra isso depõe a restrição: **"Enquanto durar a terra"**, com a qual o versículo começa. De acordo com alguns intérpretes, Deus apenas dá a entender que, doravante, no que diz respeito aos fenômenos da natureza, ele pretende tratar por igual todas as pessoas, quer boas, quer más.

Hoje, pode-se ouvir, às vezes, que a narrativa do dilúvio discorre sobre um Deus que, somente mediante a visão do dilúvio devastador de tudo, teria aprendido a controlar sua ira e a admitir a defectibilidade de suas criaturas. Tal interpretação certamente soa agradável aos ouvidos modernos. No entanto, ela desconhece a peculiaridade do discurso mítico, cujos elementos individuais não podem ser irrefletidamente introduzidos, à moda de nossa narrativa moderna, num contexto narrativo que permita uma interpretação psicológica das motivações da personagem ou das personagens.

Nova organização da vida (Gn 9,1-7)

Depois de seu solilóquio acerca da supressão do propósito de aniquilamento, Deus se volta agora para o ser humano. Oferece-lhe nova organização da vida, a qual deve impedir o aumento da violência. Esta última, porém — devido à permissão de matar animais, em comparação com as relações pacíficas primitivas, no início da criação —, permanece sempre a ordem de um mundo despedaçado.

Permissão para o consumo de animais:

9 **¹Deus abençoou Noé e seus filhos, e lhes disse: "Sede fecundos, multiplicai-vos, enchei a terra. ²Medo e pavor de vós serão infundidos em todos os animais da terra, nas aves do céu, em tudo o que se move na terra e em todos os peixes do mar: eles são entregues nas vossas mãos. ³Tudo o que se move e possui a vida vos servirá de alimento, tudo isso eu vos dou, como vos dei a verdura das plantas".**

À semelhança do primeiro casal humano, no começo, depois de ter sido criado, Noé e seus três filhos, após o fim do dilúvio, como antepassados da humanidade pós-diluviana, são **abençoados** e estimulados à **fertilidade, à multiplicação e ao povoamento da terra**, um apelo que, em seu conteúdo, faz lembrar o relato da criação (1,28a). Contudo, a definição do domínio humano sobre o mundo animal, apresentada ali como benévolo pastoreio (1,28b), sofre uma alteração. Torna-se **medo e pavor em todos os animais da terra**, ligados a um poder de dispor que inclui claramente o direito de tomar posse e até mesmo de matar, visto que se diz: **"Eles são entregues em vossas mãos".** Ambas as coisas estão expressamente incluídas no conteúdo da bênção divina, a fim de capacitar o ser humano a realizar, não obstante sua inferioridade física, a tarefa, enunciada anteriormente na bênção, de povoar o mundo.

Em comparação com a criação original, introduz-se algo novo: enquanto ali, para os seres humanos e para os animais, em igual medida, apenas as plantas estavam disponíveis como alimento (Gn 1,29-39), agora devem também **os animais servir de alimento** ao ser humano. Portanto, o tempo paradisíaco chegou definitivamente ao fim; tal como também em outros mitos, por exemplo, na poesia de Hesíodo *Obras e dias*, o degustar da carne segue-se ao vegetarianismo dos "áureos tempos antigos".

Na alta Antiguidade, o abate de animais estava envolto por um temor sagrado, como o mostram os ritos de apaziguamento dos povos caçadores. Juntamente com a caça, na verdade, comia-se também a carne de gado grande e miúdo, mas, na maioria dos casos, apenas em conexão com a liturgia sacrifical em que os participantes, à exceção do holocausto, consumiam parte do animal sacrifical numa refeição ritual. Também em Israel, o abate profano só se tornou comum relativamente tarde se, com a maioria dos comentadores, as regulamentações correspondentes (Dt 12,15) forem datadas do século VII ou VI a.C.

Proteção da vida:

9⁴ "Mas não comereis a carne com sua alma, isto é, o sangue. ⁵Pedirei contas, porém, do sangue de cada um de vós. Pedirei contas a todos os animais e ao ser humano, aos seres humanos entre si, eu pedirei contas da alma de cada um de seus irmãos. ⁶Quem derrama o sangue do ser humano, pelo ser humano terá seu sangue derramado. Pois à imagem de Deus o ser humano foi feito. ⁷Quanto a vós, sede fecundos, multiplicai-vos, povoai a terra e dominai-a!"

A fim de evitar que a violência, que foi indicada como o motivo para a decisão de aniquilamento de todos os seres viventes (Gn 6,12-13), volte a crescer, Deus estabelece dois mandamentos que se mostram como baliza de toda a narrativa do dilúvio: visto que o sangue, como fonte da força da vida, permanece reservado a Deus, o sangue dos animais pode até ser derramado, mas não desfrutado, ao passo que o derramamento de sangue humano é estritamente proibido.

No que diz respeito aos animais, a proibição do comer **"a carne com sua alma, isto é, o sangue"** dirige-se obviamente contra o costume, comum em diversas culturas antigas, de beber o sangue dos animais capturados durante a caça ou abatidos, imediatamente depois de mortos, a fim de participar da força vital contida neles. O interdito devia, portanto, controlar o fortalecimento da sede de sangue e a ânsia assassina que se acreditava estarem ligadas ao desfruto do sangue. Na legislação posterior de Israel, o assunto é detalhadamente regulamentado (Lv 17,10-14).

A abstenção do desfrute do sangue pertence aos "mandamentos noeístas" que, segundo os mestres judeus, são obrigatórios para todos os povos, tanto judeus quanto pagãos: nada de idolatria, de blasfêmia, de assassinato, de adultério, de roubo. Segundo os Atos dos Apóstolos (15,29), também nas comunidades primitivas era proibido o desfruto do sangue.

No judaísmo e no islã (Corão, sura 5,4), a interdição vale até hoje. Por essa razão, nessas religiões, durante o abate, corta-se a carótida do animal ainda vivo, a fim de que ele sangre rápida e completamente. Contrariamente à polêmica anti-semita ou xenófoba, essa prática, conhecida como "abate", não representa crueldade alguma contra os animais. Com efeito, com o corte da carótida, pelo menos quando isso é feito com rapidez e de forma profissional, interrompe-se imediatamente a circulação do sangue no cérebro e, portanto, também a sensação de dor.

Acima de tudo, porém, Deus adverte contra o derramamento de sangue humano: **"Quem derrama o sangue do ser humano..."**. Com isso, já está promulgado o mandamento divino que, mais tarde, na lei do Monte Sinai, terá o seguinte teor: "Não matarás!" (Ex 20,13). O aviso de Deus de que, **"aos seres humanos entre si, eu pedirei contas da alma de cada um de seus irmãos"**, em alusão à história de Caim, faz recordar a fraternidade universal entre os seres humanos. A cominação **"Quem derrama o sangue do homem, pelo homem terá seu sangue derramado"** faz da humanidade uma espécie particularmente protegida. Em todo caso, a justificativa dada em seguida — **"Pois à imagem de Deus o ser humano foi feito"** — caracteriza o assassinato como gritante afronta contra o próprio Deus.

A cominação, no texto hebraico, tem forma quiástica: "Quem derrama (A) sangue (B) de pessoas humanas (C) // por meio de pessoas humanas (C') seu sangue (B') será derramado (A'). Isso aponta mais para um dito proverbial do que para uma norma jurídica, a qual, no caso de assassinato, torna uma obrigação social a "vingança de sangue", por meio dos companheiros de tribo ou, mais tarde, a condenação à morte, por meio da autoridade. Em prol da interpretação como provérbio, depõe a convicção difusa no mundo antigo, segundo a qual todo assassínio seria punido, cedo ou tarde, visto que a força do destino fazia com que a violência perpetrada pelo fautor recaísse sobre ele, semelhantemente à constatação de Jesus: "Todos os que pegam a espada pela espada perecerão" (Mt 26,52).

Nas sociedades que não conheciam nenhum órgão oficial de ação penal, a vingança de sangue era um direito reconhecido aos membros da família ou das tribos de, no caso da morte de um dos seus, exercer vingança contra o culpado ou contra um dos parentes dele. A fim de impedir uma sucessão de mortes vindicativas, existiam, quase que em toda parte, assim também na lei posterior de Israel, regulamentações que previam a substituição do homicídio por uma indenização (ressarcimento), bem como providências (cidades-refúgio) que, acima de tudo, no caso de morte não premeditada, deveriam proporcionar uma reconciliação.

O reiterado estímulo de Deus aos seres humanos: **"Sede fecundos, multiplicai-vos..."** conclui a segunda parte do discurso de Deus. Ele havia começado seu primeiro discurso com estas palavras, de modo que os vv. 1 e 7 formam uma moldura para o todo.

Uma situação de guerra entre ser humano e animais?

O poder de dispor sobre os animais, concedido pela bênção divina à nova humanidade após o dilúvio, deve soar ofensivo em nossos dias, quando o mundo animal está entregue quase indefeso à extinção e à exploração. Se Deus diz a Noé e a seus filhos que eles seriam "o medo e o pavor de todos os animais", e acrescenta: "Eles são entregues em vossas mãos", trata-se, certamente, de formulações escolhidas, que precisamente levam a pensar num constante estado de guerra entre o ser humano e os animais. Por esse motivo, mais ainda do que a posição de domínio atribuída ao ser humano no relato da criação, da parte dos movimentos ecológicos modernos, tais formulações são consideradas responsáveis pela relação transtornada do ser humano para com as co-criaturas. Diz-se, portanto, que esse texto, por ter legado o mundo animal ao arbítrio do ser humano, teria exatamente envenenado a consciência de nossa civilização marcada pelo judaísmo e pelo cristianismo.

É totalmente improvável que estivesse na intenção do narrador bíblico propagar uma atitude desrespeitosa do ser humano no confronto com os animais no período pós-diluviano. Certamente ele utiliza expressões que, em outras passagens da Bíblia, pertencem à linguagem da ocupação bélica, como, por exemplo, nos livros do Êxodo, do Deuteronômio e de Josué, a respeito da ocupação da terra pelos israelitas, onde várias vezes se fala do pavor que sobrevém aos habitantes de Canaã e os faz cair nas mãos de Israel. Contudo, aí por trás encontra-se antes a concepção imbele de que o pavor de Deus provoca uma avaria e um desencorajamento tais nos habitantes da terra, que permitem aos israelitas tomarem posse da terra, não obstante sua debilidade militar. O tema geral de uma posse da terra contra todas expectativas meramente humanas explica a ressonância lingüística do discurso de Deus depois do dilúvio em muitos textos sobre a conquista de Canaã: somente por meio do "pavor" infundido pelo cuidado de Deus sobre os animais superiores é que o ser humano tem, aliás, a possibilidade de povoar a terra.

É evidente que aqui também, como amiúde na história bíblica dos primórdios, trata-se de uma etiologia. O pavor divino deve explicar o curioso fenômeno segundo o qual o ser humano, na maioria das vezes fisicamente inferior, encontra-se em condições de exercer domínio sobre os animais. É possível que, no caso, o narrador bíblico tenha pensado no grande avanço cultural que representou a domação de animais, os quais serviam de gado ou de animais de carga e de cavalgadura. Acima de tudo, porém, visto que, a seus olhos, a violência que levou ao dilúvio também atingira o mundo animal, ele devia contar com o fato de que também no mundo pós-paradisíaco havia animais para os quais valia a terrível regra vital do "comer ou ser comido". Em relação a estes, o ser humano não podia mais agir simplesmente como o manso "pastor", se quisesse sobreviver.

Para a correta compreensão do texto bíblico, é necessário, portanto, levar em consideração que os animais selvagens, para as pessoas antigas, representavam a essência do aspecto caótico e destruidor da natureza. Nos tempos atuais, tais concepções estão ultrapassadas. Hoje, a humanidade não mais precisa lutar em contínua rivalidade com os animais selvagens pela conservação e expansão de seu ambiente vital. Em vez disso, encontra-se ela diante da nova situação em que diversas espécies de animais estão ameaçadas de extinção devido às atividades humanas. Pode-se deixar em suspenso se, porém, o obscuro texto bíblico pode ser responsabilizado por isso. Na longa história da interpretação da Bíblia, ele jamais foi compreendido da maneira como alguns ecológicos hoje o culpabilizam. Contudo, visto que, infelizmente, é preciso admitir que a proteção dos animais não desempenhou o papel que teria merecido na tradição judaico-cristã, é seguramente oportuna aqui a reflexão acerca do relacionamento com a natureza.

Confira também, a propósito, o excurso acerca da "primazia do ser humano", nas páginas 52-53.

A aliança de Deus com todas as criaturas (Gn 9,8-17)

Como conclusão do relato do dilúvio, também em relação ao ser humano e aos animais, Deus agora anuncia solenemente a decisão, que já tomara "consigo", de no futuro preservar a terra da destruição.

A aliança:

9 ⁸Deus falou assim a Noé a seus filhos: ⁹"Eis que estabeleço minha aliança convosco e com os vossos descendentes depois de vós, ¹⁰e com todos os seres animados que estão convosco: aves, animais, todas as feras, tudo o que saiu da arca convosco, todos os animais da terra. ¹¹Estabeleço minha aliança convosco: tudo o que existe não será mais destruído pelas águas do dilúvio; não haverá mais dilúvio para devastar a terra".

Por meio de uma **"aliança"** com os seres humanos e com os animais, Deus agora assegura, também perante os seres humanos, que **nunca mais** haverá um dilúvio — em paralelo com o "nunca mais" em seu solilóquio precedente (8,21). O termo hebraico *berith*, traduzido por "aliança" (de "aliar"), visa a uma situação de paz, de segurança e de bem-estar garantidos. Enquanto nas línguas modernas, com essa palavra se pensa mormente num acordo entre parceiros, em hebraico pode também significar uma promessa feita por alguém poderoso, à qual não corresponde nenhuma obrigação imediata da parte do beneficiário. No caso da aliança de Deus após o dilúvio, trata-se de uma graciosa promessa unilateral de Deus, ainda que o vincule juridicamente.

A aliança como obrigação jurídica, que Deus contraiu com as criaturas, tornou-se necessária como apoio para a confiança na subsistência do mundo, depois que a até então irreflexa certeza da segurança da natureza foi abalada pela traumática experiência da quase destruição.

Na história de Israel, o protótipo de aliança com Deus são o acontecimento do Sinai (Ex 19) e a promessa de Deus a Davi a respeito da duração eterna de sua dinastia (2Sm 7), acima de tudo também a aliança contraída com Abraão (Gn 15 e 17). A aliança de Deus com Noé e com seus filhos pressupõe esse contrair aliança com um indivíduo ou com um grupo humano como cuidado total de Deus, visto que ele, Noé, inclui toda a humanidade e até mesmo todos os seres vivos.

O sinal da aliança:

9 ¹²Disse Deus: "Eis o sinal da aliança que instituo entre mim e vós e todos os seres vivos que estão convosco, para todas as gerações futuras: ¹³porei meu arco na nuvem e ele se tornará um sinal da aliança entre mim e a terra. ¹⁴Quando eu reunir as nuvens sobre a terra e o arco aparecer na nuvem, ¹⁵eu me lembrarei da aliança que há entre mim e vós e todos os seres vivos, toda carne, e as águas não mais se tornarão um dilúvio para destruir toda carne. ¹⁶Quando o arco estiver na nuvem, eu o verei e me lembrarei da aliança eterna que há entre Deus e os seres vivos com toda carne que existe sobre a terra". ¹⁷Deus disse a Noé: "Este é o sinal da aliança que estabeleço entre mim e toda carne que existe sobre a terra".

Visto que, na Antigüidade, para cada aliança cabia um sinal visível, que gravava sua conclusão na memória, por exemplo, um sacrifício perante testemunhas, ou um monumento, Deus estabelece o arco-íris como tal sinal: **"Porei meu arco na nuvem"**, mediante o que ele ratifica, em palavras hínicas, a universalidade e imutabilidade de sua promessa.

A interpretação preferida, segundo a qual o arco-íris seria símbolo da paz e da reconciliação por causa da harmonia de suas cores, presumivelmente passa ao largo da intencionalidade do texto. Com efeito, a palavra hebraica usada nele para designar o arco indica o arco de guerra, portanto um instrumento de combate, o que correspondia à concepção mitológica de então, segundo a qual os raios seriam flechas que a divindade disparava. A maioria dos intérpretes da Bíblia leva em consideração este significado da palavra e interpreta a imagem do arco nas nuvens no sentido de que Deus teria deposto seu arco de guerra como sinal da paz. Contudo, tal explicação não é completamente satisfatória, pois em toda parte, ali onde a Bíblia fala de paz em conexão com arco de guerra, isto está constantemente ligado à quebra desse arco. Aqui, porém, o arco nem é quebrado nem deposto mas, ao contrário, colocado bem visivelmente em meio às nuvens de tempestade. Isso leva, antes, à interpretação de que o arco deve lembrar a Deus a obrigação de, com seu poder como Senhor do Universo, limitar a violência das nuvens, a fim de impedir um aniquilamento da terra e dos seres que vivem sobre ela, mediante novo dilúvio.

O tema do castigo na narrativa do dilúvio

Na mitologia mesopotâmica, como motivo para o dilúvio, menciona-se a ira dos deuses contra os seres humanos, porque estes faziam demasiado barulho. Na maioria das vezes, porém, aventa-se a deterioração moral dos seres humanos, por exemplo, nas sagas gregas de Deucalião e Pirra ou de Filémon e Báucis: na primeira, Zeus, que percorre a terra anonimamente, desencadeia o dilúvio quando um rei iníquo lhe oferece carne humana como refeição. Na outra saga, os habitantes de uma região são afogados numa inundação por causa de sua desapiedada recusa de hospitalidade, ao passo que o casal de idosos, Filémon e Báucis, os únicos em toda terra que haviam acolhido em sua pobre cabana os deuses Zeus e Hermes que, incógnitos, peregrinavam sobre a terra, foram poupados (Ovídio: Metamorfoses I,208-415 e VIII,618-724).

Evidentemente, existe no ser humano a tendência de atribuir toda fúria das forças da natureza quando não ao despotismo dos deuses, à culpabilidade humana. Essa racionalização dificulta hoje uma abordagem imparcial da narrativa bíblica do dilúvio. Com efeito, a imagem chocante do Deus que castiga o pecado com inexorável conseqüência esconde demasiado facilmente a verdadeira mensagem da bondade do Deus preservador, que no final da narrativa promete, no futuro, preservar a humanidade do aniquilamento, não obstante a maldade desta. Na realidade, precisamente na conclusão dessa aliança é que reside o clímax narrativo do relato bíblico do dilúvio. Sua intenção é narrar não como o mal é castigado mas sim como o justo é salvo e como, mediante o "odor" de seu sacrifício, a humanidade é preservada no futuro.

De fato, o tema do castigo infligido aos seres humanos devido a sua maldade não desempenha o papel decisivo no relato do dilúvio. Na verdade, o narrador tomou o motivo literário do seu ambiente mitológico como pano de fundo indiscutível, mas o traceja apenas em breves pinceladas como uma "expansão universal do mal" e "corrupção de toda a terra". Ainda que ele o enfatize várias vezes, por conta da insistência, no entanto, diferentemente do caso do primeiro casal humano e do de Caim, nenhum delito concreto é descoberto e punido depois de um julgamento. Da mesma maneira, de forma alguma o castigo dos malvados é pintado prazerosamente, com descrições particulares de afogamentos e de fugas desesperadas. O peso da dramatização recai completamente sobre o resgate dos ocupantes da arca.

A interpretação do relato do dilúvio como história de salvação é confirmada pelo uso do motivo da inundação em outros contextos da Bíblia: a travessia do Mar Vermelho, mediante a qual Israel consegue livrar-se da escravidão do Egito, é apresentada como uma salvação diante do dilúvio (Ex 14,10-22); e os cristãos vêem no mergulho na água, no batismo, uma participação na morte e na ressurreição de Cristo, a qual visa à obtenção de uma nova vida (1Pd 3,20-22; semelhantemente Rm 6,3-5).

A ORIGEM DOS POVOS
Gn 9,18-11,12

Depois de estar assegurada a ordem da natureza contra o retorno ao caos, começam as confusões da história da humanidade, que está marcada por multiplicidade étnica e pelas categorias de domínio e sujeição. Por certo o relato a esse respeito pode ainda ser contado como história bíblica dos primórdios, mas ele já se volta muito mais para a época "histórica". Com efeito, agora se mencionam terras e cidades: Canaã e Shinear, ou seja, o sul da Mesopotâmia, ou Babel, Ur e Harã, os quais, como diversos dos nomes mencionados numa lista do conjunto das nações do mundo, são também conhecidos da história profana. Isso aponta para uma passagem gradual dos acontecimentos dos tempos primevos, não localizáveis em parte alguma, para um espaço geográfico que, pelo menos em seu esboço e em diversos detalhes, é historicamente determinável com maior exatidão.

Maldição e bênção sobre os filhos de Noé (Gn 9,18-29)

No início do relato sobre os acontecimentos depois do grande dilúvio, encontra-se um delito. Ele resulta em que haja, entre as pessoas, senhores e servos.

Os antepassados da nova humanidade:

9 ¹⁸Os filhos de Noé, que saíram da arca, foram Sem, Cam e Jafé; Cam é o pai de Canaã. ¹⁹Esses três foram os filhos de Noé e a partir deles se fez o povoamento de toda a terra.

A afirmação de que os **"Filhos de Noé, que saíram da arca"**, seriam aqueles a partir dos quais **"se fez o povoamento de toda a terra"** enfatiza a descendência da raça humana do único avô Noé. Ela encerra, portanto, por um lado, a história bíblica do dilúvio, visto que, seguindo o modelo de diversas sagas diluviais, faz com que toda a humanidade descenda dos que foram resgatados. Por outro lado, a inserção segundo a qual **Cam** era **o pai** de Canaã introduz a narrativa seguinte, em cujo centro acha-se a maldição de Noé sobre Canaã.

Pela primeira vez na Bíblia surge agora o nome **"Canaã"**. Com isso, põe-se diante dos olhos aquela terra que nas narrativas subseqüentes acerca de Abraão e dos patriarcas, bem como em toda a história de Israel, desempenhará um grande papel.

Monogenismo e fraternidade

A teoria a respeito da descendência de todas as pessoas de Adão, respectivamente, de Noé e de seus filhos, conhecida como "monogenismo" (do grego monos, *"único"; e* genos, *"geração") é um axioma básico da tradição judaico-cristã. Apelando para a afirmação do apóstolo Paulo em seu discurso no areópago (At 17,26), ainda foi retomada no* Catecismo da Igreja Católica *de 1993 (nº 360), não obstante a moderna antropologia inclinar-se à afirmação de que o* homo sapiens *surgiu mais ou menos concomitantemente em diversas partes da terra. Contudo, presumivelmente, em Gn 19,19, o narrador bíblico não está interessado em uma informação acerca da história primitiva da humanidade, sobre a qual ele nada podia saber. Ao contrário, interessava-lhe expressar sua convicção em uma unidade fundamental da humanidade, apesar de sua variedade de nações e de raças. Ele o faz servindo-se dos meios de expressão daquele período, ao mesmo tempo que constrói um parentesco: de acordo com a compreensão daquela época, todos aqueles que descendiam de um ancestral comum eram "irmãos" e, portanto, da mesma categoria.*

A embriaguez de Noé e suas conseqüências:

9 ²⁰Noé, o cultivador, começou a plantar uma vinha. ²¹Bebendo vinho, embriagou-se e ficou nu dentro de sua tenda. ²²Cam, pai de Canaã, viu a nudez de seu pai e advertiu, fora, a seus dois irmãos. ²³Mas Sem e Jafé tomaram o manto, puseram-no sobre os seus próprios ombros e [com isso] andando de costas, cobriram a nudez de seu pai; seus rostos [eles conservavam] voltados para trás e eles não viram a nudez de seu pai.

Por meio da **vinicultura** que Noé começa, cumpre-se o veredicto de seu pai, segundo o qual esse filho, um dia, minoraria a maldição que Deus lançara sobre o solo (Gn 5,29). De fato, o labor da agricultura é amenizado pelo caráter festivo da vinha. Considerava-se Noé não somente o herói do grande dilúvio mas também o criador do lagar. Ao contrário dos antigos mitos (Dionísio/Baco), tal como as demais aquisições culturais narradas na história bíblica dos primórdios, a vinicultura remonta a um ser humano, e não a uma divindade.

> Embora a Bíblia tenha ligado o achado de Noé a uma conseqüência um tanto infeliz, ela estava convencida de que o objetivo do vinho era "alegrar o coração humano" (Sl 104,15). O mesmo diz o livro dos Provérbios: "Dá licor ao moribundo, e vinho aos amargurados: bebam e esqueçam-se da miséria, e não se lembrem de suas penas!" (Pr 31,6-7).

A menção da vinicultura serve de deixa para o verdadeiro tema, ou seja, o relato acerca da **embriaguez** de Noé e suas conseqüências. A ebriedade, como tal, que talvez remonte a um desconhecimento do efeito embriagante do vinho, não é, em si, censurada; não, porém, a reação de Cam, que **viu a nudez de seu pai e advertiu, fora, a seus dois irmãos**. É evidente que o narrador viu no comportamento de Cam uma grande falta de respeito para com seu pai, desonrado por sua nudez. Alguns exegetas são de opinião que, no contemplar a nudez poderia também estar contida uma alusão à devassidão sexual, condenada pelos israelitas nos habitantes de Canaã, descendentes de Cam, em seus ritos de fertilidade depois da colheita. De acordo com outros intérpretes, ao contrário, no episódio o narrador teria visto apenas que Cam simplesmente deixou o pai como estava, desonrado por sua nudez, de acordo com a mentalidade de então, o que constituiu um ato de desrespeito.

Seja como for, a ação dos dois irmãos, que respeitosamente **cobriram a nudez de seu pai**, é descrita com detalhada prolixidade e, com isso, contraposta ao gesto ímpio de Cam, numa antecipação do mandamento do Decálogo do Monte Sinai: "Honra teu pai e tua mãe…".

Uma maldição:

9 ²⁴Quando Noé acordou de sua embriaguez, soube o que lhe fizera seu filho mais jovem. ²⁵E disse: "Maldito seja Canaã! Que ele seja, para seus irmãos, um escravo dos escravos!".

O texto que ora se segue não é imediatamente esclarecedor em sua lógica. Surpreende já o fato de se dizer que "Noé soube o que lhe fizera seu **filho mais jovem**", visto que, na seqüência dos nascimentos, antes e depois, Cam é mencionado sempre em segundo lugar. Por trás disso, pode estar apenas, talvez, um problema filológico em torno do superlativo hebraico, ou um significado paralelo de "jovem" no sentido de "ínfimo/ indigno". No entanto, agora a surpresa é ainda maior, visto que Noé não pune o verdadeiro culpado, Cam, mas o filho deste, **Canaã: "Que ele seja, para seus irmãos, um escravo dos escravos"**, ou seja, o menor dos escravos. Portanto, o castigo não atinge Cam diretamente; ele repousa, antes, na perda de um membro da família mediante a submissão de um de seus filhos sob Sem e Jafé, os quais aqui são chamados de "irmãos", conforme o costume oriental de Canaã.

A estranha transferência da maldição de Cam para Canaã só se torna inteligível quando se considera o relato como afirmação política sob a forma de uma narrativa de família. Evidentemente o narrador buscou uma fundamentação etiológica para a servidão a que os habitantes de Canaã estavam submetidos no tempo histórico. Pode-se perguntar por que ele, entre as diversas possibilidades de que certamente dispunha, escolheu para isso precisamente a saga da falta de um filho contra o pai. Sua argumentação vai no sentido de que se torna escravo aquele que, mediante a falta de respeito para com as gerações mais antigas, coloca-se fora da continuidade do nexo entre as gerações. A característica do escravo é que ele não pode mais derivar nenhum direito de sua descendência.

Duas bênçãos:

9 26E [Noé] disse também: "Bendito seja Iahweh, o Deus de Sem, e que Canaã seja seu escravo! 27Que Deus dilate Jafé, que ele habite nas tendas de Sem, e que Canaã seja seu escravo!".

Tal como a maldição de Canaã, também os ditos subseqüentes de Noé a respeito de Sem e de Jafé, os quais prometem, cada um, o domínio de ambos sobre Canaã, são formulados de maneira estranha. O louvor a **"Iahweh, Deus de Sem"**, bem como o desejo de que **Deus dilate Jafé, que ele habite nas tendas de Sem**, levantam questões que somente com muita dificuldade obtêm uma resposta. Talvez se trate de um presságio de que, da linhagem de Sem, surgirá a adoração de Iahweh e de que os descendentes de Jafé penetrarão no espaço reservado originalmente aos semitas.

Conclusão da história de Noé:

9 **28Depois do dilúvio, Noé viveu [ainda] trezentos e cinqüenta anos. 29Toda a duração da vida de Noé foi de novecentos e cinqüenta anos, depois morreu.**

Alguns exegetas são de opinião que a nota explícita "depois do dilúvio", junto à informação sobre os anos de vida de Noé, repetida logo a seguir em Gn 10,1, aponta para um corte importante no decurso histórico. Com isso, o narrador pretenderia, pois, concluir seu relato a respeito do sombrio tempo primevo e mostrar o início do tempo histórico. Por essa razão, a "história bíblica dos primórdios" abrange somente os capítulos de 1–9, ao passo que a história dos patriarcas já começa no capítulo 10.

Domínio de seres humanos sobre os semelhantes

A servidão está em desacordo com a igualdade de todos os seres humanos, enfatizada no início desta seção e que havia sido expressa mediante sua descendência comum. Até mesmo gradações no status, devido ao nascimento de segundas mulheres ou de concubinas/servas não foram inicialmente previstas para os descendentes dos três filhos de Noé. De fato, quando da entrada na arca, são mencionadas expressamente suas "três mulheres" (Gn 7,14), donde resulta que eles viviam monogamicamente.

Com efeito, a realidade social e política da humanidade pós-paradisíaca era e é diferente. Até hoje ela está marcada pela dependência mútua entre os seres ou de um povo em relação a outro povo, ainda que, talvez, não sempre nem em toda parte, sob a crassa forma de escravidão ou de colonização. O narrador bíblico precisava tratar do tema em sua narrativa. Mais uma vez, a propósito, ele vestiu sua apresentação com a roupagem mítica de uma narrativa sobre um "pecado original", a fim de mostrar que a instituição da escravatura, como já a canseira do trabalho e a submissão da mulher ao homem, não são queridas por Deus, mas decorrem de falha humana.

Com isso, agora também a estrutura narrativa do texto torna-se compreensível. A descendência de todos os seres humanos dos filhos de um homem, afirmada no começo, estabelece, como apresentação, uma situação inicial de fraterna igualdade, ao passo que, em contraste com isso, as maldições e bênçãos de Noé, no exemplo de Canaã, deixam claro que no mundo pós-paradisíaco existe o domínio dos seres humanos sobre seus semelhantes.

Um esboço da história do Oriente Próximo?

As dificuldades especiais da seção narrativa acerca da maldição e da bênção dos filhos de Noé consistem em que, nela, diversos tipos de elementos narrativos foram entretecidos uns nos outros: a ênfase sobre a origem comum da raça humana (vv. 18-19), uma nota histórico-cultural sobre o começo da vinicultura (v. 20), um relato a respeito de uma ação má e de uma ação boa dos filhos de Noé, bem como sua punição e recompensa com maldição e bênção (vv. 21-27) e, finalmente, as informações acerca da idade de Noé e de sua morte (vv. 28-29). Apesar de tudo, após a explicação de cada elemento, seja permitida a tentativa de demonstrar outro aspecto, mais abrangente.

Como resulta da "tábua das nações", no capítulo 10, imediatamente subseqüente, os futuros grupos de nações dos semitas, camitas e jafetitas são personificados nos três filhos de Noé, mediante o que os povos individualmente são designados respectivamente como "filhos" de Sem, Cam ou Jafé. Canaã foi assinalado para o grupo de Cam, visto que se havia conservado a lembrança de que essa terra, originalmente, estava intimamente ligada a outro filho de Cam, o Egito, mencionado na Bíblia de Mesraim. Dado que o Egito, porém, por volta do final do século II a.C., perdeu sua influência sobre Canaã, faz sentido ver nessa perda um castigo infligido a Cam.

As interpretações, aliás, divergem a respeito de a qual situação histórica aludem as afirmações acerca de um domínio de Sem e de Jafé sobre Canaã. Na maioria das vezes, cogita-se o tempo de Davi e Salomão (séc. X a.C.), quando os cananeus estavam sujeitos aos israelitas, descendentes de Sem, ao passo que parte da terra era dominada pelos filisteus, os quais, por essa razão, são considerados, por alguns exegetas, como descendentes de Jafé. No entanto, não é possível que se trate deles, pois, na Bíblia, eles são inequivocamente atribuídos à linha descendente de Cam (Gn 10,14).

Talvez a solução do enigma esteja no fato de que o versículo a respeito de Jafé não indique nenhuma simultaneidade com Sem no domínio sobre Canaã, mas aponte para um tempo posterior. Assim, na promessa de que Jafé terá "amplo espaço" e de que "habitaria nas tendas de Sem", poder-se-ia ver uma alusão à grandeza dos persas que, a partir do século VI a.C., difundiram-se na região dos semitas e, portanto, reinaram sobre Canaã. De fato, na Bíblia, os medos/persas são introduzidos sob o nome de "Madai" como filhos de Jafé (Gn 10,2).

Se tal solução parece aceitável, então esconder-se-ia espantosamente nos versículos de bênção e de maldição de Noé um esboço da história do Oriente Próximo, que vai de meados do segundo até meados do primeiro milênio: a terra de Canaã, inicialmente sob a soberania do Egito, passa ao domínio dos semitas israelitas, antes de tornar-se parte do reino persa.

A "tábua das nações" (Gn 10)

Após o entreato da maldição de Canaã, retoma-se o tema da povoação da terra por meio dos descendentes dos três filhos de Noé.

10 [1]Eis a descendência dos filhos de Noé, Sem, Cam e Jafé, aos quais nasceram filhos depois do dilúvio:

[2]<u>Filhos de Jafé</u>: Gomer, Magog, Madai, Javã, Tubal, Mosoc, Tiras. [3]Filhos de Gomer: Asquenez, Rifat, Togorma. [4]Filhos de Javã: Elisa, Társis, os Cetim, os Dodanim. [5]A partir deles fez-se a dispersão nas ilhas das nações. [Esses foram os filhos de Jafé] em suas terras, cada qual segundo sua língua, segundo seus clãs e segundo suas nações.

[6]<u>Filhos de Cam</u>: Cuch, Mesraim, Fut, Canaã. [7]Filhos de Cuch: Sabá, Hévila, Sabata, Regma, Sabataca. Filhos de Regma: Sabá, Dadã. [8]Cuch gerou Nemrod, que foi o primeiro potentado sobre a terra. [9]Foi um valente caçador diante de Iahweh, e é por isso que se diz: "Como Nemrod, valente caçador diante de Iahweh". [10]Os sustentáculos de seu império foram Babel, Arac, Acad e Calane, cidades que estão todas na terra de Senaar. [11]Dessa terra saiu Assur, que construiu Nínive, Reobot-Ir, Cale, [12]e Resen entre Nínive e Cale: é a grande cidade. [13]Mesraim gerou os de Lud, de Anam, de Laab, de Naftu, [14]de Patros, de Caslu, de onde saíram os filisteus, e os de Cáftor. [15]Canaã gerou Sidon, seu primogênito, depois Het, [16]e o jebuseu, o amorreu, o gergeseu, [17]o heveu, o araceu, o sineu, [18]o arádio, o samareu, o emateu; em seguida, dispersaram-se os clãs cananeus. [19]A fronteira dos cananeus ia de Sidônia em direção de Gerara, até Gaza, depois em direção de Sodoma, Gomorra, Adama e Seboim, até Lesa. [20]Esses foram os filhos de Cam, segundo seus clãs e suas línguas, segundo suas terras e suas nações.

[21]Uma descendência nasceu também a Sem, o pai de todos os filhos de Héber e irmão mais velho de Jafé. [22]Filhos de Sem: Elam, Assur, Arfaxad, Lud, Aram. [23]Filhos de Aram: Hus, Hul, Geter e Mes. [24]Arfaxad gerou Salé e Salé gerou Héber. [25]A Héber nasceram dois filhos: o primeiro

chamava-se Faleg, porque em seus dias a terra foi dividida, e seu irmão chamava-se Jectã. ²⁶Jectã gerou Elmodad, Salef, Asarmot, Jaré, ²⁷Aduram, Uzal, Decla, ²⁸Ebal, Abimael, Sabá, ²⁹Ofir, Hévila, Jobab; todos esses são filhos de Jectã. ³⁰Eles habitavam a partir de Mesa, em direção de Sefar, a montanha do Oriente. ³¹Esses foram os filhos de Sem, segundo seus clãs e suas línguas, segundo suas terras e suas nações.

³²Esses foram os clãs dos descendentes de Noé, segundo suas linhagens e segundo suas nações. Foi a partir deles que os povos se dispersaram sobre a terra depois do dilúvio.

A dupla observação, no início e no fim do texto bíblico, de que os descendentes dos filhos de Noé nasceram **após o dilúvio** sublinha a ruptura entre a humanidade precedente e a nova.

A humanidade agora é formada por **nações**, ao que se alude diversas vezes (vv. 5.20.31 e 32). Uma explicação para tal fenômeno não será dada aqui. Ela será concedida como texto elucidativo, por assim dizer, na seção posterior acerca da Torre de Babel. A derivação dos povos a partir dos **"filhos"** e dos **"filhos dos filhos"** de um ancestral era um esquema comum no Oriente, a fim de organizar tribos ou nações em grupos e subgrupos.

Mencionam-se, em primeiro lugar, os descendentes de Jafé (vv. 2-5), o filho mais jovem de Noé. Em seguida, vêm os descendentes de Cam (vv. 6-20), ao passo que Sem, o filho mais velho de Noé, fica em último lugar (vv. 21-31). No entanto, ele recebe expressamente o título honorífico de **"irmão mais velho de Jafé"** e **"pai de todos os filhos de Héber"**. A menção de Héber, na verdade o bisneto de Sem (Gn 11,14), remonta provavelmente a um jogo de palavras com "hebreu". A inversão da seqüência usual dos irmãos adverte que em breve a atenção se voltará completamente para a linha de Sem, da qual surge Abraão (Gn 11,10-26).

Particularmente notável é a inserção a respeito de **Nemrod**, a qual descreve a carreira do primeiro fundador de um grande império (vv. 8-12). Ele é apresentado como **"valente"** (em hebraico *gibbor*, "herói/guerreiro") e por duas vezes como **"valente caçador"**, talvez em alusão à freqüente representação dos reis assírios em combate com animais selvagens. O adendo **"diante do Senhor/Iahweh"** remonta, presumivelmente, a um dito sapiencial; mas poderia também significar: "Obstinado perante Iahweh". A tríplice ênfase do poder (violência) de Nemrod leva a pensar numa reedição da figura de Lamec (Gn 4,23), desta feita em dimensões políticas, como esta, no interior da história dos primórdios, corresponde à época marcada pela existência das nações. Como filho de Cuch, Nemrod era um camita [descendente de Cam], portanto, possivelmente, um usurpador estrangeiro já em seu reino incipiente; com efeito, os nomes aqui mencionados de Babel, Arac, Acad eram antigas capitais de dinastias em "Senaar", isto é, no sul da Mesopotâmia que, em si, pertencia à região dos semitas. Seu ataque contra a igualmente semita Assur, no norte da Mesopotâmia, e a construção de Nínive e Calane, ambas temporariamente capitais do reino assírio, leva a supor uma expansão violenta de seu domínio. Aliás, não se pode constatar se, por trás de Nemrod, existe uma figura histórica.

Quanto a **Faleg**, cujo nome, em hebraico, pode ser compreendido como "divisão", a anotação de que "em seus dias a terra foi dividida" (v. 25) refere-se seja à dispersão da humanidade depois da Torre de Babel, seja a uma separação dos descendentes de Jectã, enumerada imediatamente a seguir como um subgrupo autônomo no meio dos semitas. Em favor desta última hipótese, depõe o fato de Jectã ser considerado, na tradição, como avô de tribos árabes.

Como exemplo para o esquema bíblico de organização dos povos de acordo com filhos e filhos dos filhos, poderiam ser descritas as esferas de influência dos países do oeste europeu, por volta do ano 1700:

"X possuía três filhos: Britão, Gálio e Ibério. Os filhos de Britão eram Ângelo, Escoto, Wales, Irlando e Massachussete. Os filhos de Gálio eram Canadá e Haiti. Os filhos de Ibério eram Espano e Portugo. Os filhos de Espano chamavam-se Aragão, Castelo, Cuba, México e Peru, ao passo que os de Portugo eram Madeira, Brasil e Guiné".

A lista de todas as nações é, na maioria das vezes, chamada de "tábua da nações". A tradição judaica conta nela 70 nações, à semelhança das 70 pessoas da casa de Jacó, quando de sua descida para o Egito (Gn 46,26-27), das 70 gerações de Israel (Nm 26,27), dos 70 anciãos, mencionados diversas vezes na Bíblia, ou, na virada do século, dos 70 membros do alto conselho (sinédrio). Trata-se de um número que simboliza enorme plenitude, como conseqüência do efeito da bênção divina sobre Noé e seus filhos: "Sede fecundos, multiplicai-vos e enchei a terra" (9,1).

Em um mapa moderno, em traços rápidos, resultaria mais ou menos assim a distribuição da humanidade sobre o globo terrestre:

* No norte e no oeste, nas costas do Mar Negro e nos países mediterrâneos, habitam os **filhos de Jafé**, cujo nome está ligado a "Iapetos", um titã da saga grega.

* na margem sul da terra, encontram-se os domicílios dos **filhos de Cam**, em cujo nome, para os hebreus, ressoa "calor": no Sudão/Etiópia e no Egito, bem como na Palestina, na Síria ocidental, no Líbano e até mesmo na ilha de Creta.

* entre Jafé e Cam, no centro, fixam-se os **filhos de Sem** (em hebraico, "nome/aparência"), cuja região vai do oeste do Irã, passando pelo Iraque até a Síria e a Arábia.

Ainda hoje, mesmo que aproximativamente, ainda é possível determinar a maioria dos povos ou cidades mencionados. Aliás, sua distribuição nada tem a ver com circunstâncias étnicas ou lingüísticas, como mais tarde tornou-se comum, por exemplo, na distinção entre línguas ou raças "semitas" ou "camitas".

OS JAFETITAS

Gomer leva a pensar no povo dos cimérios, mencionados também por Homero (*Od.* XI,13) e por Heródoto (I,15 e 103; II,11ss). Inicialmente, eles se fixaram na margem norte do Mar Negro, ao que ainda pode apontar o nome da península Krim; mais tarde, na Anatólia ocidental. Em **Gog e Magog**, mais tarde se viram nomes de povos misteriosos, que ameaçavam Israel (Ez 38 e 39) ou a Igreja (Ap 20,7-10). Na tábua das nações, poderia estar indicado o rei Giges, conhecido a partir da história grega, cuja terra, Lídia, na Ásia Menor, foi também chamada de Magog. **Madai** são os medos/persas; e **Javã**, os jônios/gregos. **Tubal** e **Mosoc**, na maioria das vezes mencionados juntos, presumivelmente são os nomes para os cilicianos e frígios da Ásia Menor. Por trás do nome **Tiras**, presumem-se os etruscos, chamados *tyrsenoi/tyrrhenoi* entre os gregos, o que ainda recorda o "Mar Tirreno", entre a Itália, a Córsega e a Sardenha.

Dentre os filhos de Gomer, **Asquenez** indica os habitantes de Citópolis, ao passo que **Togorma** e **Rifat** não são identificáveis. Com os filhos de Javã, aponta-se para a expansão dos navegadores gregos no Mar Mediterrâneo:

de **Elisa** (na verdade Chipre) a **Társis** (no sudoeste da Espanha ou na Sardenha); no que diz respeito aos **Cetim**, pensa-se nos sicilianos ou na cidade de Quiton/Quition, em Chipre; quanto aos **Dodanim**, sem dúvida trata-se dos habitantes da Ilha de Rodes.

OS CAMITAS

Cuch indica Etiópia, Núbia e algumas tribos e/ou lugares (escritórios comerciais?) na Arábia. Entre os seus "filhos", podem-se identificar **Saba** com o país e o povo ao sul do Egito (Méroe?); **Sabata**, talvez com o lugar Sabata/Sabota, no Hadramaut iemenita; e **Sabá** (termo grego para o hebraico *Sheba*), com o povo mercador dos sabeus, no sul da Arábia. **Mesraim** é o Egito, e **Fut** é a Líbia. Entre os filhos de Mesraim, ao lado dos **patros**, isto é, os habitantes do alto Egito, apenas os **filisteus** e **os de Cáftor**, ou seja, os cretenses, são reconhecíveis. Os primeiros, oriundos da área do Mar Mediterrâneo, eram, na verdade, descendentes dos chamados povos do mar, que em 1200 a.C. tentaram, em vão, conquistar o Egito mas, a seguir, sob a tolerância dos egípcios, fixaram-se na costa palestinense; os cretenses são aqui introduzidos certamente devido às estreitas relações políticas e econômicas com o Egito. Os lugares mencionados em conexão com **Nemrod**, tanto quanto podem ser identificados, são esclarecidos nas informações a respeito dessa personagem.

Canaã, que teve um papel importante no relato precedente acerca da irreverência de Cam, abrangia a Palestina com a Fenícia, a qual, mais tarde, não mais será ligada a Canaã como "terra prometida". Como primeiro "filho", menciona-se **Sidon**, a cidade portuária fenícia na região do atual Estado do Líbano; a seguir, os elementos da povoação pré-israelita na região da Palestina: **Het** tem a ver com os hititas, considerados na Bíblia como uma das populações da terra, talvez grupos dispersos do antigo reinado hitita que, como tal, não aparece na tábua das nações. Os **jebuseus** pertenciam aos habitantes primitivos de Jerusalém, os **amorreus** eram originalmente imigrantes semitas oriundos da Mesopotâmia, ao passo que os **gergeseus** e os **heveus** não podem ser exatamente determináveis. Então a enumeração se volta de novo para o norte: os **arádios** apontam para a Ilha Arados, assim chamada ainda hoje, situada a dois quilômetros da cidade síria costeira de Tartus, e os **emateus** indicam a cidade de Cam, na Síria atual, ao norte de Damasco, ao passo que os **araceus**, os **sineus** e os **samareus** eram provavelmente tribos da costa fenícia.

A **região de Canaã** é demarcada mediante uma linha norte–sul, ao longo da costa mediterrânea, de Sidônia, passando por Gerara (uma cidade arruinada no Negev) até Gaza, a qual, dali, continua na direção oriental até as cidades de Sodoma e Gomorra, Adama e Seboim, que se acreditava situadas junto ao Mar Morto. A localização de Lesa não é conhecida, de forma que as fronteiras oriental e setentrional permanecem obscuras.

OS SEMITAS

Elam é um antigo reino no atual Irã, em Susa. **Assur** indica a alta Mesopotâmia, no médio Tigre, e **Arfaxad**, em cujo nome talvez se oculte a raiz *kashdim*, isto é, caldeus, designa a região em torno da Babilônia, portanto, a baixa Mesopotâmia. Sob **Lud**, presume-se a Lídia, um país na Ásia Menor, ao passo que **Aram** indica inequivocamente a Síria atual. O aramaico, que era também a língua de Jesus, a partir de meados do primeiro milênio antes de Cristo, tornou-se a língua comercial comum numa gigantesca região que ia do Egito ao Indus.

Os **filhos de Aram** não são identificáveis, ao passo que os nomes dos **filhos de Arfaxad** — Salé, Héber e Faleg — referem-se claramente a pessoas. Já no caso dos treze **filhos de Jectã**, trata-se novamente de indicações geográficas. A maioria indica tribos ou regiões no sul da Arábia que não são mais localizáveis. Somente **Asarmot** aponta para a paisagem de Hadramaut, no atual Iémen, e **Uzal**, presumivelmente, acenaria para um nome primitivo de Sana, a moderna capital do Iêmen. A região de **Ofir** é bastante famosa por seu ouro, mas sua posição geográfica permanece um enigma. As informações conclusivas a respeito da **zona de colonização dos filhos de Sem** não são mais verificáveis.

Uma geografia bíblica

Enquanto as duas outras grandes genealogias da história bíblica dos primórdios (cap. 5 e 11,10-26) apresentam uma sucessão temporal, a "tábua nas nações" é, de um lado, uma lição de geografia e, por isso, sem indicações temporais, visto que ela organiza os povos e tribos do conhecido mundo de então de acordo com seus domicílios; por outro lado, ela pretende também atestar que todas as nações, mediante sua descendência de Noé e de seus três filhos, são aparentadas e, portanto, pertencem a uma humanidade criada por Deus. As indicações remontam, presumivelmente, a registros de expedições militares assírias e de outros reis, bem como a notícias acerca de relações comerciais, tal como foram reunidas nos tempos mesopotâmicos, talvez também em Jerusalém, na primeira metade do primeiro milênio da era pré-cristã.

Existe, na verdade, um "mapa-múndi" babilônico primitivo, que foi até mesmo conservado numa cópia tardia proveniente do século VI a.C. Contudo, suas informações, comparadas ao texto bíblico, são rudimentares. A tábua bíblica das nações, em contrapartida, com sua imensa quantidade de povos e cidades apresentados, é única para o tempo de então. Certas irregularidades lingüísticas e o duplo surgimento de alguns nomes semelhantes ou parecidos apontam para uma origem a partir de pelo menos duas fontes diferentes. A redação final deverá ter sido mais ou menos concomitante à do mapa-múndi (perdido) produzido na cidade grega ásio-menor de Mileto, pelo discípulo de Tales, Anaximandro, por volta do ano 550, completado e munido de uma descrição (conservada apenas em fragmentos) posteriormente por Hecataio, em cerca de 510.

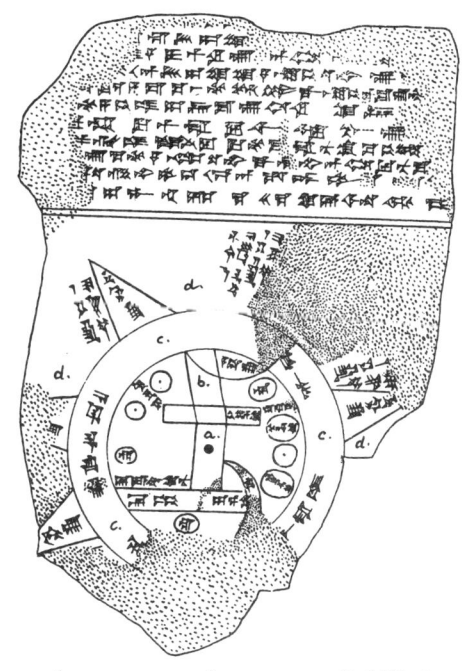

FIGURA 19 – O mundo como uma chapa, com a Babilônia no centro (a), dividida de norte a sul pelo rio Eufrates (b), rodeada por cidades e países (ovais, círculo), pelo Mar Amargo (c) e por regiões cósmicas (d), sobre uma tábua de argila babilônica, gravada em escrita cuneiforme, surgida por volta do ano 500 a.C.

A dispersão da humanidade (Gn 11,1-9)

A "tábua das nações" precedente levanta a pergunta acerca de como se chegou à articulação da humanidade, originalmente una, em nações com línguas distintas. A resposta do narrador bíblico é, mais uma vez, uma etiologia. Nela, obviamente, ele misturou, umas às outras, antigas tradições difundidas em diversos povos, que pretendiam explicar a variedade das línguas ou a dispersão das pessoas com o malogro de um grande projeto de construção.

O plano dos seres humanos:

11 ¹Todo o mundo se servia de uma mesma língua e das mesmas palavras. ²Como eles emigrassem para o oriente, encontraram um vale na terra de Senaar e aí se estabeleceram. ³Disseram: "Vinde! Façamos tijolos e cozamo-los ao fogo!". O tijolo lhes serviu de pedra e o betume de argamassa. ⁴Disseram: "Construamos uma cidade e uma torre cujo ápice penetre nos céus! Façamo-nos um nome e não sejamos dispersos sobre toda a terra!".

A constatação: **"Todo o mundo se servia de uma mesma língua e das mesmas palavras"** serve de exposição para a narrativa, que se conclui com a situação de uma variedade de línguas. O tempo dos acontecimentos permanece indeterminado, à semelhança do "Era uma vez" do início das fábulas.

Igualmente indeterminado e, ademais, textualmente obscuro é o começo da ação: **"Como eles (**os seres humanos) **emigrassem para o oriente..."** (em algumas traduções: "Eles mudaram-se para o oriente"). Mais precisa é a indicação concreta da invenção do cozimento de tijolos e do uso de asfalto, ou seja, betume, usado no **vale da terra de Senaar**, isto é, Babilônia, constituído de areia movediça e saibro, em lugar da construção com pedra e argamassa, comum em outras partes. Essa nova invenção técnica fornece o impulso para o plano de **construir uma cidade e uma torre.**

A meta dos seres humanos — **fazer-se um nome**, isto é, tornar-se famosos — é expressão de orgulho auto-suficiente; a intenção deles de **preservar-se da dispersão** provém do medo de se desintegrarem em estruturas políticas autônomas.

Na maioria das vezes, diz-se que, em relação à **torre cujo ápice penetra nos céus**, o narrador teria pensado na gigantesca torre do templo da Mesopotâmia e teria visto o delito humano no fato de que eles pretendiam penetrar desautorizadamente no reino da divindade. Tal "zigurate" era escalonado e construído sem vãos interiores, com pequenos terraços salientes sobrepostos, feitos de material firme. Escadarias conduziam ao terraço mais alto, sobre o qual ficava um templo, ideado para o encontro com a divindade.

A motivação da construção da torre, apontada como um desejo ímpio dos seres humanos de participar da esfera divina, não corresponde ao verdadeiro nó da narrativa. Com efeito, "cidade e torre" era a expressão corrente para uma cidade firme, e a palavra hebraica usada na Bíblia para designar "torre" não indica nenhum edifício sagrado, mas uma torre militar, uma cidadela. O objetivo da construção que mantém as pessoas unidas residia, portanto, no âmbito político-militar. A imagem usada para a altura da torre como algo que alcança até os céus é, por conseguinte, um superlativo que aponta para o ímpeto voltado para a arquitetura colossal, como ela, desde sempre, é símbolo característico de uma identidade coletiva abrangente para impérios e já concretizado nos reinos assírios e babilônios, fundados na violência e na opressão.

Por trás do plano da construção da torre, imaginada como projeto tecnológico de proporções gigantescas, ocultava-se uma mistura de arrogância e medo, típicos dos grandes conquistadores e fundadores de "impérios" de todos os tempos. Eles pretendem juntar todas as pessoas sob seu poder e temem todo aquele que fica de fora, porque ele poderia tornar-se uma ameaça militar ou econômica.

Em seu famoso filme *Metrópolis* (1926), Fritz Lang tem uma horrível visão de futuro do mundo técnico-industrial, a qual cita a história bíblica da construção da torre, e lhe deu, com razão, uma interpretação política e social.

Figura 20 – Reconstrução da torre babilônica escalonada (zigurate) de 91 metros, cujos degraus levavam da base do templo, no chão, à morada do deus, no ápice, e era concebida como "elo entre céu e terra".

A reação de Deus:

11 ⁵Ora, Iahweh desceu para ver a cidade e a torre que os homens tinham construído. ⁶E Iahweh disse: "Eis que todos constituem um só povo e falam uma só língua. Isso é o começo de suas iniciativas! Agora, nenhum desígnio será irrealizável para eles. ⁷Vinde! Desçamos! Confundamos a sua linguagem para que não mais se entendam uns aos outros". ⁸Iahweh os dispersou dali por toda a face da terra, e eles cessaram de construir a cidade.

Às reflexões e ao agir dos seres humanos, Deus reage igualmente com uma reflexão e com um ato. Em primeiro lugar se diz: **"Ele desceu"** a fim de ver a construção, uma expressão que não remonta a uma imagem primitiva de Deus, mas que indica, ironicamente, que Deus precisa primeiramente aproximar-se a fim de poder perceber a supostamente tão alta torre.

A ponderação: **"Agora, nenhum desígnio será irrealizável para eles"** reproduz uma fórmula que, em outras passagens bíblicas, parafraseia a onipotência de Deus: "Tudo o que ao Senhor apraz ele o realiza" (p. ex., Sl 135,6 e 115,3). A reação de Deus pretende, portanto, impedir a possibilidade de uma transgressão dos limites da natureza humana, o que poderia evidentemente acontecer, caso a humanidade agisse por conta própria.

O meio pelo qual Deus reage é a **confusão das línguas**. Visto que a função delas como meio fundamental da cooperação humana é perturbada, surgem mal-entendidos e, com isso, conflitos que fazem aparecer sempre novas divisões em grupos que seguem seus próprios rumos. Isso leva necessariamente à **dispersão dos seres humanos sobre toda a terra**. Dessa maneira, realiza-se a o mandato original de Deus "enchei a terra" (Gn 1,28), ao passo que a intenção contrária dos seres humanos de conservar a própria unidade mediante um baluarte é aniquilada: **"Eles tiveram que suspender a construção da cidade"**. A Bíblia não fala de uma destruição da torre pela divindade, como acontece com o final de alguns desses mitos, mas apenas da ausência de forças para o arremate da construção.

Às vezes se pode ouvir dizer que a iniciativa de Deus em relação à construção da torre teria sido motivada pelo medo de um crescimento do poder humano. Tal suposição, aliás, dificilmente se conformaria com a imagem de Deus do narrador bíblico. A iniciativa explica-se muito mais, sem forçar, a partir da intenção de Deus de, finalmente, levar a cabo sua ordem, dirigida diversas vezes aos seres humanos, de espalhar-se pela terra. Possivelmente, para além disso, tratava-se também de uma medida preventiva em prol dos seres humanos em relação ao perigo de um despotismo universal. Em prol dessa interpretação depõe o fato de em uma narrativa suméria, que descreve uma antiga idade de ouro, com uma língua unitária, precisamente o deus da sabedoria, a saber, Enki, que era amigo das pessoas humanas, confunde-lhes a língua.

Um comentário:

11 ⁹Deu-se-lhe o nome de Babel, pois foi lá que Iahweh confundiu a linguagem de todos os habitantes da terra e foi lá que ele os dispersou sobre toda a face da terra.

Em uma observação conclusiva acerca do nome da cidade, o narrador, cheio de sarcasmo, deixa claro que, por certo, os construtores conseguiram concluir a torre e fazer-se um nome, mas de forma bem diferente da que tinham imaginado. Com **Babel**, indica-se a Babilônia, altamente famosa na Antiguidade, cujo nome nos escritos cuneiformes é interpretado positivamente como *bab-ili*, ou seja, "portão de deus". A derivação ironicamente desvalorizada da palavra hebraica *balal*, isto é, **"confundir"** ocorre, ao contrário, devido a sua evidente improbabilidade, uma etimologia conscientemente tendenciosa. Ela testemunha a experiência traumática dos judeus sob o rei babilônico Nabucodonosor. No ano 587 a.c., ele havia destruído Jerusalém, a capital deles, e deportado a classe dirigente do país para a Mesopotâmia, onde deviam viver com diversos outros povos cujas línguas lhes eram incompreensíveis.

O escárnio contra Babel ajusta-se bem ao tempo depois da derrocada do império babilônico. A tomada do domínio sobre o Oriente Próximo da parte dos persas (a partir de 539 a.c.) foi, aos olhos dos judeus, a libertação do jugo de um odioso estado opressor, visto que os persas permitiram que os povos exilados, inclusive os judeus, voltassem a sua pátria, deixando-os viver aí conforme seus próprios costumes e tradições religiosas. Durante o reinado persa, que durou mais de dois séculos, deu-se a redação final da maioria dos escritos veterotestamentários.

No judaísmo da virada do milênio e no Novo Testamento, "Babilônia" tornou-se pseudônimo para Roma e, de modo geral, símbolo para uma potência mundial hostil a Deus (1Pd 5,13; Ap 14,8). No cristianismo, opõe-se-lhe a boa-nova de Jesus do Reino de Deus, que leva os seres humanos a uma nova unidade, tal como se revelou em Pentecostes, quando a efusão do Espírito Santo rompeu todas as barreiras lingüísticas (At 2,1-11).

A antiga Babel ou Babilônia achava-se no coração da Mesopotâmia, junto ao Eufrates. Viveu um primeiro período sangrento sob o célebre rei e legislador Hamurábi (por volta do ano 1700 a.C.), mais ou menos no tempo dos patriarcas bíblicos. Posteriormente, a Babilônia caiu por muito tempo sob o domínio estrangeiro. Somente na passagem do VII para o VI século a.C. é que se tornou, mais uma vez, a capital de um poderoso reino, que abrangia a Síria e a Palestina. Na época, seguiu-se uma esplêndida reconstrução da cidade. Dela provêm os restos que foram escavados nos últimos cem anos, quando da Babilônia de Hamurábi mal foram encontrados vestígios. Portanto, as duas cidades não remontam a um tempo primordial mítico, como o sugere a Bíblia. A reconstrução aconteceu sob o rei Nebukadnezar (Nabucodonosor), que reinou entre os anos 605-562 a.C. Durante o exílio na Mesopotâmia, os judeus devem ter conhecido sua fabulosa capital, que era, ao mesmo tempo, uma cidadela.

Com os achados escavados, pode-se reconstruir a aparência da cidade de então.

No museu Pergamon de Berlim, pode-se admirar uma réplica da esplêndida rua da procissão. Sobre ela, no dia de Ano-Novo, a imagem da deusa Ishtar era levada solenemente ao palácio do rei, a fim de invocar a bênção da divindade sobre o país e sobre o rei. A rua media 23 metros de largura e quase um quilômetro de comprimento. Ela conduzia à mais bela das oito portas, àquela da deusa Ishtar. Contudo, imponente também devia parecer a fortificação de Babilônia. Com seus dezoito quilômetros de comprimento, suas espessas muralhas e diversas torres, ela era, no mundo antigo, até então, uma obra de fortificação única do gênero. Encontraram-se também os restos do templo principal. Era uma torre escalonada, que serve de ponto de partida para a saga da torre babilônica. Hoje se podem ver apenas os fundamentos em um buraco d'água. Antigamente, o templo elevava-se em cinco ou seis pisos em forma de terraços que se sobrepunham, cada um com pequenos diâmetros salientes. Eram interiormente maciços, e só se podia ter acesso ao edifício mediante escadas exteriores adequadas. A longitude lateral da base media cerca de 90 metros e a altura, presumivelmente, o mesmo. Construía-se com tijolo cru, ao passo que as paredes externas eram cobertas com tijolos esmaltados de azul.

Pluralidade de povos e "Estado universal"

A narrativa da construção da torre tem, em nossos dias, uma atualidade especial na discussão acerca de uma colaboração mais vigorosa no interior da comunidade estatal. De fato, o desafio, hoje em dia amiúde reclamado, de que os seres humanos, perante ameaçadoras catástrofes, deveriam fazer isso ou aquilo em relação à ecologia, ao crescimento populacional etc., malogra sempre de novo ante o fato de que "a humanidade", como comunidade capaz de agir, não existe. Os esforços atuais, no âmbito das Nações Unidas, por exemplo, de superar tal situação mostram sempre de novo, a cada dia, que Estados e nações, não obstante intermináveis morosas negociações, só mui raramente poderão estar concordes na realização de uma tarefa que seria necessária para a terra no futuro.

As Nações Unidas, dentro de seu princípio, compõem um fórum institucionalizado para o diálogo entre os Estados constituintes. Com isso, sem dúvida, exercem uma função importante. Contudo, se elas, algum dia, vierem a se tornar um verdadeiro "Estado universal", pode-se deixar em suspenso. Tal instituição poderia, aliás — e este é o verdadeiro ensinamento da narrativa bíblica —, rapidamente levar a novos antagonismos e divisões no seio da humanidade, caso fosse baseada apenas na ambição de poder e de eficiência tecnológica. A alternativa para isso — uma cooperação espontânea sob a renúncia à própria grandeza e à própria fama —, devido à "confusão das línguas", ou seja, da variedade dos pontos de vista e das perspectivas, deve ser construída sempre e tão-somente em situações específicas e com muita paciência.

De resto, na imagem da confusão das línguas, a Bíblia colocou diante dos olhos uma constituição fundamental humana, a qual — em sentido figurado — torna-se por si mesma observável lá onde a mesma língua é falada. Isso já vale para as pequenas comunidades como o matrimônio e a família, com muito mais razão, porém, para os âmbitos mais largos do Estado e da política, da economia ou da ciência, e até mesmo da religião. A dificuldade de se fazer compreender completamente com aquilo que se quer verdadeiramente dizer pertence a uma das mais dolorosas experiências do ser humano.

Os antepassados de Abraão (Gn 11,10-26)

A perspectiva até então universal agora se estreita em um dos três ramos da nova humanidade surgida depois do dilúvio: os descendentes de Sem. Com isso, conclui-se a história bíblica dos primórdios e começam as histórias dos patriarcas Abraão, Isaac e Jacó.

11 [10]Eis a descendência de Sem: quando Sem completou cem anos, gerou Arfaxad, dois anos depois do dilúvio. [11]Depois do nascimento de Arfaxad, Sem viveu quinhentos anos, e gerou filhos e filhas. [12]Quando Arfaxad completou trinta e cinco anos, gerou Salé. [13]Depois do nascimento de Salé, Arfaxad viveu quatrocentos e três anos, e gerou filhos e filhas. [14]Quando Salé completou trinta anos, gerou Héber. [15]Depois do nascimento de Héber, Salé viveu quatrocentos e três anos, e gerou filhos e filhas. [16]Quando Héber completou trinta e quatro anos, gerou Faleg. [17]Depois do nascimento de Faleg, Héber viveu quatrocentos e trinta anos, e gerou filhos e filhas. [18]Quando Faleg completou trinta anos, gerou Reu. [19]Depois do nascimento de Reu, Faleg viveu duzentos

e nove anos, e gerou filhos e filhas. [20]Quando Reu completou trinta e dois anos, gerou Sarug. [21]Depois do nascimento de Sarug, Reu viveu duzentos e sete anos e gerou filhos e filhas. [22]Quando Sarug completou trinta anos, gerou Nacor. [23]Depois do nascimento de Nacor, Sarug viveu duzentos anos, e gerou filhos e filhas. [24]Quando Nacor completou vinte e nove anos, gerou Taré. [25]Depois do nascimento de Taré, Nacor viveu cento e dezenove anos, e gerou filhos e filhas. [26]Quando Taré completou setenta anos, gerou Abrão, Nacor e Arã.

Essa genealogia dá continuidade à lista de Adão até Noé, no capítulo 5 do livro do Gênesis, mas contém apenas nove gerações, em vez de dez. Assim, **Abrão**, que mais tarde se chamará Abraão, encontra-se no final da sucessão de gerações de Sem, no décimo lugar, um número que simboliza plenitude e completeza. Daí resulta uma clara correspondência entre as duas genealogias para o tempo antes e depois do dilúvio. Ambas terminam com um "antepassado" que aponta para um recomeço: Noé para toda a humanidade, e Abraão para um povo especial.

Tal como já na genealogia do capítulo 5, os números das diversas tradições textuais não se harmonizam completamente na lista dos descendentes de Sem. Todavia, de acordo com o texto hoje geralmente tomado por base, a soma dos intervalos em anos entre as gerações na lista de Sem resulta, em todo caso, em um número interessante, a saber, 290 anos do fim do dilúvio até o nascimento de Abraão. Visto que Abraão, com a idade de 75 anos, deixará sua família e se mudará para Canaã (Gn 12,4), esse acontecimento decisivo para a história bíblica tem lugar 365 anos depois do dilúvio, um número de valor simbólico altamente positivo, dado que o ano solar tem 365 dias. Esse cálculo pressupõe, aliás, que se ignore a nota do v. 10 — "Dois anos depois do dilúvio" —, inexplicável para os exegetas, e se atenha à antiga indicação de 100 anos para Sem, a quem Noé, que quando o dilúvio irrompeu contava 600 anos (Gn 7,6), havia gerado com 500 anos (Gn 5,32).

A saída de Ur (Gn 11,27-32)

O texto bíblico contíguo à genealogia de Sem já pertence, na verdade, à história de Abraão. No entanto, uma olhada sobre algumas de suas afirmações mostra que ele está, ao mesmo tempo, ligado à história bíblica das origens.

11 [27]**Eis a descendência de Taré: Taré gerou Abrão, Nacor e Arã. Arã gerou Ló.** [28]**Arã morreu na presença de seu pai, Taré, em sua terra natal, Ur dos caldeus.** [29]**Abrão e Nacor se casaram: a mulher de Abrão chamava-se Sarai; a mulher de Nacor chamava-se Melca, filha de Arã, que era o pai de Melca e de Jesca.** [30]**Ora, Sarai era estéril, não tinha filhos.** [31]**Taré tomou seu filho Abrão, seu neto Ló, filho de Arã, e sua nora Sarai, mulher de Abrão. Ele os fez sair de Ur dos caldeus para ir à terra de Canaã, mas, chegados a Harã, ali se estabeleceram.** [32]**A duração da vida de Taré foi de duzentos e cinco anos, depois ele morreu em Harã.**

A alusão a **"Ur dos caldeus"** é mais do que uma informação geográfica. Com efeito, ela situa a origem de Abraão em um dos berços da civilização humana. De fato, naquele tempo, Ur era considerada uma cidade cuja origem remontava a tempos imemoriais; e o país da Caldéia, tal como a Mesopotâmia foi conhecida no tempo em que a Bíblia chegou a sua forma final, era tida como o ponto de partida de todo conhecimento humano: a este pertenciam também, como conteúdo da "sabedoria dos caldeus", a adivinhação, a astrologia e a magia, das quais Abraão se distanciará.

Confira o excurso "Astronomia e astrologia no Antigo Oriente", nas páginas 34-36.

A caracterização de Ur como situada "na Caldéia" é um anacronismo, visto que o povo dos caldeus somente um século depois do tempo em que Abraão, segundo a Bíblia, viveu, penetrou no sul da Mesopotâmia à altura da cidade de Ur, e conferiu à região seu apelido. Mas, talvez, a designação usual no tempo da redação final do texto bíblico tenha sido usada de forma bem simples tal como hoje se fala de "Tours na França" como sede episcopal de são Martinho, embora, durante o tempo de sua vida, jamais tenha existido um país com esse nome.

A peregrinação de Taré, com sua tribo, de Ur já tem como meta, estranhamente, **Canaã**, embora esse país, somente mais tarde, seja prometido por Deus a Abraão e a seus descendentes (Gn 12,7). Isso pode ser imputado a um descuido, mas deixa também aberta a possibilidade de que o narrador bíblico tenha visto aí um primeiro passo para a realização da predição de Noé acerca da submissão de Canaã a Sem (9,26), que será completada por Israel, que descende de Abraão.

Ur, cujo nome, presumivelmente, significa "cidade", situava-se diretamente à margem do Eufrates que, naquela época, desembocava não longe dali, no Golfo Pérsico, e era um importante ponto de baldeação na rota comercial para os países limítrofes do Golfo Pérsico ao Mediterrâneo. Ela existia pelo menos desde o século IV a.C. e, no século III, desempenhou o papel de protagonista na religião e na política na Mesopotâmia, até que sua hegemonia foi quebrada em 1950 a.C. Quando o rio, por volta do ano 400 a.C., escavou um novo leito, a cidade foi abandonada, e hoje não passa de um campo de ruínas. As escavações realizadas ali oferecem um quadro evidente da antiga cidade, situada sobre uma colina, acima do rio. Encontrou-se um distrito sagrado com pórticos e templos. No meio dele, jaziam as bases de um templo. Era um chamado zigurate, tal como eram comuns na Mesopotâmia (cf. Figura 20). Nele, foram construídos três terraços sobrepostos, cada um com diâmetro reduzido. Sobre o terraço mais elevado, presume-se, encontrava-se o santuário da deusa-lua Nana ou Sin, construído por volta do ano 2100 a.C.

Nas antigas margens do rio, descobriram-se os restos de duas instalações portuárias. A elas, ligava-se o estreito bairro habitacional de dois andares da população citadina. Foi descoberto também um cemitério com tumbas de reis e de sacerdotisas, que remontam até o ano 2600 a.C.

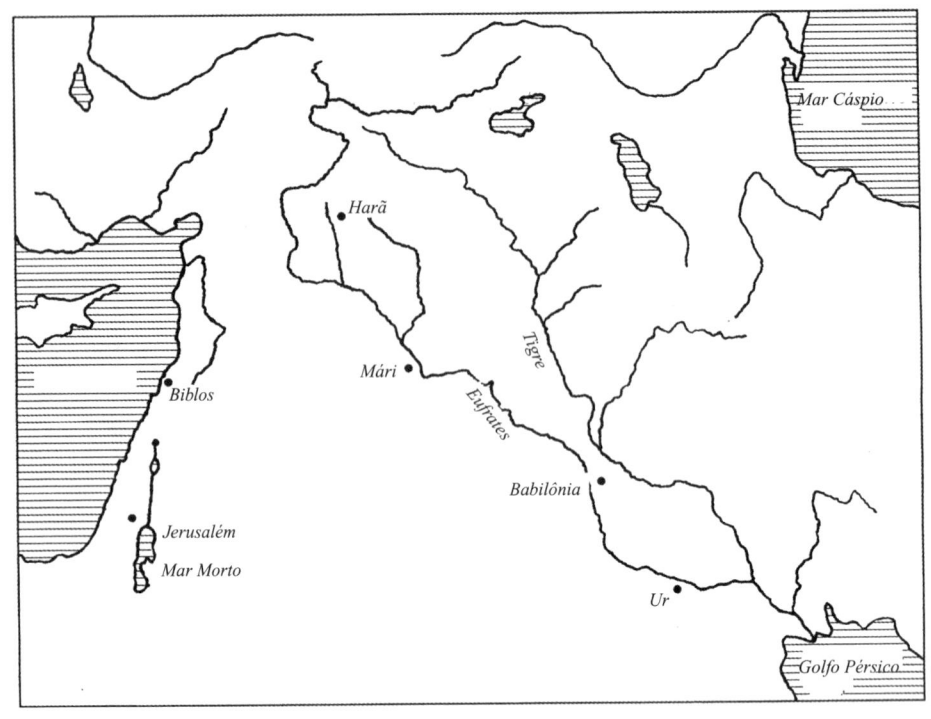

Figura 21 – Do Golfo Pérsico ao Mediterrâneo: o crescente fértil, com as estações da peregrinação de Abraão de Ur "na Caldéia", passando por Harã, até Canaã (desenhado por Katya Duftern, München / reelaborado por S. Ostermann).

A construção narrativa nos capítulos 4–11

De forma bem evidente, no que respeita a época pós-paradisíaca, o narrador bíblico seguiu a imagem histórica antigo-oriental na qual o dilúvio era considerado um acontecimento que dividia a história da humanidade em antes e depois. Daí resultou, para o comentário, uma tosca introdução a três grandes seções narrativas: antes do dilúvio — o dilúvio — depois do dilúvio.

A delimitação exata entre essas seções — bem como também em diversos outros textos bíblicos — permite reconhecer a figura de estilo da inclusão ou do quiasmo, freqüente na Bíblia. Indagar sobre isso pode parecer supérfluo, mas pode ser útil para melhor compreensão de diversas passagens, visto que sua verdadeira intenção e temática se realçam mais claramente mediante a disposição na estrutura de um leque narrativo mais amplo.

Fala-se de inclusão quando o início e o fim de um leque narrativo mais breve ou mais longo são indicados mediante o reaparecimento de nomes de pessoas ou de lugares, ou também de afirmações marcantes. A inclusão serve como substituto para cabeçalhos e subtítulos, que não estavam em uso no tempo do aparecimento da Bíblia.

Chama-se quiasmo a uma estrutura textual na qual uma seqüência de palavras ou também de temas se repete em sentido inverso, portanto, em imagem simétrica (p. ex., A-B-C-D // D'-C'-B'-A'). No centro, normalmente se encontra uma afirmação importante, a qual o autor deseja enfatizar de maneira especial, e que, nos esquemas, na maioria das vezes vem indicada com um "X". O nome quiasmo vem da letra grega X (qui), visto que, pelo menos em sua forma mais simples, repete os membros da frase numa posição cruzada, ou mais precisamente: na forma da chamada cruz de santo André:

A   B
   X
B'   A'

A seção narrativa acerca do tempo antes do dilúvio: Gn 4,1–6,4

Visto que tanto no caso do fratricídio de Caim como no da sedução das mulheres dos filhos de Deus se trata da violência, muita coisa indica que eles se confrontam em imagem simétrica. O mesmo poderia valer também para as genealogias dos cainitas e dos setitas, bem como para as criações civilizacionais dos descendentes de Caim e a primeira invocação do nome de Iahweh no tempo de Set e de Enós. Assim, o cântico de Lamec estaria no centro, ao passo que a alusão introdutória ao nascimento de Caim e de Abel, e a nota conclusiva acerca dos gigantes e dos heróis dos tempos antigos, que viveram "naquele tempo", servem de moldura para a seção:

A) 4,1-2 O nascimento dos dois irmãos como começo da história humana

   B) 4,3-16 O fratricídio

      C) 4,17-18 Genealogia dos cainitas — com o "violentador" Lamec na 7° geração

         D) 4,19-22 As invenções civilizacionais

            X) 4,23-24 O cântico de Lamec como paroxismo da violência

         D') 4,25-26 Os começos do culto a Iahweh após o nascimento de Set e de Enós

      C') Capítulo 5 Genealogia dos setitas — com o "justo" Enós na 7ª geração

   B') 6,1-3 A sedução das mulheres

A) 6,4 A alusão aos fabulosos gigantes e heróis dos tempos antigos

Mediante sua posição no meio da composição, a violenta canção, com a qual o machão Lamec se gaba diante de suas mulheres (cf. p. 157), recebe uma ênfase especial. Ela deve evidentemente caracterizar a seção a respeito do tempo anterior ao dilúvio, que começa com o assassínio e termina com a prepotência dos poderosos, que tomam para si as mulheres "como lhes apraz". Essa impiedosa franqueza do narrador em sua "abertura" do drama da história humana mostra, desde o princípio, sua intenção de mostrar a ação de Deus sobre o fundo de um realismo sem máscaras em relação aos seres humanos — contrariamente à idéia hoje freqüentemente difundida, "crime e sexo" não cabem num livro santo como a Bíblia.

A partir de sua construção quiástica, muitos dos aparentes absurdos no texto da seção, os quais repetidamente dão aos intérpretes modernos tantas dores de cabeça, podem ser esclarecidos. Assim, a duplicação da informação, aparentemente inábil, a respeito do nascimento de Set e de seu filho Enós na observação a respeito da invocação do nome de Iahweh (4,25-26) e na imediatamente subseqüente lista dos descendentes de Adão (5,3-8). Ela resulta do fato de o narrador contrapor, de um lado, as invenções civilizacionais dos cainitas aos começos do culto e, por outro lado, querer ligar o culto não à linha de Caim mas à do outro filho de Adão, Set. Destarte, ele devia, necessariamente, antecipar os nomes de Set e de Enós e mencioná-los uma segunda vez na genealogia propriamente dita, visto que dali eles não podiam estar ausentes.

Da mesma forma, ilumina-se o papel que os descendentes de Caim desempenham no contexto narrativo. A enumeração deles resulta, de certa forma, fragmentária e contém nomes que aparecem também, literal ou minimamente modificados, entre os descendentes de Set, de modo que os intérpretes supõem, com razão, que originalmente existia apenas uma única lista. Contudo, a estrutura quiástica revela a intenção do narrador de contrapor, uma à outra, duas listas, novas e independentes. Com isso, honra-se novamente a opinião dos antigos comentadores bíblicos "edificantes", segundo a qual a contraposição dos descendentes de Caim e dos descendentes de Adão procedentes de Set teria pretendido dizer que existem sempre duas espécies de pessoas: os fautores da violência e os artífices da paz. Em prol dessa interpretação depõe também o fato de que, em uma genealogia, na sétima posição, encontra-se o "ser humano violento" Lamec e, na outra, na sétima posição, o "justo" Enós.

E, finalmente, mediante a contraposição das imagens simétricas do fratricídio e da sedução das mulheres, torna-se evidente que a mistura dos "filhos de Deus" com as "filhas dos humanos" ainda não pertence à narrativa do dilúvio propriamente dita, mas é uma parte do relato acerca do tempo anterior ao dilúvio. Certamente, aos olhos do narrador, pode tratar-se de um perverso desenvolvimento em direção ao mal, mas que, por si só, não fornece nenhuma razão suficiente para a dissolução da raça humana com o dilúvio. Ao contrário, o episódio alinha-se ao crime de Caim e ao sangrento pavonear-se de Lamec. Em favor disso depõe também o fato de a punição pelo delito dos "filhos de Deus" já ter sido infligida dentro do episódio e a história do dilúvio, com palavras fortes (Gn 6,5.11-13), oferecer uma justificativa própria para a decisão de Deus de aniquilar a terra. Ademais, a pertença de Gn 6,1-4 à primeira seção é também corroborada pelo fato de que o quiasmo da segunda seção, como logo se mostrará, só começa em seguida.

A seção narrativa acerca do dilúvio: Gn 6,5–9,17

Como no excurso "As contradições no relato bíblico do dilúvio" (cf. pp. 184 e 185) já se explica, no relato do dilúvio estão entretecidas duas tradições independentes entre si. Visto que elas, segundo as aparências, já foram construídas quiasticamente, é provável que tal estrutura tenha sido também mantida na bem mais complexa redação final do texto.

De fato, já à primeira vista, o texto faz supor uma organização em imagem simétrica de alguns elementos narrativos. Salta aos olhos, por exemplo, a correspondência entre as duas ordens de Deus a Noé a fim de que suba para a arca e para que saia dela. O mesmo vale para os dois solilóquios no início e perto do fim, nos quais Deus, inicialmente, decide aniquilar os seres humanos em razão da maldade destes, mas, a seguir, não obstante a mesma contínua maldade, decide preservá-los.

De igual maneira, as duas expressões "Iahweh *viu* que a maldade do ser humano era grande sobre a terra…" (Gn 6,5) e "Quando o arco estiver na nuvem, eu o *verei*…" (9,16) poderiam corresponder-se. Se, eventualmente, isso for mais que um acaso, elas constituiriam uma inclusão que delimitaria o grande leque narrativo do relato do dilúvio daquilo que o precede e daquilo que se lhe segue.

Posto que a demonstração exata de uma articulação quiástica, justamente na narrativa do dilúvio, que é construída de forma altamente complexa, repouse apenas em hipóteses e suposições, seja-nos permitido — com todas as reservas — ousar uma tentativa:

A) 6,5 Olhar de Deus sobre a perversão da terra

B) 6,6 Arrependimento de Deus em relação à criação do ser humano e dos animais

C) 6,7 Solilóquio de Deus: decisão de aniquilamento por causa da maldade do coração

D) 6,8 Noé encontra graça diante de Deus

E) 6,9-21 Iniciativa de Deus para a construção da arca e a execução obediente de Noé

F) 7,1-9 Comando para entrar na arca e execução obediente

G) 7,10-12 Vinda do dilúvio mediante a abertura das comportas e começo da chuva

X) 7,13-24 Salvação apenas dos passageiros da arca

X') 7,23–8,2 Deus recorda-se

G') 8,3-5 Fim do dilúvio mediante o fechamento das comportas e da cessação da chuva

F') 8,6-19 Tentativa pessoal de Noé de constatar o fim do dilúvio, mas saída da arca somente depois da ordem

E') 8,20 Gratidão de Noé a Deus mediante a construção de um altar e de um sacrifício

D') 8,21a Aceitação graciosa do sacrifício de Noé

C') 8,21b-22 Solilóquio de Deus: anulação do propósito de aniquilamento, não obstante a contínua maldade do coração

B') 9,1-10 Remédio contra a corrupção humana e aliança com o ser humano e com os animais

A') 9,11-17 Olhar de Deus para o arco-íris

Sem dúvida, pode-se ter opinião diferente acerca de diversos detalhes desse esquema que certamente pode ser ainda mais refinado. No entanto, pelo menos fica evidente que uma moldura (A-B-C // C'-B'-A') indica o objetivo do conjunto narrativo: a primeira decisão de Deus acerca da aniquilação da terra é suprimida por uma nova decisão para o futuro. No meio, encontra-se a verdadeira ação da história da obediência de Noé em relação às ordens de Deus (D-E-F-G // G'-F'-E'-D'), ao passo que a impressionante imagem da arca que flutua com segurança sobre as águas, de cujo conteúdo humano e animal Deus se recorda benevolente (X-X'), encontra-se no centro da seção.

A mensagem é clara: no ponto central do interesse encontra-se não a maldade humana ou o horror da aniquilação mas sim a benevolência de Deus no confronto de um ser humano justo e obediente, que torna possível a sobrevivência da humanidade e da fauna.

A seção narrativa acerca do tempo depois do dilúvio: Gn 9,18–11,26 (12,3)

Não se deve negligenciar a moldura da história da construção da torre (Gn 11,1-9), formada pelas duas genealogias — tábua das nações (Gn 10) e sucessão das gerações de Sem. Contudo, nesse relato, ainda existem outros elementos narrativos que se correspondem em imagens simétricas.

- De um lado, a forma curiosa com a qual o nome Canaã é introduzido diversas vezes na narrativa do infortúnio de Noé ao provar do vinho permite estabelecer uma relação com a referência a Canaã quando da partida de Terá de Ur (Gn 11,31).

- Por outro lado, a surpreendente ênfase da descendência de todos os povos dos três filhos de Noé no início de toda a seção (Gn 9,18-19) leva a pensar na palavra de Deus quando da vocação de Abraão: "Por ti serão benditos todos os clãs da terra" (Gn 12,3).

Por certo, a bênção sobre Abraão não mais pertence obviamente à história dos primórdios propriamente dita. Contudo, é bem possível que um marco narrativo se estenda de 9,18 até 12,3, com a intenção de introduzir um gancho entre a história dos primórdios e a história dos patriarcas. Caso as duas expressões condutoras "todos os povos da terra" e "todos os clãs da terra" formem uma inclusão, então, de fato, assinalando o começo e o fim de um leque narrativo, resulta surpreendentemente um esquema no qual a narrativa da torre constitui o centro:

A) 9,18-19 Unidade de todos os povos da terra mediante sua descendência dos três filhos de Noé

   B) 9,20-27 Maldição de Canaã (+ 9,28-29: tempo de vida de Noé e sua morte)

      C) Capítulo 10 Tábua das nações

         X) 11,1-9 Dispersão dos povos por causa da vontade de, mediante a construção da torre, fazer-se um nome

      C') 11,10-26 Genealogia de Sem até o nascimento de Abraão

   B') 11,27-31 Genealogia de Taré e sua partida para Canaã

A') 12,1-3 Bênção sobre todas as gerações da terra por meio de Abraão

O fato de o nome de Canaã aparecer logo cinco vezes no interior do relativamente breve relato acerca da falta de respeito de Cam, deve certamente servir para sublinhar sua extraordinária importância no contexto narrativo do livro do Gênesis e de toda a Bíblia. O presságio da futura servidão de Canaã não somente prepara a notícia da saída de Taré rumo a Canaã mas também oferece, ao mesmo tempo, a explicação — hoje não mais plenamente exeqüível — para a pergunta a respeito de como é que Deus, em seguida, podia prometer a Abraão e a sua descendência a posse da terra homônima.

Justamente no jogo com a palavra "Canaã", revela-se o modo de redigir do narrador bíblico, no qual se revela sua lógica própria, a qual é estranha aos métodos modernos de composição e de leitura. Devido a essa diferença, a suposição natural para o leitor moderno, segundo a qual Taré teria feito de Canaã a meta de sua peregrinação porque ele tinha ouvido falar do destino de Canaã à servidão, seria antes uma inadmissível psicologização. Ao contrário, corresponde ao estilo especial do texto bíblico acerca da história dos primórdios perceber, na ligação da sóbria notícia de viagem com os elementos narrativos míticos precedentes, uma alusão à condução da história por Deus, algo que permanece oculto ao ser humano.

A estrutura quiástica explica, também, por que o relato acerca da dispersão dos seres humanos como conseqüência da construção da torre é inserido somente depois da tábua das nações, que já havia sublinhado a difusão das diversas nações sobre a terra. Sua posição, no centro da seção, enfatiza a situação crítica inicial que, aos olhos de Deus, torna necessário o futuro papel de Abraão como portador de bênção para a humanidade dispersa, tal como se mostrará na história de sua vocação (12,1-3).

Na íntima ligação entre os relatos acerca da construção da torre e da vocação de Abraão, revela-se também a quase idêntica formulação de ambos os textos: ao relato acerca dos seres humanos que, na terra de Senear, pretendem "fazer-se um nome" mediante a construção da cidade e de uma torre cujo ápice penetrasse o céu, contrapõe-se — em notável paralelo a isso — a afirmação de que Deus é quem "fará um grande nome" para Abraão. Assim, a vocação de Abraão não é apenas o ponto de partida de sua própria história mas também, ao mesmo tempo, a meta final de toda a seção acerca do período pós-diluviano.

Às vezes defende-se a opinião segundo a qual a história bíblica dos primórdios chegaria apenas até a morte de Noé, no final de Gn 9; pois os relatos subseqüentes, em Gn 10 e 11, deveriam ser vistos como portão de entrada para as histórias dos patriarcas, uma vez que, devido à menção de povos e tribos conhecidos da História, ou de cidades como Babel e Ur, tais relatos já teriam sido situados pelo narrador nos tempos "históricos". Pode-se prescindir do debate acerca da extensão da história bíblica das origens e tratar Gn 4–11 como um único complexo narrativo, visto que ele, tanto em sua temática quanto em seu caráter mítico-fabuloso, não se diferencia muito, e somente com a vocação de Abraão (Gn 12,1-3) se começa um leque narrativo completamente novo.

Se a história bíblica dos primórdios devesse terminar com a morte de Noé e, portanto, Gn 4–9 fosse visto como uma unidade narrativa fechada em si mesma, dever-se-ia refletir se as passagens acerca da intimidade dos filhos de Deus com as mulheres humanas (Gn 6,1-4) e do delito de Cam contra seu Pai (Gn 9,18-27) não estariam ainda mais intimamente ligadas com a história do dilúvio, mais do que até hoje se supôs. O respectivo quiasmo (cf. p. 232) deveria ser, pois, completado, em seu começo e em seu fim, mediante estes dois elementos narrativos.

Também nesse caso é possível ater-se à articulação proposta do material. Com efeito, os esquemas para as seções anteriores e posteriores ao dilúvio poderiam permanecer imutáveis, pois se pode muito bem supor que um e mesmo elemento narrativo pode constituir, ao mesmo tempo, o fim de um quiasmo e começo de um novo.

Para concluir, é preciso reconhecer que a busca pela correta articulação do material ainda não produziu nenhum resultado completamente satisfatório, e que é necessário buscar ainda maior exatidão. No entanto, o esforço aí empregado não terá sido debalde se as reflexões puderem ao menos dar uma idéia do refinamento com que o texto foi certamente elaborado.

RETROSPECTIVA E PERSPECTIVA
OS GRANDES TEMAS DA HISTÓRIA
BÍBLICA DOS PRIMÓRDIOS

O objetivo do narrador foi, mui evidentemente, apresentar os aspectos fundamentais da natureza humana. No capítulo 1, ele começa com uma descrição da posição saliente do ser humano no cosmo, continuada depois, na narrativa do paraíso, nos capítulos 2 e 3, com a justificativa para a morte e para a fadiga do trabalho e da parturição. Nos capítulos subseqüentes, 4–11, surpreende sempre como o narrador consegue, com uma quantidade ínfima de material, em comparação com a abundância de mitos e sagas correntes em seu tempo, esboçar aquela situação humana comum fundamental, que sempre retorna em todos os tempos.

Ele menciona, como convém a um relato acerca dos "tempos primitivos" humanos, as "invenções" civilizacionais mais importantes: construção de cidades, especialização em artesanato, culto e sacrifício, passagem de alimentação vegetariana para a carnívora, videira e descoberta de novos materiais de construção (tijolos e betume como argamassa), e menciona as razões para a limitação da duração da vida ao máximo de 120 anos e para a articulação dos povos com suas respectivas línguas. Acima de tudo, porém, no proscênio, ele apresenta os problemas intra-humanos. No caso, em traços rápidos, são mostrados os perigosos pontos de ruptura no relacionamento entre irmão e irmão, entre homens e mulheres, e entre gerações: no assassínio de Abel por Caim, movido por inveja e ciúmes, no comportamento devasso dos filhos de Deus, no qual o desejo sexual aparece como a segunda fonte de violência, bem como, por fim, na falta de respeito de Cam no confronto com seu pai, Noé, o que ameaça a continuidade da sucessão de gerações.

Mas também acerca do comportamento de Deus em relação ao ser humano o narrador oferece informações. Aliás, não se deve tomar demasiadamente ao pé da letra sua linguagem mítica. Como o demonstrou a precisa análise do texto, por trás da injustificada preferência de Abel, da mudança de opinião de Deus antes e depois do dilúvio, ou de suas sarcásticas palavras ao contemplar a torre, não se encontra nenhuma equívoca imagem de Deus. Tampouco o narrador pretende descrever um comportamento medonho ou arbitrário de Deus, que só pensa na aniquilação do malfeitor. Até mesmo a horrível narrativa do dilúvio, em sua verdadeira intenção, visa à promessa de Deus de preservar a criação, não obstante a contínua maldade do coração humano.

Da mesma maneira, em outros episódios, o narrador mostra o "castigo" de Deus muito mais como um esforço providente, quase atencioso, de impor limites às ameaças contra o ser humano: Caim não é atingido por um raio, mas marcado com um sinal a fim de prevenir uma ilimitada vingança de sangue; a ligação dos filhos de Deus com as filhas dos homens conduz não a um golpe de aniquilamento contra os descendentes resultantes de tal união mas apenas à limitação da duração da vida humana; também a construção da torre, que os seres humanos, em seu presunçoso desejo de grandeza, encetam, Deus interrompe por meio não de uma catástrofe destruidora mas sim de uma limitação da capacidade humana de comunicação, que deve impedir a repetição de um tão perigoso empreendimento para o ser humano.

Tal como já depois do delito no paraíso, Deus continua a cuidar dos seres humanos também na história primitiva pós-paradisíaca. Ele não é o "grande relojoeiro", que aciona o universo inteiro, a fim de, depois, deixá-lo entregue a si mesmo. Ao contrário, desde o início da Bíblia, ele se mostra um Deus que intervém na história. Por conseguinte, os textos estão cheios de alusão ao que Deus ainda realizará no futuro. De maneira bastante óbvia, toda a história dos primórdios flui para a escolha de Abraão, o prelúdio da história do povo de Israel, sobre cuja origem narram os cinco livros de Moisés, a Torá. Assim, estende-se um grande leque narrativo a partir do livro do Gênesis, o primeiro desses livros, até a revelação na montanha do Sinai/Horeb, à revelação da legislação — literalmente, as "instruções" —, anunciada ali por Moisés, mediante a qual Deus pretende sanar a insuficiência humana.

O resumo conclusivo faz a mensagem bíblica da história dos primórdios aparecer sob uma luz surpreendentemente positiva. Isso contradiz em muito as interpretações com as quais o leitor moderno da Bíblia já se deparou. Ele pode até se perguntar se este comentário não pretende embelezar as afirmações da Bíblia, quando procura aproximar os textos nos quais o falar ou o agir de Deus também poderiam estar relacionados à inveja e à crueldade, com aqueles que mostram um Deus benevolente para com os seres humanos.

Certamente, diversos elementos narrativos dos relatos do paraíso, do dilúvio ou da construção da torre, quando considerados isoladamente, estão abertos a diversas interpretações. No entanto, a verdadeira intenção de suas afirmações só pode ser sondada a partir do contexto narrativo mais amplo. Com efeito, muitas vezes a exegese bíblica pode ser comparada à solução de um jogo de quebra-cabeças, no qual diversas peças, de formatos variados, de uma imagem anteriormente recortada, devem ser novamente juntadas. Somente quando não restar nenhuma lacuna e a moldura estiver completamente preenchida é que se sabe que se conseguiu a solução da tarefa. Algo semelhante vale para a busca da intenção das declarações de cada elemento narrativo na história bíblica dos primórdios. Aqui, para um, à primeira vista, aparentemente desordenado amontoado de tradições bastante heterogêneas, era preciso encontrar o nexo temático que confere a cada elemento sua contribuição para uma visão de conjunto harmoniosa Que o narrador bíblico pretendesse colocar diante dos olhos uma imagem moral de Deus isenta de contradições, dever-se-ia dar certamente como pressuposto.

APÊNDICE
BREVES INFORMAÇÕES SOBRE A BÍBLIA

Conteúdo

A Bíblia não é nenhum livro concebido unitariamente, mas uma biblioteca de escritos de diferentes épocas de origem e de autoria. O cristianismo assumiu os livros sagrados dos judeus, mas acrescentou-lhes uma série de escritos próprios, mediante o que uns são denominados "Antigo" e os outros "Novo" Testamento.

Visto que o termo "antigo" pode ter um ranço negativo, os judeus preferem falar de "Bíblia hebraica" em vez de Antigo Testamento. Recentemente, alguns biblistas cristãos propuseram, a esse respeito, a designação "Primeiro Testamento", cujas afirmações, dessa forma, deveriam conservar seu próprio valor. Com isso, pretende-se desarmar a oposição entre judaísmo e Igreja cristã, tal como foi representada amiúde pela arte medieval sob a imagem da "cegueira" da sinagoga judaica, que não poderia compreender corretamente a Bíblia.

Testamentum é a tradução latina da palavra hebraica para a "aliança" que Deus selou com seu povo de Israel. "Bíblia" é um estrangeirismo proveniente do grego e do latim. Presumivelmente, remonta a uma palavra egípcia para "livro" ou, segundo alguns pesquisadores, ao nome da antiga cidade portuária fenícia Biblos (no atual Estado do Líbano), de onde, inicialmente, os gregos teriam tirado o papiro egípcio como material para a escritura.

O Antigo Testamento é, de longe, em extensão, a maior parte da Bíblia. Começando com a criação do mundo, narra inicialmente as origens do mundo e da humanidade, a seguir, a história do povo de Israel. Contém, ademais, coleções de canções e de salmos, de ditos sapienciais, de prescrições éticas e cultuais, e, acima de tudo também, de oráculos proféticos.

O Novo Testamento narra, nos quatro evangelhos, a atividade de Jesus Cristo e, nos Atos dos Apóstolos, a primeira difusão do cristianismo. Tais relatos são completados por uma coleção de cartas atribuídas aos apóstolos Paulo, Pedro, João, Tiago e Judas. No final, encontra-se um livro visionário acerca do fim dos tempos, a misteriosa Revelação (Apocalipse) de João.

Nas Bíblias dos judeus e dos cristãos, os livros do Antigo Testamento não se acham ordenados na mesma seqüência. Ademais, a Igreja Católica conta com alguns escritos que são vistos pelos judeus e pelos protestantes como não pertencentes à Bíblia propriamente dita (por exemplo, os livros de Judite, Tobias e Macabeus).

Origem

A pesquisa bíblica histórico-crítica dos últimos duzentos anos considera o texto do Antigo Testamento como o resultado de um longo desenvolvimento. Algumas passagens isoladas podem remontar ao século XI a.C., primeira obra coerente do tempo durante ou depois do reino de Davi e Salomão (séc. X/IX a.C.). Nos séculos subseqüentes, acrescentaram-se novos escritos, os quais, juntamente com o material já existente, foram sempre reiteradamente "redigidos", ou seja, reelaborados, até que assumiram a forma da redação textual que hoje temos em mãos. Essa "redação final" deu-se por volta do ano 400 a.C. Apenas alguns escritos, como Ester e Daniel, apareceram em tempos ainda mais recentes.

Desde então, o texto bíblico permaneceu praticamente imutável. O manuscrito hebraico mais antigo de todo o Antigo Testamento provém, na verdade, somente por volta do ano 1000 d.C. Contudo, não paira nenhuma dúvida sobre sua autenticidade, especialmente depois que se encontraram, nas grutas de Qumrã, textos que foram escritos ainda um milênio mais cedo. Os rolos que ali foram descobertos no ano 1947 continham, ao lado de outros textos, também partes do Antigo Testamento que mostram meras pequenas divergências que jamais mudam o sentido do texto bíblico até agora considerado como autêntico.

Também em relação ao surgimento do Novo Testamento, constata-se um desenvolvimento gradual, ainda que cronologicamente muito mais breve. Os escritos mais antigos são as cartas do apóstolo Paulo. Desde que sejam autênticas, remontam ao tempo entre o ano 40 e 60 d.C. Os evangelhos, nos quais também se pressupõem estágios literários anteriores, só aparecem posteriormente: de acordo com alguns pesquisadores, em parte ainda antes do ano 70, segundo outros, na década seguinte.

À exceção de alguns textos proféticos e das cartas do apóstolo Paulo, nada sabemos de historicamente seguro acerca de quem foram os autores bíblicos. Tanto menos conhecemos os "redatores" da versão final do Antigo Testamento. Aliás, o trabalho deles não foi apenas um simples enfileirar fontes de diversas índoles e por vezes contraditórias. Na verdade, eles criaram obras de alto nível narrativo, cuja simplicidade e ingenuidade, amiúde louvadas, enganam, pois sua construção artística e seu refinamento criador permanecem facilmente ocultos a uma leitura superficial.

Língua e Escritura

Enquanto o Novo Testamento foi transmitido em grego, o Antigo Testamento foi quase totalmente redigido em hebraico, uma língua semítica como o árabe. Desde o século V a.C., os judeus assumiram, de fato, na vida cotidiana o igualmente semítico aramaico, a língua corrente no império persa de então e, em seus estados subseqüentes, no Oriente Próximo. Mas, para a Bíblia, eles se ativeram ao texto original. Nesses últimos tempos, no movimento de retorno dos judeus para sua pátria, o hebraico reapareceu, e em 1948 tornou-se a língua oficial do novo Estado de Israel. De modo que hoje ela é novamente falada por vários milhões de pessoas.

Os israelitas usam uma escritura alfabética, que foi desenvolvida no ambiente siro-fenício durante o segundo milênio pré-cristão. Ela utilizava apenas poucos sinais para as letras do alfabeto, o que facilitava enormemente o ato de escrever, se comparada à escritura cuneiforme mesopotâmica e aos hieróglifos egípcios, que eram oriundos de uma escritura ideográfica. Os hieróglifos eram escritos com um pedaço de junco e com tinta sobre papiros, ou talhados em pedra, ao passo que, na Mesopotâmia, os sinais cuneiformes eram traçados com um estilete em tabuinhas de barro maleáveis, as quais, para melhor conservação, eram também cozidas.

Ao contrário de nossa escritura, o hebraico é escrito da direita para a esquerda; também as colunas do rolo de um livro começam em sua extremidade direita. Em livros impressos, lêem-se as páginas de trás para frente. Originalmente, o alfabeto hebraico continha apenas as consoantes. Quando, mais tarde, o hebraico deixou de ser uma língua viva, passou-se também a indicar as vogais mediante determinados sinais, a fim de assegurar a leitura correta. Escrevia-se em rolos de papiros ou de couro (pergaminho) de até 10 metros de comprimento por cerca de 25 centímetros de altura, com duas hastes nas extremidades, que facilitavam o enrolar e o desenrolar com ambas as mãos. O texto era dividido em colunas paralelas, como hoje nos jornais. No tempo do Império Romano, entrou em uso o "códice", no qual as colunas transformaram-se em páginas que se sobrepunham, tal como em um livro moderno. No entanto, na liturgia judaica, ainda hoje só se usam os rolos dos livros.

Inicialmente, o texto foi escrito sem ponto, sem vírgula e sem parágrafo. Visto que os peritos da Escritura conheciam o texto mais ou menos de cor, este servia-lhes mais como um apoio para a memória e para a asseguração do autêntico conteúdo. Somente nos manuscritos do final da Idade Média, difundiu-se um leiaute já com aparência moderna, compreensiva, que foi posteriormente assumida pela impressão tipográfica, amiúde sob a inserção de títulos. A divisão, hoje comum, dos livros bíblicos em capítulos e versículos a fim de facilitar as referências apareceu surpreendentemente apenas mais tarde: na Idade Média, os capítulos; e no início da modernidade, os versículos.

Aspectos da escrituralidade

Uma característica essencial da Bíblia consiste em que seus conteúdos foram transmitidos por escrito. A origem do Antigo Testamento dá-se naquele período da história da humanidade no qual — no Antigo Oriente mais ou menos no início do segundo milênio pré-cristão — se deu a passagem das tradições puramente orais para os registros por escrito. Tratou-se de uma revolução que estabelecia sobre um novo fundamento a "memória dos povos", a qual, até então, podia perdurar quando muito duas ou três gerações.

Nesse tempo, surgiu a profissão dos escribas, os quais, durante longos anos de escolaridade, não apenas aprendiam os aspectos artesanais de sua arte mas também, pelo menos quando trabalhavam como escribas oficiais ou do templo, eram instruídos em todo conhecimento disponível naquela época. O período dos trovadores, com suas liras na corte do príncipe ou dos contadores de história em meio às multidões, foi, portanto, dissolvido pelo leitor, em seu estrado, diante da comunidade ouvinte, que se mantinha de pé. Diferentemente daqueles que improvisavam de acordo com o ambiente ou com a expectativa de seu público, o leitor devia ater-se a um texto fixado com precisão, que havia sido redigido por escribas eruditos.

Registros escritos já existiam havia muito tempo no Antigo Oriente, inicialmente como listas de banais mercadorias de comércio ou de bens domésticos, a seguir, também como listas de imperadores e memórias, em forma de anais, de empreendimentos bélicos e edifícios. Também as epopéias e sagas, canções e orações, provérbios e textos legislativos, que circulavam oralmente, começaram a ser conservados sempre mais por escrito. O Antigo Testamento contém também ainda muitos testemunhos desse tipo. Exemplos disso são os Salmos, o Cântico dos Cânticos ou os Livros Proféticos, os quais, em grande parte, continham apenas as palavras e os oráculos atribuídos aos profetas, sem descrever mais detalhadamente as aproximadas circunstâncias de sua origem, ou fornecer informações biográficas sobre seus autores.

Contudo, é digno de nota que agora também surgiam composições narrativas, que mostravam de antemão um estilo "literário", as quais, portanto, como o demonstra a palavra derivada do latim *littera*, "letra", visavam desde o princípio a uma fixação por escrito e, por conseguinte, seguiam outras leis estilísticas que não as epopéias, sagas e fábulas, originalmente destinadas a uma transmissão meramente oral. Trata-se de narrativas expressivas, na maioria das vezes bem concisas, que não contêm nem palavras demais nem de menos, mesmo quando elas, amiúde, se estendem por um amplo leque narrativo, sendo isso também uma novidade. Sua concisão e expressividade, que aliás não excluem de forma alguma clareza e poesia, poderiam ter motivos completamente práticos, econômicos, visto que o papiro e, acima de tudo, o pergaminho eram muito caros. Por outro lado, deve ter também concorrido para isso o fato de os textos se destinarem não à leitura privada mas sim à leitura pública na liturgia, durante a qual não se devia ultrapassar determinado período.

A Bíblia como revelação

O judaísmo anterior à virada do milênio era rico em escritos religiosos dos mais diversos tipos e das mais variadas qualidades. Cedo surgiu a pergunta acerca de quais dentre esses muitos escritos satisfaziam às pretensões teológicas, a fim de poderem ser usados na liturgia e na instrução como doutrina vinculativa. Num processo moroso e, em casos particulares, cheio de vicissitudes, finalmente foram listados pelas autoridades magisteriais judaicas aqueles livros que tinham sido considerados inspirados por Deus. Mais tarde, esse "cânone" dos Escritos Sagrados, no que toca o Antigo Testamento, foi assumido no todo pela Igreja cristã, ao passo que, para o Novo Testamento, ela estabeleceu seu próprio cânone.

A palavra "inspiração" (por Deus, ou seja, pelo Espírito Santo) remonta à tradução latina de uma expressão grega — "bafejado por Deus" — utilizada no Novo Testamento; "cânone" é de origem hebraica e indica uma estaca de agrimensor ou fio de prumo.

Hoje, nas grandes Igrejas cristãs, é corrente a opinião segundo a qual os autores bíblicos certamente estiveram sob o influxo da inspiração divina, no entanto, mesmo assim, permaneceram sujeitos às limitações de todo falar humano acerca de Deus e de seu agir no mundo e na história. Assim, torna-se sempre perceptível seu grau de conhecimento ou seu gênio literário; suas obras seguem tendências condicionadas teológica e ideologicamente no tempo e utilizam formas literárias e modos de expressão provenientes da cultura de seu tempo, e que para outras épocas não mais são inteligíveis de imediato.

Igualmente a historiografia veterotestamentária, que procura demonstrar a ação de Deus na história do mundo e do povo de Israel, é vista ao mesmo tempo como obra humana. Os autores bíblicos só podiam recorrer a material que estava a sua disposição naquele tempo. Destarte, ao lado dos poucos documentos escritos, deviam também empregar como material de construção para sua apresentação sagas e mitos ou tradições populares que nem sempre podem resistir à moderna pesquisa arqueológica e histórica.

Anteriormente, quando se tinha pouca consciência dessa problemática, era comum descrever o autor bíblico como um instrumento obediente, que seguia as sugestões divinas imediatamente, sem resistência. Somente os "biblistas fundamentalistas" que, por exemplo, nos EUA combatem a teoria evolucionista a respeito da origem do mundo e do ser humano, defendem ainda essa opinião. Semelhantemente ao Islã, que insiste em que o Corão foi ditado diretamente por Alá ao profeta Maomé, eles consideram cada afirmação individual da Bíblia como uma revelação que deve ser compreendida literalmente.

Traduções

Hoje existem edições da Bíblia — no todo ou em parte — em mais de 1.700 línguas diferentes. O Antigo Testamento, a Bíblia hebraica, foi inicialmente traduzido para o grego do séculos III e II antes de Cristo. Essa tradução é chamada de *Septuaginta* ("setenta") porque, segundo a lenda, foi produzida por 72 sábios judeus, em 72 dias, para a biblioteca de Alexandria. Por volta da virada do milênio, ela foi amplamente difundida pelos inúmeros judeus que viviam na Diáspora (dispersão) fora da Terra Santa e conheciam mais o grego do que o hebraico, e desempenhou também nos começos do cristianismo um grande papel.

Com a difusão do cristianismo, logo começaram a surgir traduções em siríaco e em copta, ou seja, egípcio; na parte ocidental do Império Romano, com freqüência especial, em latim. Para o futuro, a mais importante dentre estas últimas tornou-se a chamada *Vulgata*, traduzida por são Jerônimo por volta do final do século IV. Ela tornou-se o texto bíblico comumente usado na Igreja Católica Romana até os nossos dias. Em torno do final da Idade Média, apareceram primeiramente traduções dos evangelhos e dos salmos em alemão, mas também algumas Bíblias completas, que encontraram larga difusão mediante impressão tipográfica, que começava a ser empregada. A base de tais Bíblias era, aliás, apenas a *Vulgata* latina.

Matinho Lutero (1483-1546), ao contrário, em seu refúgio em Wartburg, de dezembro de 1521 a março de 1522, traduziu o Novo Testamento do grego e, posteriormente, num trabalho que durou dez anos, traduziu também o Antigo Testamento a partir do texto original hebraico. Em sua tradução para o alemão, ele utilizou a língua chanceleresca dos príncipes de sua terra natal turíngio-saxônia, bem como a explicitamente imagética forma de expressão da gente de sua terra e, com isso, criou a linguagem literária alemã. Sua primeira Bíblia integral foi impressa em 1543 e, até a morte do autor, recebeu novas edições melhoradas. Desde então, tem-se procurado adaptar sempre de novo a Bíblia de Lutero aos desenvolvimentos lingüísticos. Sua última edição revisada provém do ano 1984.

No tempo da Reforma e posteriormente, apareceram também outras traduções da Bíblia, tais como a do reformador suíço Zwinglio (ainda hoje em uso como *Bíblia de Zurigo*) e as de uma série de autores católicos, das quais, porém, nenhuma exerceu influência comparável à da Bíblia de Lutero. Digna de nota é também a vigorosamente expressionista tradução alemã feita pelo filósofo da religião judeu Matin Buber (juntamente com Franz Rosenzweig), de 1925-1962, que procura reproduzir o mais fiel possível o vigor da palavra e da linguagem do texto bíblico original.

Em 1980, por ordem dos bispos católicos dos países de língua alemã, apareceu uma nova "Tradução unitária" (em alemão *Einheitsübersetzung*), a qual, para os Salmos e para o Novo Testamento, foi produzida na Alemanha por ordem do Conselho das Igrejas Evangélicas e pela Obras Bíblicas Evangélicas. Anteriormente, em 1971, as confissões cristãs de língua alemã, com as "Diretrizes de Loccummer", haviam-se harmonizado em torno de uma perífrase unitária de todos os nomes próprios bíblicos em alemão. Até então, existiam diversas variantes de não poucos dentre esses nomes, o que sempre causava confusão, até mesmo na designação de alguns livros bíblicos.

CRÉDITO DAS ILUSTRAÇÕES

O. Keel. *Die Welt der altorientalischen Bildsymbolik und das Alte Testament. Am Beispiel der Psalmen.* Göttingen, 1996 (5ª ed.), 34, fig. 47 *(fig. 2)*; 187, fig. 284, à esquerda *(fig. 4)*; 77, fig. 106 *(fig. 10)*; 93, fig. 136 *(fig. 13)*; 162, fig. 250 *(fig. 14)*; 293, fig. 421 *(fig. 15)*; 64, fig. 84 *(fig. 16)*; 64, fig. 85 *(fig. 18)*.

O. Keel, *Deine Blicke sind Tauben. Zur Metaphorik des Hohen Liedes* (SBS 114/115), Stuttgart, 1984, 173, fig. 94 *(fig. 3)*; 167, fig. 80 *(fig. 5)*.

O. Keel / *Ch. Uehlinger, Altorientalische Miniaturkunst,* Mainz, 1990, 15 *(fig. 1)*.

O. Keel / *Ch. Uehlinger, Göttinnen, Götter und Gottessymbole* (QD 134), Freiburg/Basel/ Wien, 1992, 51, fig. 42-43 *(fig. 8)*; 373, fig. 321a *(fig. 9)*.

O. Keel / *M. Küchler, Synoptische Texte aus der Genesis II* (BB 8/2), Fribourg, 1971, 21, fig. 1 *(fig. 11)*; 163, fig. 15b *(fig. 20)*.

R. North, *A History of Biblical Map Making* (BTAVO B 32), Wiesbaden, 1979, 21, fig. 6 *(fig. 19)*.

SUMÁRIO

As histórias da criação
Livro do Gênesis, capítulos 1–3

A conservação da criação e da humanidade
Livro do Gênesis, capítulos 4–11

Impresso na gráfica da
Pia Sociedade Filhas de São Paulo
Via Raposo Tavares, km 19,145
05577-300 - São Paulo, SP - Brasil - 2017